教育部人文社会科学研究基金项目（14XJA630001；14YJC630166）
国家自然科学基金项目（71502019）

网店虚假促销
溢出效应研究

WANGDIAN XUJIA CUXIAO YICHU XIAOYING YANJIU

花海燕　杨锐 ◎著

西南交通大学出版社
·成都·

图书在版编目（ＣＩＰ）数据

网店虚假促销溢出效应研究 / 花海燕，杨锐著. —
成都：西南交通大学出版社，2017.8
ISBN 978-7-5643-5710-8

Ⅰ. ①网… Ⅱ. ①花… ②杨… Ⅲ. ①网店 – 促销 –
研究 Ⅳ. ①F713.365.2

中国版本图书馆 CIP 数据核字（2017）第 216522 号

网店虚假促销溢出效应研究
花海燕　杨 锐　著

责 任 编 辑	杨　勇
助 理 编 辑	黄冠宇
封 面 设 计	严春艳
	西南交通大学出版社
出 版 发 行	（四川省成都市二环路北一段 111 号
	西南交通大学创新大厦 21 楼）
发行部电话	028-87600564　028-87600533
邮 政 编 码	610031
网　　　址	http://www.xnjdcbs.com
印　　　刷	成都勤德印务有限公司
成 品 尺 寸	165mm×230 mm
印　　　张	15.5
字　　　数	261 千
版　　　次	2017 年 8 月第 1 版
印　　　次	2017 年 8 月第 1 次
书　　　号	ISBN 978-7-5643-5710-8
定　　　价	78.00 元

前　言

　　当今社会中，网店已成为电子商务的一种形式，通过网络销售产品或服务，已成为重要的销售渠道，如 2015 年淘宝"双十一"大促当日，网店销售额就高达 912 亿。然而网店竞争愈发激烈是不争的事实，促销成为网店应对竞争压力的主要手段，"不促不销"已是普遍现象，在大量的促销活动中，其中充斥着大量虚假促销已然成了一个大问题。虚假促销不仅降低焦点网店销售，还可能产生溢出效应，降低竞争网店的促销效果。然而，网店虚假促销溢出效应并未得到深入研究。为此，本书基于促销、溢出效应、社交距离等理论，探索网店虚假促销类型、情景及虚假促销深度对溢出效应的影响，推进网店虚假促销溢出效应理论，为网店促销提供理论借鉴。

　　本书从三个方面研究探索以上问题。其一，网店虚假促销溢出效应的影响差异。本书从虚假促销类型、虚假促销深度以及虚假促销情景三大虚假促销特征出发，比较网店虚假促销溢出效应的影响差异。其二，网店虚假促销溢出效应的发生条件。本书验证了社交距离是影响网店虚假促销溢出效应的重要因素，是重要的调节变量，是识别网店虚假促销的发生条件。其三，得出网店虚假促销溢出效应的应对策略。本书将竞争网店应对焦点网店虚假促销负面溢出效应的策略分为缄默、否认和区隔三类，探索缓解网店虚假促销负面溢出的竞争网店应对策略。

　　本书研究创新包括以下 4 个方面：其一，深入研究网店虚假促销溢出效应，推进网上购物中的溢出效应研究。其二，比较了不同虚假特征对网店虚假促销溢出效应的影响。首先，本书提出了三种虚假促销类型，并比较了其对溢出效应的影响差异，从虚假促销视角推进了网店溢出效应理论。其次，本书在网店虚假促销溢出效应领域再次验证了其重要作用，即与以往研究呼应，又证实其在网店虚假促销中的重要影响。最后，本书从事件特征视角，丰富了网店虚假促销理论。其三，社交距离对虚假促销深度具有调节作用，是促销深度形成溢出效应的重要条件，增进了对溢出效应理论中严重性作用的认识。其四，得出缓解网店虚假促销溢出效应的应对策略。本书分析了缄默策略、否认策略、区隔策略对虚假促销溢出效应的差异化影响，拓展了负面事件溢出效益应对策略研究，揭示了竞争网店应对虚假促销溢出效应的理论基础。

本书基于促销原理，研究了虚假促销类型、虚假促销深度、虚假促销情景对溢出效应的影响，并探索了社交距离的调节作用以及缓解虚假促销对竞争网店溢出效应的应对策略，主要如下：第一，焦点网店应强化营销伦理道德意识，避免采用虚假促销这种损人不利己，甚至会损害网店平台整体促销效率的营销手段。第二，网商平台及其管理需建立促销甄别机制，及时发现并制止网店虚假促销行为，甚至建立促销活动认证制度，有效降低虚假促销对同类网店的溢出效应，维护好网商环境。第三，竞争网店不仅要关注自身的促销策略，还应重视、预防其他网店虚假促销对自身网店的负面影响。第四，竞争网店可采取相应的应对策略弱化虚假促销溢出效应的负面影响。

本书的完成得到了四川大学旅游学院杨洋老师，广东海洋大学管理学院薛骄龙老师的帮助与支持，在此表示由衷地感谢。

作　者

目 录

1 绪 论

1.1 研究背景及问题

1.1.1 市场背景与问题

当今社会，促销已经成为网店的营销手段，由于虚假促销普遍存在，产生了溢出效应。1 207 亿元的全天交易总额是 2016 年淘宝天猫平台"双十一"的成绩单。根据阿里巴巴公布的实时数据，截至 2016 年 11 日 24 时，2016 天猫"双十一"全球狂欢节总交易额超 1 207 亿，无线交易额占比 81.87%，覆盖 235 个国家和地区。据不完全统计，2016 年 11 月 11 日共有 94 个品牌成交额过亿元，其中优衣库 2 分 53 秒破亿，再次创造纪录，成为今年"双十一"全品类第一个"亿元俱乐部"玩家。苹果首度亮相"双十一"，就在手机销售中夺魁。

然而，漂亮成绩单下，隐藏的却是大量虚假促销现象。近年来，"双十一"俨然成为了消费者的购物狂欢节。但在热闹的表象之下，"先涨后降、明降暗升、虚假折扣"等价格陷阱却让人防不胜防。在一份关于"双十一"网购最担心问题的调查中，高达 54.2% 的受访者表示最担心虚假宣传、价格虚标。例如，某电商平台在 11 月初就拉开了促销的帷幕。这之前，某消费者把常用的一款洗发液加入购物车，等着促销优惠。可没想到，这款商品到涨价了。当事消费者回忆称，之前商品是 60 多元，在"双十一"把价格提到 90 多元。但有个优惠方案是满 199 减 100。这样的话，买家必须凑够 199 块钱。如果只买洗发水，得买 3 瓶，才能参与满 199 减 100 的活动，不划算。而且该消费者还发现，这个价格是历史最高价格。11 月之前都是 60 多元。从商品网页上的价格趋势图来看，近两个月，这款商品的价格在 62、63 元，但 10 月底，涨价到了 92.9 元。该品牌网店工作人员介绍，"双十一"活动期间，该商品不再调价，只参加满 199 减 100 的优惠促销。当事消费者认为，这样的促销颇为鸡肋。如果单看这件商品，那么用户要购买 3 件，才能享受优惠，而此时的优惠后总价为 178.7 元，也只比以平时的 63 元价格购买同样数量的总价便宜 10 元左右。类似的，某电商平台，一款长帝牌烘焙烤箱标称原价 1 988 元，"双十一"期间促销价 399 元，仅为原售价的 2 折。而一周之后，该款产品并非恢复到原价，而是 498 元，还享受直降 100 元优惠，价格较"双十一"还便宜了一元。再比如，某电商平台网店里卖的"诺希"充电宝原价是 138 元，网店以 38 元降价促销，并且在页面上标上"最后一天"。但是，"最后一天"这四个字在网店里挂了差不多半年时间。"假打折""先抬后降""促销品牌不存在""永远不会结束的清仓促销"等形式繁多的虚假促销，不独在"双十一"出现，网店虚假促销已经是电商平台普遍存在的现象。网店虚假促销普遍存在，然而，业界更多关注的是自身网店的促销策略。也就是说，业界更多关心的是在其他网店进行促销时，自己如何进行促销的问题，忽视了某些网店的虚假促销可能对自身网店的影响。

虽然虚假促销方式较为多样，但是目前尚不清楚竞争网店虚假促销溢出效应影响的差异。随着媒体对网店虚假促销的持续曝光，消费者维权意识的提高以及政府部门对网店虚假促销监管力度的加强，业界开始关注网店虚假促销。通过对相关新闻报道的梳理，发现业界对网店虚假促销的概念及类型也有了一定了解。业界认为网店虚假促销主要是指网店促销存在欺诈行为，表现形式主要有 4 个方面：一是假优惠、假折扣。每年"双十一"，消费者都会发现有商家"先虚抬专柜价后降价"、"折扣备货很少"、"优惠注水"等方面的问题。二是假货物。以次充好、以假乱真一直是消费者抱怨网购的最大"槽点"，"双十一"更是这一问题的集中爆发时点。三是假信用、假销量。根据信用等级、销量排名下单是不少"网购族"规避上当受骗的常用办法。然而，每到"双十一"，虚假交易刷单刷好评、恶意炒信等行为便大行其道。原本客观的信用评价被大量"注水"，反而成为诱使消费者"上当受骗"的陷阱。四是假承诺、假维权。电商产品维权本来就比较难，"双十一"血拼之后遇到问题要维权更是难上加难。为了吸引消费者，一些电商平台、网店便大肆给出"包退包换"等虚假承诺和维权信息，等到真正遇到问题，承诺、维权便都成为"泡影"。根据中消协 2016 年 12 月发布的开展"双十一"网购体验式调查报告，参加"双十一"促销活动的商品中，16.7% 的商品价格在 11 月 11 日当天并不是近期低价，假促销、真误导等涉嫌违规行为大量存在。调查结果显示，主要问题共有 3 个方面。其一是，有的先提价后降价、虚构原价，而促销价格反而比非活动期间价格更高。包括天猫、淘宝、京东、苏宁易购、国美在线、1号店、聚美优品、当当网、蘑菇街、网易考拉海购平台等10家电商的14款商品，涉及的产品包括水星家纺、松下电器、韩都衣舍等品牌的商品。其二是，有的商品在网页先进行低价宣传，但实际销售价格明显高于宣传价格。涉及的电商平台包括网易考拉海购平台、淘宝两家。第三个问题则是部分商品"双十一"价格并不实惠，涉及京东、蘑菇街销售的产品。

虚假促销不仅损害消费者的利益，最终损害的社会信誉度，而商家本身利益也将因此受到损害。尽管业界对网店虚假促销的概念及类型有了一定认识，但对虚假促销概念的认识更多停留在具体事实的描述，不具有一般性；对网店虚假促销类型的认识也比较零散，存在相互涵盖的情况，难以形成体系。更重要的是，只有清楚认识网店虚假促销类型的维度，才能分析网店不同类型虚假促销影响的差异，才能更好地做出差异化的应对。

网店需要预判竞争网店虚假促销对本网店的溢出情况，但是目前还没有预判的方法。当今社会，网店销售已经成为零售的重要力量。然而，网店虚假促销越来越普遍，不仅影响当事网店销售，还可能溢出到其他网店和网店平台，形成溢出效应。网店虚假促销可以使当事网店销售大幅下滑，可以激发消费者过度自信进而产生冲动购买行为。与传统零售不同，消费者可以从不同网店间快速跳转，对某网店的负面印象可能影响其对下一家网店的评价。因此，网店虚假促销不仅会负面影响当事网店，还可能影响其他网店。也就是说，虚假促销可能降低消费者对其他网店的评价，形成负面溢出。网店虚假促销可以降低竞争网店经营绩效，损害行业声誉，甚至可以降低对整个电商平台的信任。有分析指出，大量虚假促销降低了"双十一"的美誉度。然而，有的网店虚假促销引发了溢出效应，但也有网店进行虚假促销，却没有发生溢出效应。因此，业界对当事网店虚假促销溢出效应的发生条件尚不明确。只有清楚了网店虚假促销溢出效应的发生条件，才能更有效地做出应对，避免不必要的管理成本损失或弄巧成拙。

网店需要知晓如何弱化焦点网店虚假促销对竞争网店的负面影响，但目前还没有得出缓解负面溢出效应的应对策略。"城门失火，殃及池鱼"，网店虚假促销的负面溢出效应广泛存在已经成为常态，作为普通的网店经营者，如何能够有效阻止或降低虚假促销焦点网店带来的负面影响，这是众多网店现实中必须面临的问题。

我们可以通过归纳、分析现实中网店虚假促销负面溢出应对的相关案例，以区分竞争网店所采取的不同应对策略。对于虚假促销负面溢出效应应对策略的理解，现实中各竞争网店还存在较大的分歧，虚假促销事件发生后，有的网店直接矢口否认，有的网店则对此进行区隔，有的网店则不知所措，只能选择缄默。这也说明"究竟哪种策略最优"这一问题，众多网店经营者尚未达统一的见解。此外，各大电商平台纷纷推出了防范措施。2015 年 5 月，淘宝发布了一则标题为《淘宝价格发布规范》的公示通知，该公示主要内容为：商家不得虚构原价，不得虚假促销。2015 年"双十一"，各大电商平台纷纷推出了防范措施。"天猫"携手保险公司相继推出"天猫正品保证险"等一系列保险项目，如果消费者在天猫平台购买到假冒商品，将无条件获得退货退款支持，并可以获得 4 倍赔偿。京东、苏宁等电商也都有类似保障措施，"购物送险"正逐渐成为电商最新标配服务。然而，这些防范措施更多是从电商平台角度制定，旨在保护消费者的合法权益，但忽视了对电商平台商家的保护，因为电商平台的商家可能受到其他网店虚假促销溢出效应的影响。因此，网店需要一套应对焦点网店虚假促销负面溢出效应的应对策略。

1.1.2　理论背景

当前，与问题网店促销理论研究相对较多，但对虚假促销的研究较为不足。网店促销十分常见，是营销领域的研究热点。现有研究主要关注了 3 个方面：一是对网店促销定义及类型的研究。虽然网店促销与实体店促销实施的环境和对象不同，但其目的、性质及采用的活动形式是一致的。因此，网店促销作为促销活动的一种，也必然具有传统促销活动的本质特征。赵丽和罗亚（2008）研究认为网络零售商家所采用的促销活动形式相似，主要为折扣、特价、抽奖、抵价券、运费优惠、量多优惠、限时抢购、搭售促销 8 种（赵丽与罗亚，2008）。林剑萍（2013）通过对电子商务企业的营销策略的分析，指出预售、采购、红包、包邮、移动端促销是网络促销常见的 5 种形式（林剑萍，2012）。二是网店促销对消费者的影响。促销可以提高消费者对网店的忠诚度（Kotler and Philip，2007）。网店促销可以促进消费者的购买行为，提高消费者的购后满意度（Darke and Dahl，2003）。网店促销对消费者产品认知评价和购买决策是一个有用的线索（Raghubir，2004）。网购者倾向认为产品在网店的价格要比实体店低（Grewal and Munger et al.，2003）。网店促销会影响消费者的冲动性购买（Larose，2001；林建煌，2005；周星与雷俊杰等，2011；吴锦峰与常亚平等，2012；王伶俐与闫强等，2015）。三是促销对网店的影响。在线零售商通过多种促销方式，如免费赠品、折扣、免费送货等，吸引网购者光顾他们的网站。促销成了消费者购买网店产品的一个直接的经济刺激（Oliver and Shor，2003；Honea and Dahl，2005）。网店促销也是提升商店形象的重要因素（Collins-Dodd and Lindley，2003；Thang and Tan，2003）。然而，虚假促销普遍存在，是网店促销中重要而常见的现象，其研究成果却相对匮乏（卢长宝与秦琪霞等，2013）。虽然，学界对网店促销做了大量有益的研究，但对网店虚假促销的研究还存在局限：对网店虚假促销溢出效应没有专门进行研究。目前大多数研究者仍习惯将虚假促销看作一种欺骗性营销工具，认为其是虚假广告的一种（卢长宝与秦琪霞等，2013）。例如Grewal 和 Compeau（1992）从竞争性广告的角度探讨了企业信息欺诈行为（Grewal and Compeau，1992）。Estelami（1998）指出欺诈定价（Deceptive Pricing）会误导消费者（Estelami，1998）；虚构价格再以折扣形式降价的虚假促销行为会对消费者的内部参考价格产生恶劣的影响。Baker 和 Saren（2010）指出，根据有无欺骗的主观意愿，可将虚假广告分为误导性（Misleading）广告及欺骗性（Deceptive Practice）广告（Baker，2010）。

其次，溢出效应是网上购物研究的热点问题，但对网店虚假促销的定义、特征及其溢出强度还需进一步探索。Lewis 和 Dan（2015）以及 Rutz 和 Bucklin（2012）研究了在线广告对搜索竞争品牌的溢出效应（Rutz and Bucklin，2013；Lewis and Dan，2015），Carmi、Oestreicher-Singer 和 Sundararajan（2012）研究了一种产品需求对其他产品需求的溢出效应（Carmi and Oestreicher-Singer et al.，2010），Gensler、Verhoef 和 Böhm（2012）研究了渠道选择的溢出效应（Gensler and Verhoef et al.，2012）。然而，网店虚假促销溢出效应并未得到深入研究。有学者定义虚假零售促销为零售商在促销过程中，为吸引消费者、短期内扩大销售获利而使用的虚假的、与事实不符的促销借口、促销期限、促销范围和促销方式（田玲，2007）。2006 年国家商务部颁布的《零售商促销行为管理办法》指出 5 个方面的不规范促销行为，包括不实宣传、价格欺诈、限制消费者合法权益、缺乏安全管理措施、违反商业道德。正常促销的设计原理包含"时间限制"和"物质激励"两大特征，两者是促销策略设计的核心，其目的就是通过短期物质激励来诱发即刻购买（卢长宝，2004）。很明显，虚假促销的实施者同样设计了促销活动的"时间限制"和"物质激励"，不同的是虚构了促销活动的基本信息，例如虚构了原价或持续期，从而使这些带有广告性质的信息形成了欺骗消费者的能力（卢长宝与秦琪霞等，2013）。有学者将虚假零售促销分为4种：促销原因虚假、促销范围虚假、促销期限虚假、促销方式虚假（田玲，2007）。

虽然，有学者对虚假促销类型的研究作了探索，但对虚假促销概念的认识更多停留在具体事实的描述，不具有一般性；对网店虚假促销类型的认识也比较零散，存在相互涵盖的情况，难以形成体系。更重要的是，只有清楚认识网店虚假促销类型的维度，才能分析网店不同类型虚假促销影响的差异，才能更好地做出差异化的应对。因此，需要对虚假促销进行界定，并对比分析网店不同类型虚假促销对竞争网店影响的强度差异。

第三，网店虚假促销会产生溢出效应，但对溢出效应的发生条件尚不清晰。负面曝光事件是一个总称，它是指企业在营销过程中发生的关于产品、服务、企业整体或员工个人的具有破坏性且传播广泛的事件（Menon and Jewell et al.，1999）。各种负面曝光事件都体现了两个重要特征：一是事件通过媒体等形式传播，扩散范围广、速度快；二是事件会产生很大的负面影响。根据定义和特征可知，网店虚假促销属于企业营销负面曝光事件中的一种。因此，网店虚假促销也可能会像其他负面曝光事件一样产生溢出效应。网店虚假促销可以使当事网店销售额大幅下滑；网店虚假促销可能激发消费者过度自信进而产生购买行为。不仅如此，网店虚假促销还可能影响其他网店，形成溢出效应。网店虚假促销可以降低竞争网店经营绩效；网店虚假促销可以损害行业声誉。网店虚假促销甚至可以降低消费者对整个电商平台的信任。根据网店虚假促销的影响范围，现有研究主要研究了网店虚假促销对当事网店的影响，尚不清楚网店虚假促销对非当事网店的影响。

网店虚假促销对非当事网店的影响主要为溢出效应研究。溢出效应是指信息通过间接途径影响信念的现象（Ahluwalia and Unnava et al.，2001）。现有溢出效应研究主要遵循Feldman和Lynch（1988）提出的可接近性-可诊断性理论（accessibility-diagnosticity frame）展开研究（Feldman and Lynch，1988）。现有研究重点在于，识别影响可接近性和可诊断性的因素，即溢出效应发生的条件。研究结论集中在负面曝光事件焦点产品/品牌/企业、竞争产品/品牌/企业和消费者之间的关系对溢出效应的影响。虽然负面曝光事件溢出效应发生的条件已经逐渐清晰，但是对于网店虚假促销溢出效应的发生条件尚不清楚。负面曝光事件溢出效应的发生条件是多重的。从可接近性和可诊断性两个角度，现有研究已经发现，焦点产品/品牌/企业因素、消费者因素、情景因素和竞争品牌因素会影响负面曝光事件溢出。网店虚假促销属于企业营销负面曝光事件中的一种。识别出网店虚假促销溢出效应的发生条件，可以帮助企业预判网店虚假促销的影响范围。因此，网店虚假促销溢出效应的发生条件有待深入探讨。

目前对于负面事件应对策略的研究已较为充分，但网点虚假促销溢出的应对策略还不清楚。如何弱化虚假促销的负面影响是虚假促销溢出管理的核心问题。然而，对于这一问题，现有研究更多关注的是负面事件的应对策略。Roehm 和 Tybout（2006）研究了竞争品牌采用否认策略和缄默策略应对焦点品牌丑闻负面溢出效应的差异（Roehm and Tybout，2006）；余伟萍和祖旭等（2015）则基于改进策略、否认策略和缄默策略对品牌丑闻的负面溢出效应进行了研究（余伟萍与祖旭等，2015）；王珏和方正等（2014）认为，就降低产品伤害危机对竞争品牌的负面溢出效应的效果而言，区隔策略最好，否认策略次之，缄默策略最差（王珏与方正等，2014）。但对于以上研究，一是负面事件应对策略的研究结论是否适合虚假促销有待进一步检验；二是对现实中竞争网店的应对策略的涵盖还不够全面；三是还存在其他因素会影应对对的效果，如网店所在购物平台的应对策略。因此，如何应对虚假促销的负面溢出效应，仍然是需要探索的问题，本书将为网店制定有效的虚假促销应对策略提供理论借鉴。因此，网店虚假促销影响机制需要进一步揭示。综上，根据以上现实背景和理论背景，笔者认为至少存在 3 方面的理论问题至今没有得到回答：

一是，不同特征网店虚假促销的溢出效应强度有何差异？

二是，网店虚假促销溢出效应的发生条件是什么？

三是，如何应对焦点网店虚假促销负面溢出效应对竞争网店的影响？

1.2 研究内容与目标

1.2.1 研究内容

对于网店企业假销售溢出效应的研究主要包括 3 个方面。

（1）网店虚假促销溢出效应的影响差异。

　　虚假促销方式较为多样，但是目前尚不清楚竞争网店虚假促销溢出效应影响的差异。随着媒体对网店虚假促销的持续曝光，消费者维权意识的提高以及政府部门对网店虚假促销监管力度的加强，业界开始关注网店虚假促销。通过对相关新闻报道的梳理，发现业界对网店虚假促销的概念及类型也有了一定了解。业界认为网店虚假促销主要是指网店促销存在欺诈行为，比如假优惠、假折扣假货品等。另一方面，学界对网店虚假促销类型的认识相对零散，存在相互涵盖的情况，难以形成体系。因此，清楚认识网店虚假促销类型的维度，才能分析网店不同类型虚假促销影响的差异。

　　负面事件严重程度，又称伤害性、危害性，是影响危机结果的重要因素，对消费者的认知和购买决策产生重要影响。Siomkos 和 Kurzbard（1994）认为产品危机造成的伤害性包括经济因素、人身健康、安全感（Siomkos and Kurzbard，1994）。Smith 和 Cooper-Martin（1997）认为产品质量伤害包括身体伤害、经济伤害和心理伤害（Smith and Cooper-Martin，1997；涂铭与景奉杰等，2014）。卫海英等（2011）认为，危机严重程度是危机事件造成伤害的严重性、持久性，其中造成的伤害主要有生理健康（损害健康或生命）和心理感受（如损毁信任）（卫海英与张蕾等，2011）。范宝财，杨洋和李蔚（2014）指出危机严重程度是产品伤害危机对消费者身心的伤害程度（范宝财，杨洋和李蔚，2014）。余伟萍，张琦和段桂敏（2012）认为危机严重程度越高，消费者的负面情感越强烈，消费者产生抵制行为的可能性也越高（余伟萍与张琦等，2012）。涂铭，景奉杰和汪兴东（2014）指出，伤害性指产品危机给消费者造成损失的程度，危机伤害性会正向影响感知严重性和危机感知易损性（涂铭与景奉杰等，2014）。网店虚假促销发生之后，不仅负面影响到焦点网店的销售与品牌形象，还可能向竞争溢出，加剧虚假促销的影响。虚假促销严重程度如何影响危机对竞争品牌的正面溢出效应？虚假促销严重程度如何影响危机对竞争品牌的负面溢出效应？这是竞争网店需要了解，却尚不清楚的问题。

　　本书通过归纳现有文献对负面事件情景的研究，结合现实案例，发现在虚假促销情境下，由于虚假促销的群发性、频发性特征，焦点网店虚假促销事件可能演变为一场行业危机，这对竞争网店的应对难度及要求进一步增大。汪兴东，景奉杰和涂铭（2012）认为，群发性产品伤害危机的行业负面溢出效应比单发性更强（涂铭与景奉杰等，2014），而佘秋玲（2010）认为，负面事件特征应包含事件严重性、事件归因、事件群发性和事件关联性四方面（佘秋玲，2010），因此，本书重点从虚假促销群发性、频发性出发，研究虚假促销情景的负面溢出效应，为竞争网店快速预判虚假促销负面溢出影响提供指导。

因此，本研究将从虚假促销类型、虚假促销深度以及虚假促销情景三大虚假促销特征出发，来比较网店虚假促销溢出效应的影响差异。就虚假促销类型而言，基于"物质激励"和"时间限制"的设计原理（卢长宝，2004），虚假促销类型包括价格虚假、赠品虚假和时长虚假；就虚假促销深度而言，促销深度是影响促销效果的物质激励因素（卢长宝与秦琪霞等，2013），虚假促销深度可以作为其严重性衡量方式；虚假促销情景包括群发性和频发性。群发性，即虚假促销涉及网店数量的多少；频发性，即当事网店虚假促销次数的多少。

（2）网店虚假促销溢出效应的发生条件。

负面事件溢出效应会受到系列因素的影响。从可接近性和可诊断性两个角度，现有研究已经发现，危机属性因素、焦点品牌因素、消费者因素、竞争品牌因素、情景因素会影响负面事件溢出。对负面事件的研究证实，社交距离会调节负面事件的溢出效应，但是没有研究社交距离对虚假促销溢出效应的影响。黄静，王新刚，童泽林（2011）研究发现社会距离会调节消费者对犯错品牌的评价（黄静与王新刚等，2011）。王财玉（2012）考察了社会距离对口碑信息接受者的影响，研究发现在传播者与接受者社会距离较近的强关系下，提高口碑信息的可得性对口碑说服效果的影响更加显著，而在社会距离较远的弱关系下，提高口碑信息的价值影响效果则更明显（王财玉，2012）。熊艳，李常青，魏志华（2012）证实社会距离导致了溢出效应的异质性，距离最远的对立阵营在危机事件中获利，而中立阵营和联盟阵营则受损（熊艳与李常青等，2012）。因此，笔者推测，社交距离也是影响网店虚假促销溢出效应的重要因素，是重要的调节变量，是识别网店虚假促销的发生条件。

（3）网店虚假促销溢出效应的应对策略。

负面事件发生后，企业必须采取补救措施，改变消费者的感知和态度，并设法把这种感知和态度维持在危机前水平（Jolly and Mowen，1985）。许多企业由于缺乏专业应对危机的方案而简单采取置之不理的方式，造成了很大程度上的损失（Mitroff and Anagnos，2001）。"城门失火，殃及池鱼"，虚假促销的负面溢出效应广泛存在已经成为常态，作为很多无辜的竞争网店，如何能够有效阻止或降低虚假促销焦点网店带来的负面影响，这是众多企业现实中必须面临的问题。

通过归纳、分析现实中虚假促销负面溢出应对的相关案例，以区分非涉事的竞争网店所采取的不同应对策略。对于虚假促销负面溢出效应说服应对策略的理解，现实中各竞争网店还存在较大的分歧，虚假促销事件发生后，有的网店直接矢口否认，有的网店则进行区隔，还有的网店则没有更好的选择方案，只能暂时保持缄默。这也说明"究竟哪种策略最优"这一问题，众多竞争网店尚未达统一的见解。竞争网店如何应对虚假促销溢出效应是网店虚假促销研究的核心问题之一，然而，目前并没有研究竞争网店对虚假促销的应对策略。因此，本研究将竞争网店应对焦点网店虚假促销负面溢出效应的策略分为缄默、否认和区隔三类，探索缓解网店虚假促销负面溢出的竞争网店应对策略。

1.2.2　研究目的

本书将构建网店虚假促销溢出效应模型，拟达成以下 3 个研究目标：

（1）探究网店虚假促销特征对溢出效应的影响，识别虚假促销不同特征，揭示虚假促销特征的影响差异，得出预判网店虚假促销溢出效应影响强度的指标。

（2）探究社会距离对网店虚假促销溢出效应的调节作用，提出网店虚假促销溢出效应发生的边界条件及其影响。

（3）探究应对虚假促销溢出效应的策略效果。基于负面事件应对策略研究，提出竞争网店缓解焦点网店虚假促销负面溢出的应对策略。

1.3　研究思路与方法

1.3.1　研究思路

本研究所遵循的总体路线就是"发现、定义、研究、解释"营销实践中的问题，具体来讲分为四个步骤（如图 1-1 所示）。

问题发现	文献搜集	定义问题	正式研究
观察营销实践中网店虚假促销存在哪些企业界和学术界忽视、迷惑的问题，初步确定研究方向。	检索国内外与虚假促销相关的文献，分类整理了解网店虚假促销溢出效应的研究进展和不足之处。	结合现实网店促销活动中的问题和国内外学者对网店虚假促销、溢出效应、社交距离、应对策略最新研究成果，正式确认研究机会，确立研究内容。	根据研究内容和目标： 1. 建立概念模型 2. 形成研究假设 3. 选择研究方法 4. 设计研究变量 5. 设计调查问卷 6. 展开调研工作 7. 进行数据分析 8. 得出研究结果 9. 分析研究结论

图 1-1

1.3.2 研究方法

文献研究法。本书通过梳理和总结现有文献，识别出虚假促销的主要特征以及影响结果，汇总为虚假促销的研究范式，形成虚假促销研究的一般理论框架，并找出现有研究空白。

情景实验法。情景实验法是心理学和营销学常用方法，可以使较复杂的操控变量变得较易控制，可以获得较高的外部效度（Reeder and Hesson-Mcinnis et al., 2001）。本书根据真实网店虚假促销的报道，精炼描述语言，形成网店虚假促销情景刺激物。遵循负面事件研究采用的主要方法，本文借助刺激物，模拟网店虚假促销，测量消费者心理变量，得到研究数据。因此，本研究也采用实验法，验证研究假设，论证理论模型。

1.4 研究意义与创新

1.4.1 研究意义

网店虚假促销溢出效应是普遍存在但研究不足的问题。本书基于促销原理，研究了虚假促销类型、虚假促销深度、虚假促销情景对溢出效应的影响，并探索了社交距离的调节作用及缓解虚假促销对竞争网店溢出效应的应对策略。本书具有理论和实践 2 个方面的意义。

首先是理论意义。

（1）不同虚假促销类型对网店虚假促销溢出效应的影响存在差异。

与赠品虚假相比，价格虚假、时长虚假对竞争网店的溢出效应更显著。本文提出了三种虚假促销类型，并比较了其对溢出效应的影响差异，从虚假促销视角推进了网店溢出效应理论。

（2）虚假促销深度会影响网店虚假促销溢出效应。虚假促销深度越高，虚假促销对竞争网店的溢出效应的影响越大。虚假促销深度是虚假促销严重程度的衡量，严重性是影响产品伤害危机溢出效应的重要变量（Siomkos and Triantafillidou et al.，2010），本书在网店虚假促销溢出效应领域再次验证了其重要作用，即与以往研究呼应，又证实其在网店虚假促销中的重要影响。

（2）虚假促销情景会影响网店虚假促销溢出效应。

虚假促销群发性越高，虚假促销对竞争网店的负面溢出就越强；虚假促销频发性越高，虚假促销对竞争网店的负面溢出就越强。同时，群发性和频发性对溢出效应的影响存在交互作用，这也解释了为什么历经类似的虚假促销，不同消费群体对竞争网店的态度存在着显著的差异，进一步丰富了网店虚假促销溢出效应的理论。

（4）社交距离会调节虚假促销类型和虚假促销深度对溢出效应的影响。

当社交距离远时，与赠品虚假相比，消费者认为价格虚假和时长虚假溢出效应更显著。当社交距离近时，与价格虚假和时长虚假相比，消费者认为赠品虚假溢出效应更显著。以手机为例，由于手机品类的高同质性、品牌集中度高等特点，可能削弱了虚假促销类型的影响，但是社交距离在其中的调节作用较为明确。当社交距离较近时，无论虚假促销深度高低，虚假促销网店溢出效应无显著差异；当社交距离较远时，与虚假促销深度低的网店相比，虚假促销严重性较高时形成的溢出效应更大。这说明，尽管促销深度会增加信息可诊断性，社交距离对其具有调节作用，是促销深度形成溢出效应的重要条件。尽管这一结论是否能推广到负面信息严重性对溢出效应的影响，还需要进一步验证，该结果说明负面信息严重性越验证并不一定带来更大溢出效应，还会受到社交距离的影响，增进了对溢出效应理论中严重性作用的认识。

（5）不同应对策略对于缓解虚假促销溢出效应的影响存在差异。

从竞争网店的应对策略的分类来看，本书分析了区隔策略、否认策略、区隔策略对虚假促销溢出效应的差异化影响，这进一步拓展了虚假促销溢出应对策略的研究，丰富了竞争网店虚假促销应对策略的理论基础。从竞争网店应对策略的效果来看，通过两两比较，验证了非当事的竞争网店应对虚假促销负面溢出效应的最优策略为区隔策略。具体到虚假促销中，区隔策略具有更多的积极作用，主要原因是区隔策略具有更高的信息可诊断性和可信度，竞争网店强调自身与虚假促销品牌存在较大的促销方式（如合法合规性）的差异，进而阻止虚假促销向竞争网店的蔓延。从消费者对竞争网店的承诺来看，承诺具有调节作用，其不仅能够抵御虚假促销焦点网店的负面溢出效应，维持消费者对竞争网店的促销信息真实性的信念，还有助于解释为什么历经同样的虚假促销，采取类似的应对策略，但各竞争网店遭受的损失却存在较大差异。

其次是实践意义。

（1）焦点网店应强化营销伦理道德意识，避免采用虚假促销这种损人不利己，甚至会损害网店平台整体促销效率的营销手段。网店须在合法合规的基础上，合情合理地使用各种促销方式。

（2）网商平台及其管理需建立促销甄别机制，及时发现并制止网店虚假促销行为，甚至建立促销活动认证制度，有效降低虚假促销对同类网店的溢出效应，维护好网商环境。

（3）竞争网店不仅要关注自身的促销策略，还应重视、预防其他网店虚假促销对自身网店的负面影响。通过虚假促销类型、虚假促销深度、虚假促销情景和社交距离等因素综合判断溢出可能性，及时识别和防范，避免负面溢出效应的影响。

（4）竞争网店可采取相应的应对策略弱化虚假促销溢出效应的负面影响。

本研究发现，虚假促销发生后，就降低虚假促销焦点网店对竞争网店的负面溢出效应而言，应对策略中最优策略是区隔策略，其次是否认策略，缄默策略最差。因此，面对虚假促销，竞争网店应该尽量结合网店实际情况采取模仿者难以效仿的方式，如进行产品促销方式和产品种类的区隔、强调自身网店的差异性等，才能对消费者发出更为积极可信的信号，抵御虚假促销焦点网店负面溢出的侵扰，而不是简单地予以否认或者在缄默中等待虚假促销的平息。

1.4.2　研究创新

本书研究创新包括以下 4 个方面：

（1）深入研究网店虚假促销溢出效应，推进网上购物中的溢出效应研究。

溢出效应是网上购物研究的热点问题。现有研究主要关注了在线广告对搜索竞争品牌的溢出效应，产品需求对其他产品需求的溢出效应，渠道选择的溢出效应等，然而对网店虚假促销溢出效应并未深入研究。本研究从促销类型和促销深度两大促销特征出发，来解答这一问题，丰富了网上购物溢出效应研究。

（2）不同虚假特征会影响网店虚假促销溢出效应。

本书提出了网店虚假促销的三个方面，分别是虚假促销类型、虚假促销深度和虚假促销情景。首先，不同虚假促销类型对网店虚假促销溢出效应的影响存在差异。不同虚假促销类型对网店虚假促销溢出效应的影响存在差异。与赠品虚假相比，价格虚假、时长虚假对竞争网店的溢出效应更显著。本文提出了三种虚假促销类型，并比较了其对溢出效应的影响差异，从虚假促销视角推进了网店溢出效应理论。其次，虚假促销深度会影响网店虚假促销溢出效应。虚假促销深度越高，虚假促销对竞争网店的溢出效应的影响越大。虚假促销深度是虚假促销严重程度的衡量，严重性是影响产品伤害危机溢出效应的重要变量，本文在网店虚假促销溢出效应领域再次验证了其重要作用，即与以往研究呼应，又证实其在网店虚假促销中的重要影响。最后，虚假促销事件的群发性、频发性会影响网店虚假促销溢出效应。虚假促销事件发生后，事件群发性、频发性越高，焦点网店的虚假促销对竞争网店的负面溢出效应越强。本文从事件特征视角，丰富了网店虚假促销理论。

（3）社交距离会调节虚假促销类型和虚假促销深度对溢出效应的影响。

当社交距离远时，与赠品虚假相比，消费者认为价格虚假和时长虚假溢出效应更显著。当社交距离近时，与价格虚假和时长虚假相比，消费者认为赠品虚假溢出效应更显著。由于手机品类的高同质性、品牌集中度高等特点，可能削弱了虚假促销类型的影响，但是社交距离在其中的调节作用较为明确。当社交距离较近时，无论虚假促销深度高低，虚假促销网店溢出效应无显著差异；当社交距离较远时，与虚假促销深度低的网店相比，虚假促销严重性较高时形成的溢出效应更大。这说明，尽管促销深度会增加信息可诊断性，社交距离对其具有调节作用，是促销深度形成溢出效应的重要条件。尽管这一结论是否能推广到负面信息严重性对溢出效应的影响，还需要进一步验证，该结果说明负面信息严重性越验证并不一定带来更大溢出效应，还会受到社交距离的影响，增进了对溢出效应理论中严重性作用的认识。

（4）得出缓解网店虚假促销溢出效应的应对策略。

本文分析了缄默策略、否认策略、区隔策略对虚假促销溢出效应的差异化影响，拓展了负面事件溢出效益应对策略研究，揭示了竞争网店应对虚假促销溢出效应的理论基础。

1.5 本章小节

本章主要重点介绍了本书的研究背景与问题、研究内容与目的、研究思路与方法和研究意义与创新。

首先是研究背景与问题。就理论背景与问题而言，本研究将探索预判网店虚假促销溢出效应影响强度的指标，提出预判溢出效应影响强度的关键变量，从虚假促销视角推进了网店溢出效应理论；本研究将探索网店虚假促销溢出效应的发生条件，拓展了社交距离理论，为企业预判虚假促销溢出效应提供理论借鉴；基于负面事件应对策略研究，得出竞争网店缓解焦点网店虚假促销负面溢出的应对策略，丰富了竞争网店应对虚假促销溢出效应的理论基础。

其次是研究内容与目的。本文研究内容包括3个方面，本文研究主要包括3个方面：一是，网店虚假促销溢出效应的影响差异。二是，网店虚假促销溢出的发生条件。三是，网店虚假促销溢出的应对策略。

再次是研究思路与方法。就研究思路而言，本文通过文献分析、案例分析和理论分析找出研究方向，然后确定研究目标、任务、对象、内容和方法，再次进行研究准备和建立理论框架，通过四个部分的研究步步深入的研究网店虚假促销对竞争网店溢出效应的影响，最后形成论文。本文实证研究包括实验组设计、刺激物设计、量表设计、问卷前测、预实验、正式实验和数据分析。本文采用情景实验法，通过组间实验设计来收集研究数据。

最后是研究意义与创新。本文有五个主要研究意义。第一，不同虚假促销类型对网店虚假促销溢出效应的影响存在差异。第二，虚假促销深度会影响网店虚假促销溢出效应。第三，虚假促销情景会影响网店虚假促销溢出效应。第四，社交距离会调节虚假促销类型和虚假促销深度对溢出效应的影响。第五，不同应对策略对于缓解虚假促销溢出效应的影响存在差异。

　　本书有 3 个方面的创新。一是，深入研究网店虚假促销溢出效应，推进网上购物中的溢出效应研究。本研究从促销类型和促销深度两大促销特征出发，来解答这一问题，丰富了网上购物溢出效应研究。二是，不同虚假特征会影响网店虚假促销溢出效应。本文提出了三种虚假促销类型，并比较了其对溢出效应的影响差异，从虚假促销视角推进了网店溢出效应理论。其次，虚假促销深度会影响网店虚假促销溢出效应。本文在网店虚假促销溢出效应领域再次验证了其重要作用，即与以往研究呼应，又证实其在网店虚假促销中的重要影响。最后，虚假促销事件的群发性、频发性会影响网店虚假促销溢出效应。本文从事件特征视角，丰富了网店虚假促销理论。三是，社交距离会调节虚假促销类型和虚假促销深度对溢出效应的影响。尽管这一结论是否能推广到负面信息严重性对溢出效应的影响，还需要进一步验证，该结果说明负面信息严重性越验证并不一定带来更大溢出效应，还会受到社交距离的影响，增进了对溢出效应理论中严重性作用的认识。四是，得出缓解网店虚假促销溢出效应的应对策略。本文分析了缄默策略、否认策略、区隔策略对虚假促销溢出效应的差异化影响，拓展了负面事件溢出效益应对策略研究，揭示了竞争网店应对虚假促销溢出效应的理论基础。

2 网店虚假促销溢出效应的相关研究

2.1 网店促销

2.1.1 网店促销

网店是电子商务的一种形式，通过网络销售产品或服务，已成为重要的销售渠道。从零售商的角度来看，网店零售是一种重要的商品交易方式。从消费者的角度来看，网店零售消除了时间和空间的限制，大大提高了便利性（武瑞娟与王承璐，2014）。与实体店面相比，网上购物的消费者更容易了解商品的价格、外观形象和其他属性；低廉的转换成本使消费者很容易从一家网店切换到另一家网店。由于在虚拟环境下，消费者难以直接了解商品的体验性属性，消费者感知的购买风险比较高，其潜在的需求难以转化为真正的购买行为（王秀芝与吴清津等，2008）。因此，为了吸引消费者光顾自己的网店并刺激购买，很多网店选择各种促销手段。随着电子商务的快速发展，越来越多的企业或个人将电商平台作为其产品销售或服务渠道，并寻求各种手段和措施刺激消费者光顾网站并产生购买行为（章璇与景奉杰，2012）。因此，网店竞争也变得愈发激烈，促销也成为网店应对竞争压力的主要手段。因为促销是重要的线索，影响消费者对产品的评价及购买决定。不期而遇的促销在消费者看来是运气，会降低非理智购物的内疚感。研究发现，价格促销会正向影响消费者对产品价格公平的评价，提高感知价值，增加购买满意度和购买意愿。促销对于消费者购买产品是一个直接经济刺激。为了吸引购物者光顾自己的网店，在线零售商提供了各种方式的促销，比如赠品、折扣、包邮等。促销也可以成为刺激新消费者初次购买的手段，而且可以吸引消费者转换购买品牌。促销传递的是消费者可以更容易获得某件产品的信息，鼓励消费者再次光顾自己的网店，增加消费者忠诚，可以作为一种对忠实消费者回报。此外，促销还有助于形成正面的商店形象（Park and Lennon，2009）。

网店促销的方法很多，通过梳理、归纳网店真实促销手段，常见的有 8 种方法。

（1）打折促销。

折价亦称打折、折扣，是目前最常用的一种网店促销方式。通过附件限制条件，打折促销有不同的形式：① 限期折，在节假日或店铺周年纪念日开展促销活动；② 名次折，达到某个要求的名额。如，前 10 名 8 折优惠，或第 100 位顾客 5 折优惠；③ 会员折：对本店会员给予优惠，以维护和忠诚消费者的关系。比如：累计消费 500 元，为普通会员，享受全部宝贝 9.5 折；累计消费 1 000 元，升级为高级会员，享受所有宝贝 8.5 折；累计消费 2 000 元，成为终生 VIP 会员，享受 7.5 折优惠。

（2）赠品促销。

赠品网店促销目前在网上的应用不算太多，一般情况下，在新产品推出试用、产品更新、对抗竞争品牌、开辟新市场情况下利用赠品促销可以达到比较好的网店促销效果。

（3）返现或返券促销。

满 m 元，返还 n 元或 n 元代金券、优惠券。如，满 200，返 30 元。

（4）包邮促销。

常见的形式有：① 满 m 件，包平邮/快递：如，三件包江浙沪快递，四件包外省平邮。② 满 m 元，包平邮/快递：如，够满 58 元包平邮，满 99 元包快递。

（5）商品绑定促销。

其常见的形式有：① 买 A 送 B：如，买一支洗面奶，送一支乳肤乳，或买 2 支洗面奶，支付一支的价格。② 买 A，B 半价：如，买一件外套，再买条裤子的话，裤子就是半价出售。③ 买 m 个，送 n 个：如，买 200 个喜糖盒，送 20 个。④ 买 A，加 m 元送 B：如，买一个 150 元的鼠标，加 38 元送个 80 元的 U 盘。

（6）抽奖促销。

抽奖促销就是利用公众消费过程中的侥幸获大利心理，设置中奖机会，利用抽奖的形式，来吸引消费者购买商品。网上抽奖活动主要附加于调查、产品销售、扩大用户群、推广某项活动等。消费者或访问者也可通过填写问卷、注册、购买产品或参加网上活动等方式获得抽奖机会。

（7）积分促销。

积分网店促销一般设置价值较高的奖品，消费者通过多次购买或多次参加某项活动来增加积分以获得奖品。积分网店促销在网络上的应用比起传统营销方式要简单和易操作。网上积分活动可以轻易通过编程和数据库等来实现，并且结果可信度很高，操作起来相对较为简便。积分网店促销可以增加上网者访问网站和参加某项活动的次数；可以增加上网者对网站的忠诚度；可以提高活动的知名度等。

（8）联合促销。

由不同商家联合进行的网店促销活动称为联合促销，联合网店促销的产品或服务可以起到一定的优势互补、互相提升自身价值等效应。假如应用得当，联合促销可起到相当好的网店促销效果，如网络公司可以和传统商家联合，以提供在网络上无法实现的服务。

网店虚假促销如此普遍与网上购物的特点有关。① 消费者不能与网店卖家进行面对面的互动沟通，降低了辨别虚假促销的可能性，导致店家更容易产生机会主义行为。网店给人的感觉不如实体店熟悉、有人情味，而且缺乏面对面交流的机会，降低了消费者对虚假促销的甄别，而在线下门店，可以通过个人的非言语行为判断是否存在欺骗，比如眼神、肢体语言。② 网上商品触觉感知缺失（Peck and Childers，2013），基于现实的认知表征对购买决策的较大，提升虚假促销的欺骗效果。③ 与实体店相比，开网店的准入门槛低，一些不良零售商在电商平台开网店相对更容易。一些小公司可以利用电商平台将自己包装成一个大公司，消费者很难通过网店显示的信息去判断公司的规模、实力、信誉（Román，2010）。

2.1.2 促销理论

2.1.2.1 促销的定义及分类

销售促进是指企业运用各种短期诱因，鼓励购买或销售本企业产品或服务的促销活动（李先国，2002），其特点是在短期内能达到促使销售额迅速增长的目的，所以又常常被简称为促销。美国营销协会定义委员会为销售促进所下的定义则是：销售促进是指"除了人员推销、广告和宣传报道以外的，刺激消费者购买和经销商效益的种种企业市场营销活动。销售促进通过提供额外的购买动因，增加产品所能提供的利益，临时改变消费者所感知的品牌价格或价值，达到加快消费者购买速度和加大消费者购买数量的目的。销售促进的范围广，形式多样，常见形式的有：打折、大减价、优惠券、返券

（rebates/refunds）、售点陈列、买一赠一、演示、免费样品、买赠、特惠包装、竞赛或抽奖等（Kotler，2003）。销售促进按照刺激的对象分为消费者促销、贸易促销、销售队伍促销；销售促进还可以按是否提供了价格减让而分为价格促销和非价格促销，美国营销学会为价格促销所下的定义是：通过广而告之关于产品或服务的价格信息而刺激购买的促销活动，通常价格促销通过降低销售价格、兑现优惠券、或者是现金返还、购物券返还等形式向顾客实施了让利。非价格促销则是不以价格减让为促销所提供的刺激购买诱因的促销活动，常见的非价格促销形式有派发免费样品、提供免费试用、销售现场演示、售点陈列、表演等形式。促销有很多种形式，最常见的针对消费者的价格促销类型有打折、优惠券、现金返还、买赠等几种形式。

1. 折价优待

折价优待是企业最常用的一种价格促销形式，它指企业在一定时期内通过降低本企业产品或服务的常规售价，来达到提高消费者的购买欲望，抗衡竞争，促进销量增长的目的。折价信息往往显示在销售现场（POP）广告上，或是直接印在产品的外包装上，从而吸引消费者激发他们的购买欲。

2. 优惠券

优惠券是指企业以邮寄、派发、在商品包装中附赠或者在广告中附加等形式向顾客赠送一定面值的优惠券，持券人可以凭此优惠券在购买某种商品时免付一定金额的费用优惠券可以给消费者以真正的实惠，深受一些对价格敏感的消费者的喜爱，在欧美国家运用得非常普遍。

优惠券根据它的发出人身份可以分为两大类型，一类是零售商型优惠券，是由某个零售商规划并散发的，因此只能在该零售商的商店或者连锁商店使用，其主要目的是为了吸引消费者光临某一特定的商店购物。另一类是制造商型优惠券，是由某产品的制造商设计并发出的，其目的主要是促进本企业生产的产品的销售，消费者在收到通过邮件、媒体广告、商品附赠、广告传单发出的优惠券后，可以在各零售点购买商品时进行兑现，零售商回收优惠券后，统一整理并退回制造商，制造商则依据优惠券面额再加上相应的处理费用，向零售商进行支付。

3. 现金返还

现金返还是指消费者在向制造商或者是零售商提供自己的购买证明（通

常是商品的购买收据或发票）以后，会得到所支付费用的部分返还。这种促销方式在最近越来越流行，成了优惠券的一种替代品，我国不少零售商将它进行变通，变现金返还为购物券返还，即购买达到一定金额后，可以返还一定额度的本店内使用的购物券，这种促销方式一经推出，国内各大商场竞相采用，每当节假日到来之际，就是一场各商场返券大战的上演之时。

4. 买　赠

买赠是指企业为吸引消费者惠顾，所采取的只要顾客购买某种特定的商品即可免费获得赠品，或者是只需付少部分费用即可获得赠品的促销方式。买赠促销如今在企业的营销实践中运用得相当普遍，具体的实施形式也相当多，常用的形式有买一赠一（即消费者只需付一件商品的价钱，即可购得两件商品），或者是加一元多一件（即消费者在买下某件商品后，只需象征性地付出一元钱，即可多得一件同样的商品），或者是买一赠多（即消费者在购买某件商品后，即可获赠多样配套产品或相关产品，如购买一台格兰仕微波炉即可获赠七件微波炉餐具），或者是采用赠量包装或赠送包装（在原来的包装规格基础上额外附赠一定量的产品，或者是其他赠品）形式。

2.1.2.2　促销的作用机制

在相同的促销预算控制下，不同的促销活动能够给消费者带来不同的感知利益，引起消费者不同的行为反应，从而达到不同的营销效果。因而，促销活动的效果既取决于企业的促销预算，也取决于消费者对促销活动的反应。因此，企业在促销预算约束条件下，要让促销活动达到最理想的效果，就需要深入理解消费者针对促销活动将做出怎样的反应，以及消费者为什么对促销活动有这样的反应。消费者行为理论从多角度对促销的作用机制提供了解释。

1. 价格感知理论

传统的西方经济学中，有一个重要的基本假设前提，这就是完全信息假设，这一假设条件的含义是市场上每个从事经济活动的个体（买方和卖方）都掌握完全的信息，所以买方能充分了解每种商品的性能、质量和价格，从而根据自己的需要和商品的价格与特点做出最佳购买决策。然而，现实并非如此，买方和卖方在交易中拥有的信息往往并不对称，通常消费者并不掌握关于商品的质量、价格等完全信息，在这种情形下，消费者并不能执行完全理性的购买决策，只能够凭借自己对商品的主观感知来进行判断，此时，顾客对于价格的主观感知对于消费者的购买决策起着重要的影响作用。

由于价格在消费者购买决策中所起的重要作用，研究者们意识到如果能了解消费者如何感知价格及价格的变化，如何评价某一商品的售价是否具有吸引力，如何利用价格信息来做出购买选择，将会对营销者更好地制定价格和价格促销策略具有十分重要的参考价值（Rao，1991）。因此，从 20 世纪五六十年代以后，开始有不少西方学者对古典经济学大胆提出挑战，运用一些心理学的理论与方法开始研究价格对消费者心理感知和购买行为的影响，从而形成了一个新的研究方向和流派，即价格行为学流派。

根据西方学者的研究结果，消费者评价与利用价格信息的过程十分复杂，总的来说价格在消费者的价值感知及购买行为决策中主要起着两种角色（亨利·阿塞尔与 HenryAssael 等，2000）。第一种角色是资源分配角色，价格是消费者为了购买某商品所付出的成本，象征着成本，它对消费者来说意味着一种牺牲，价格越高，这种牺牲感就越强，从而感知的价格吸引力就越低（Blattberg and Briesch et al.，2015）。理性的消费者会设法合理分配自己花费在各种商品上的开支，实现在既定收入水平下的效用最大化。根据效用理论，消费者实现效用最大化的均衡条件是消费者应使自己所购买的各种商品的边际效用与其价格之比相等，也就是说消费者花在各种商品购买上的最后一块钱所带来的边际效用相等（高鸿业，1996）。因此，商品价格的高低和其对消费者效用的大小就决定了顾客在该商品上开支的大小。

价格的第二种角色就是传递信息的角色，信息经济学认为在信息不对称的情形下，当一方不知道另一方所拥有的某些信息时，他往往试图从另一方向他提供信息中进行推断。例如对于所打算购买的产品质量，买方通常并不知情，因此消费者往往尝试利用各种信息来帮助自己推断产品质量。Scitovsky 于1944 年首先认识到了价格起着一种向消费者传递信息的作用，可能能够向消费者传递关于商品质量的某种信息（Scitovszky，1944）。从 1944 年以后开始有大量的实证研究来验证价格与质量之间的联系，总的说来，这些研究发现在消费者购买决策过程中，价格与顾客的质量感知之间可能存在着一种正相关系，即价格越高，顾客感到的该产品的质量也越高，从而感知的收益就越大，顾客的购买意愿就越强。当然这种价格-质量关系并不是固定的，价格传递质量信息角色的强弱程度依所购买的产品或购买背景的不同而不同，消费者所拥有的其他信息会削弱价格传递质量信息的这种作用。Henry（2000）提出消费者的产品知识会对价格-质量关系的强弱起到影响作用。一般说来，当消费者没有充分的产品质量信息时，价格-质量的关系是最强的。此时，顾客设法寻求一些能够帮助他对质量进行判断的信息，价格做为一种可用信息，自然也就成为顾客用来判断质量的标准，他们会利用价格的高低来推断产品质量的好坏，反之，消费者对产品的特性、质量等信息了解较深入时，他们较少愿意作价格-质量推断。同样的，Henry（2000）发现当被调查者对某品牌有购买和使用经验时，这种经验使他们并不将价格作为品牌选择的主要因素（亨利·阿塞尔与 HenryAssael 等，2000）。Zeithaml（1988）发现当消费者相信在替代产品之间存在着价格和质量差异时，价格更可能成为质量的代表，如果消费者认为产品是标准化的，没有多大差异（如盐或汽油），那么消费者更可能将价格看成是费用的反映而不是质量的反映。Gotlieb 和 Sarel 发现当消费者感到价格信息来源是真实和可信的时候，他们更可能将高价格与高品质相联系（Zeithaml, 1988）。

20 世纪 80 年代以后，一些学者致力于将上述的两种价格角色——信息角色和分配角色，统一起来，如 Srinivasan（1982）通过利用效用函数，显示了价格的这两种角色之间存在着高度的统一性（Srinivasan, 1982）。Rao 和 Gautschi（1988）则尝试建立合适的需求方程，将价格的信息角色作用也纳入到需求方程中，用来帮助我们更好的理解消费者的决策（Rao, 1991）。还有些学者是从消费者感知的角度，将价格的上述两种角色统一起来，他们认为顾客在进行购买决策时通常会对购买这种产品的感知利益和感知成本做出比较，当感知利益大于感知成本时，意味着消费者对该商品具有正的感知价值。感知价值越大，则该产品的价格吸引力越大，购买意愿越高；反之，感知价值越小，购买意愿也就越低（Niedrich and Sharma et al., 2001）。如前所述，商家所定的价格在消费者的感知价值及购买行为决策中起着多重作用，一方面，价格作为顾客的货币付出会使顾客感到一种牺牲，这种感知的牺牲不光与价格的实际金额有关，还与消费者心目中的心理价位（往往被称为消费者内部参考价格）有关，价格高于心理价位的程度越高，感知的牺牲就越大；另一方面，大量的实证研究同时也显示，价格与顾客的质量感知之间可能存在着一种正相关关系，即价格越高，顾客感知到的该产品的质量也越高（Gabor and Granger, 1979），从而感知的收益就越大。当然，价格并不是消费者用于判断产品质量的唯一指标，消费者还常用产品内在与外在品质、广告数量、商店名称、品牌名称等作为评价产品质量的指标（Grewal and Monroe, 1995）。

2. 行为学习理论

行为学习理论主要关注消费者所处的环境与消费者行为反应之间的关系，但不考虑消费者内在的认知过程。行为学习理论的核心思想是将学习视为环境刺激与个体行为反应之间建立关系的过程。针对促销活动，行为学习理论认为，要让特定的促销刺激引起特定的消费者行为反应，需要经过条件作用或者强化这样一些学习的过程。行为学习理论包括经典条件反射理论和操作性条件反射理论。经典条件反射理论主要对消费者针对"价格折扣"等在购前给予物质利益的促销活动的行为反应提供了系统的解释和预测，而操作性条件反射主要解释和预测了了消费者在购后给予物质利益的促销活动（如"开包有大奖"）的行为反应（郝辽钢，2008）。

卢长宝（2006）结合国内外一些研究结论，从四个层面对促销学习形成的心理层次进行详细剖析，分别指出了它们对其效用影响的基本方式，认为促销的学习效应包括：① 销售促进的社会刻板印象，如"疑价效应"、"库存效应"等；② 过度促销的程式化认知，指过度促销或促销滥用造成"刺激泛化"和"信息超载"，使得消费者将促销视为生活中的"经常事件"而充耳不闻、视而不见；③ 销售促进的规律认知，如认为一般新店开张、重大节假日都会进行促销；④ 销售促进激励效应的认知，包括"负激励效应"和"正激励效应"（卢长宝，2006）。

3. 态度行为关系理论

态度行为关系理论关注如何把消费者对促销的感知及由此形成的态度转化为真实的购买行为。消费者最终是否会做出购物行为取决于利用促销购物的意愿。利用促销购物的意愿取决于两方面：一方面利用该促销进行购物的态度，这取决于消费者对利用促销购物的后果判断；另一方面是主观行为规范，这取决于消费者对社会或他人对利用促销购物的行为规范信念，以及消费者对这些规范性信念遵循的动机。以消费者对产品折扣的行为反应为例，消费者是否会做出利用某品牌产品折扣促销去购买这个品牌产品的行为，取决于其行为意愿，而其行为意愿又取决于三方面：一是消费者自己对该折扣促销活动的态度；二是自己所在圈子的朋友或同事对购买折扣产品的主流看法（规范性信念）；三是自己遵循这个圈子的主流看法的动机强弱（Fishbein and Ajzen，1975）。

4. 自我知觉理论

该理论认为人们通过观察自己的行为和行为发生的情境来了解自己的

内在状态（信念、态度、动机和感情）。Dodson 等在 1978 年把自我知觉理论应用到价格促销的理论解释当中，根据该理论，在促销产生的购买中，消费者将把自己的态度和行为归结为来自促销本身的刺激作用而不是对品牌本身的偏好；当促销撤除后，外部的刺激作用消失，消费者再次购买的可能性降低。因此该理论认为促销对消费者的态度和行为有负面影响，消费者对促销品牌的品牌形象和感知质量的评估降低，品牌忠诚度也降低了（杨德锋与王新新，2008）。

5. 归因理论

归因理论认为人们对他人行为的解释常常归于与这个人固有的或者与性情有关的原因，而不是环境的因素，这种现象称为"基本归因错误"。根据该理论，消费者对某品牌发生促销行为的解释会归因于与该品牌相关的因素，而不是与环境或行业相关的因素。因此，当消费者被问到为什么一个品牌会做促销时，消费者往往会认为"因为该品牌的质量较差，所以才会促销"。基于归因理论，促销将使得消费者对品牌的质量评估和品牌评估产生负面影响（杨德锋与王新新，2008）。

2.1.3 促销的效果研究

2.1.3.1 对消费者的影响

针对企业常用的几种促销方式，西方研究者们展开了不同类型的促销对消费者价格感知影响的研究。这些研究显示，促销能够显著地改变消费者对于价格的感知，一件正在促销的产品，由于顾客所需实际支付的价格要低于该产品常规价格，所以会让顾客感到具有更高的交易价值，顾客的购买意向也会因此而提高。不过在相同的让利幅度下，哪种促销方式对企业的短期或长期销售更加有利一些呢？

Folkes 和 Wheat（1995）比较了打折、优惠券、现金返还这三种价格促销形式对消费者价格感知的影响有何差异，因为打折是最直接的价格下降，而优惠券和现金返回则采取了一定形式的变通来减少消费者实际支付的价格，所以在研究前曾预期打折会显著地降低了消费者对产品将来价格的预期，优惠券次之，现金返还的这种效应最低。不过研究结果与他的预期有所出入，没有发现打折与优惠券这两种促销形式在降价消费者对未来价格的预期方面有何显著不同，关于现金返还的假设则得到了证实（Folkes and Wheat，1995）。Lichtenstein 等（1993）则研究了消费者对打折、优惠券、现金返还、买一赠一、免费礼品等八种促销形式的使用倾向，并探讨了企业有无必要根据不同顾客对促销形式的不同偏好来进行市场细分（Lichtenstein and Ridgway et al.，1993）。

Chen 和 Monroe 等（1998）研究了在相同的让利幅度下，消费者对打折和优惠券这两种不同的促销方式对其价格感知和行为意向的影响，结论是使用优惠券促销时，消费者对价格的评价更有利——消费者对零售商所宣称的产品常规售价信任度更高一些，另外，与打折相比，优惠券被视为是一种永久价格下降的信号的可能性也更小；而且，优惠券这种促销形式对消费者购买意向的改变可能性要比打折要更大些（Chen and Monroe et al.，1998）。

Chen 和 Monroe 等（1998）对这一结果的解释是因为在进行打折促销时，有些零售商可能先会把商品的价格提高，然后在提高了的原价基础上进行打折销售，这样会使消费者对于价格广告上所宣称的原价有所怀疑，并进而怀疑打折是否真正向顾客提供了实惠，而优惠券促销中，优惠总不是针对所有消费者而展开的，而只是面向手持优惠券的顾客，零售商不太可能将商品的常规销售价格提高，否则就会影响到向无优惠券顾客的销售。另外，在零售商由于竞争原因而不得不降价时，他们可以将长期的永久降价伪装成临时的价格折扣，通过这种方式来吸引不知情的消费者抓住"难得"的促销时机进行购买，但是如果将永久降价用优惠券的形式进行伪装的话，除非优惠券能被所有的潜在用户广泛获得，否则的话是很难在价格竞争中取胜的，因此消费者把优惠券促销中的降价看成是一种永久降价的可能性要小于打折这种促销形式。因为上述两种原因，优惠券促销能够更有效地增进消费者所感知的交易价值，所以相对于打折而言，只要消费者无需花额外的成本用于优惠券的收集与赎回，他会有更强的购买意愿去购买优惠券促销的商品。

Chen 和 Monroe 等（1998）认为既然优惠券促销与打折相比，在改变消费者购买意向方面更加有效，而且在优惠券促销中，消费者没有面对一个降低了的销售价格，优惠券所提供的价格减让也没有传递一种质量下降的信号，因此，消费者的内部参考价格不太可能向下调整，这些都使得在相同的价格减让幅度下，优惠券要比打折获得更有利的消费者评价。另外，通过仅仅向部分顾客如VIP顾客提供优惠券可能会使这些享受优惠的客户产生一种优越感，调查问卷显示被调查者在收到优惠券时感到一种独尊的感觉，如有些人会说："我的朋友不像我一样能够得到优惠券"、"我达成了一笔很好的交易，而我的一个朋友支付的却是全价"，这种特权感更进一步增加了使用优惠券的感知价值。

Laroche 和 Pons（2001）则试图从更广泛的角度来探讨消费者如何使用以及为什么会使用优惠券、打折、减价这几种促销工具，他们提出了一个认知—喜爱—意动多维模型，分析了消费者的忙碌程度、经济能力、多样性寻求、品牌忠诚度等因素对他们使用上述几种促销工具的影响（Laroche and Pons et al.，2001）。Grewal 和 Munger（2001）比较了三种促销方式（选择免费赠品的权利、打折、现金返还）对消费者的感知质量、价格接受程度、感知价值、购买意向的影响，结果发现在价格减让幅度相同的情况下，消费者对提供可选择的免费赠品这种促销方式评价最好，打折次之，现金返还这种促销方式的评价最差（Grewal and Munger，2001）。Laroche 和 Pons（2003）研究了消费者对两种零售促销方式（一种是优惠券，另一种是买一送一）的反应有何差异，结果发现在优惠券促销时消费者更加倾向于购买贮存备用，他解释这是因为优惠券一般都有到期期限，这会令消费者感到应抓住优惠时机购买，而买一送一促销时消费者往往倾向于等家里的存货用完后再购买（Laroche and Pons et al.，2003）。

上述的研究结果并非适用所有情境，在某些情境下有所出入，比如 Folkes 和 Wheat（1995）在优惠券对消费者价格感知的影响方面的结论就有所不同（Folkes and Wheat，1995），这就促使研究者们思考，是否在不同的促销条件下，消费者对于各种促销类型所带来的交易价值的评价与感知是不同的。

2.1.3.2　对促销企业的影响

1. 促销对销售额的影响研究

促进销售增长是企业开展价格促销的首要目的，因此，这一问题首当其冲成为学者们关注的重要问题。近些年来，随着条形码和光学扫描收款仪的广泛采用，各家大型零售企业都积累了大量详尽的实时销售数据，这些销售数据为研究者们进行促销效果的研究提供了宝贵的数据基础，使得这方面的研究在近些年来渐成气候。根据所关注的时间跨度，这些研究可以分为三类，一类是促销对短期销售额的影响，第二类是对促销期后销售额的影响，第三类是对长期销售额的影响。

关于促销的短期效应，学者们得到了一致的研究结论，即临时的促销活动能够显著地促进商品的销售，这一点与广告形成了鲜明的对照，因为在研究中很难观察到广告费用的增长能够在短期内带来销售额的大幅增长。此结论可以说是这一领域里最基础的研究结论，它肯定了价格促销的重要作用，证明了企业在价格促销上开支的价值。Walters 和 Rinne（1986）还发现对于零售商而言，通过广告宣传的价格促销能够吸引商店转换者，有效增加商店的客流量，从而显著提高商店的销售额，这表明对于零售商来说，研究哪类商品开展促销能够有效地从其他商店吸引顾客光临有着重要的意义（Walters and Rinne，1986）。

学者们对后两类研究则是得出了不同的结论，Diamond 和 Campbell（1989）研究发现，促销期过后，会紧跟着一个销售回落，这是因为价格促销会促刺激消费者提前购买，并储备存货。一次购买较大数量的产品会使消费者在一段时间内保持较高的存货水平，无需多次重复购买，从品牌经理的角度来看，这可能是比较有利的，因为消费者在一定程度上远离了竞争者的产品，不过这种情形对于零售商来说是不利的，因为这会减少消费者到商店的次数（Diamond and Campbell，1989）。不过，在 Robert 和 Carbarino（1999）等人的研究中并没有观察到随促销之后出现的销售回落。出现这种不同结果的原因可能是多方面的，研究者所观察的产品是否便于储存，研究所用数据是商店的总体销售数据还是家庭户的个别购买数据都会对结果产生一定影响（Slonim and Garbarino，1999）。

价格促销是否会对产品的销售有长期的负面影响是这一领域最有争议的问题之一，而且问题的结论会对企业有效使用促销经费十分关键，但直到如今尚无定论。广告的支持者们常说，降价促销会影响品牌形象，不利于产品的长期销售，一些研究也发现了价格促销存在着一定的长期负面效应。Mela 和 Gupta（1998）以价格促销影响下消费者的品牌选择、产品类别选择、购买数量为研究对象，研究促销对消费者的价格和促销敏感度的长期影响，其研究结论是重复的促销对消费者选择的影响力会下降，促销越频繁，促销所带来的销售增长会越低，长期频繁的价格促销会增加消费者的价格敏感度，使品牌资产下降，从而会损害品牌的长期健康（Mela and Gupta et al.，1998）。

不过，有一些学者的研究中证明了价格促销的长期正面效应，Ailawadi 和 Neslin（1998）发现价格促销诱使消费者购买得更多，并且消费得更快（Ailawadi and Neslin，1998），Ailawadi 和 Lehmann 等在 2013 年研究了营销组合的改变（以宝洁公司的价值定价策略为案例）对市场份额的长期影响，结论是促销对市场份额有积极的影响，因此他们将宝洁公司最近市场份额的不断下降归因于该公司对优惠券和降价的大幅削减，使得产品的净价格上升而造成的（Ailawadi and Lehmann et al.，2013）。Krishnamurthi 的研究也显示没有发现价格促销的长期负面效应（Krishnamurthi，1992）。

还有些学者对价格促销的长期效果持一种中立的态度，Bruce 和 Angelland（2000）发现价格促销的长期影响可能是正面的，也可能是负面的（Alford and Engelland，2000）。Walters 和 Rinne（1986）针对四种产品类别展开了促销对销售额的短期与长期影响研究，他们研究的主要结论是多数情况下，促销对销售额的长期影响并不存在，这可能是因为促销对消费者的产品类别选择、品牌选择，以及购买数量的长期影响会逐渐消失，比如促销可能会把消费者训练成在更少的购买场合（促销期间）购买更大数量商品的消费模式，但从长期看，消费者的产品选择、品牌选择和总购买量都没有变化。这种促销所带来的长期效应可能从品牌经理的角度来看是比较有利的，因为消费者一次购买较大数量的产品会使他们在一段时间内保持较高的存货水平，无需多次重复购买，这就使得消费者在一定程度上远离了竞争者的产品，不过这种场景对于零售商来说是不利的，因为这会减少消费者到商店的次数（Walters and Rinne，1986）。

2. 促销对销售增量的影响研究

既然促销会带来销售的短期增长，那么这些增加的销售到底从何而来呢，是透支了本品牌未来的销售还是从竞争品牌那里抢来了品牌转换者，或者是促使了消费的增加？这一问题的答案对于评价一项促销活动的赢利能力及其竞争影响是至关重要的。Gupta 和 Van Heerde 等在 1988 年进行了一项富有启发性的研究，在这项研究中，他将由促销带来的销售增长分解为品牌转换、购买加速和贮存备用三个来源，通过对咖啡的家庭户扫描销售数据分析，他得出的结论是由促销所带来的销售增量中约 84%是来自于品牌转换，14%是来自于购买加速，不到 2%的销售增长是来自于贮存备用，这一结论似乎显示促销是一种很有效的竞争手段（Gupta and Van Heerde et al.，2003）。

此后，又有多位学者就这一问题展开了进一步的研究，他们的观点可以分为两派，一派对 Gupta 的分析方法进行了延伸应用，得出了基本类似的结论；另外一派则对 Gupta 就研究结果的解释提出了异议，如 Van Heerde（2005）提出，Gupta 的分析方法实际上是对促销的弹性进行分解，如果 75%的促销

弹性是品牌转换效应所带来的，并不意味着某个品牌在促销期间增加的 100
单位销量中，有 75 单位是来自于竞争品牌所损失的销量。他们提出了一套将
弹性分解转换为销售增量分解的方法，并宣称结果显示促销带来的销售量增
加中仅有 33%是以竞争品牌的损失为代价的。也有些学者认为造成促销时销
售增长的主要原因是因产品而异的，不同的产品由于促销可能带来的消费增
量的潜力是不同的，比如人们通常不会因为促销而大幅增加大米的消费量，
而零食就不同，促销很可能会诱使顾客增加消费量（Van Heerde，2005）。
Blattberg 和 Wisniewski（1989）的实证研究也证明了不同的产品类别之间促
销销售增量的来源有较大的差异。所以不能一概而论得出一个统一的结论
（Blattberg and Wisniewski，1989）。

目前，在这一领域还有很多尚未解决的问题，如对于制造商来说，他们
非常关心的问题还有促销带来的销量增长中有多少是来自于消费的增加，有
多少是来自于贮存备用（不增加消费），来自于品牌转换的销售增量中有多少
是来自于本企业的其他品牌，有多少是来自于其他企业的品牌。对于零售商
来说，他们关心的则是促销带来的销售增量中有多少是来自于其他商店的常
规顾客，这些问题都等着研究者们去进一步探索。

3. 促销的交叉影响效应

促销活动不仅对所促销的产品及开展促销活动的商店自身销售产生影
响，还对其他品牌和其他商店的销售产生交叉影响。Moriarty（1985）将这
种交叉影响效应分为两类，一类是对本店内竞争产品以及互补产品的影响，
另一类是对本地区其他商店同类产品销售的影响，他的研究发现，某商品的
价格促销活动对本店内竞争产品的销售有显著的负面影响，而对本店内互补
产品的销售则有显著的促进作用，即使是在互补产品保持原价的情况下也是
如此。至于商店之间的促销效应，他发现一家商店某一品牌开展促销活动时，
会对另一家商店相同品牌的商品及其替代品销售产生显著的负面影响。这一
研究结论对于制造商或者零售商来说，都是很有意义的，比如，企业在评价一
项促销活动的效果时，就不应当仅仅考虑对所促销产品销售的影响，还要将促
销的替代效应和互补效应考虑进去，才能得出更全面客观的评价。企业在设计
促销活动时，也要在考虑到交叉影响效应的基础上才能设计最佳方案，比如促
销能有效增加未开展促销活动的互补产品销售，所以将两种互补的商品同时进
行促销，从利润的角度来看就不是一种很好的方案（Moriarty，1985）。

学者们的研究还发现，品牌之间的促销相互影响是不对称的，高质量品牌促销对低质量品牌销量的影响要远大于低质量品牌促销对高质量品牌销售的影响，也就是说高质量品牌在开展促销活动时，从低质量品牌那里吸引来的品牌转换者数量要远远大于低质量品牌开展促销时从高质量品牌那里吸引来的顾客数量。

Blattberg 和 Wisniewski（1989）的研究结果显示通常购买制造商全国品牌的消费者一般不会购买低价的零售商自有品牌，即使零售商品牌正在进行降价促销，而通常买低价零售商品牌的消费者往往会购买做促销活动的全国品牌（Blattberg and Wisniewski，1989），Tian 和 Bearden 研究了品牌效应对消费者感知零售商报纸价格促销广告的影响，结论是消费者对制造商全国品牌产品价格促销广告的反应要比零售商自有品牌或是不出现产品品牌的广告要更加积极一些（Tian and Bearden et al.，2001）。Sivakumar 和 Raj（1997）对四个扫描数据库数据进行分析的实证研究结果也显示在降价时高价品牌赢得的顾客比低价品牌要更多一些，在提价时，低价品牌的损失要比高价品牌更大一些（Sivakumar and Raj，1997）。

出现这种不对称效应的可能原因是，不同品牌的品牌资产并不相同，品牌资产较高的品牌在消费者心目中有很好的产品形象，一旦它开展促销活动，包括平时很少购买该品牌产品在内的消费者会抓住这一难得的机遇进行抢购，但低品牌资产的产品在促销时，平时购买高端品牌的消费者很少会因为一点蝇头小利的吸引而改变自己的购买习惯。因此，对于高品牌资产的商品来说，促销是更有力的竞争手段。另外，一个看起来似乎与上述结论有所矛盾的研究结果是，高市场占有率的品牌促销弹性小于低市场占有率的品牌，也就是说高市场占有率品牌因促销而带来的销售量的波动要小一些，尽管它更可能在促销时吸引较大比例的品牌转换者。这一现象可能的解释是高市场占有率的品牌拥有更多的品牌忠诚者，他们不会因为促销与否而改变自己的品牌选择。

4. 促销频率和幅度对促销效果的影响

对于企业来说，在设计促销方案时要考虑的一个重要内容就是促销的最佳频率和幅度是多少，学者们的研究显示促销的频率和幅度对于以后促销的效果有很大的影响。

Moriarty（1985）的研究发现当商家大幅打折时，顾客往往超量购买，类似地（Moriarty，1985），Krishna（1994）发现在大幅打折时，常出现顾客过量贮存打折商品的现象（Krishna，1994）。Jeddi，Mela 和 Gupta（1999）

发现深度打折比频繁打折更能影响顾客的品牌选择和购买量。频繁打折的另一个缺陷就是促销越频繁，促销所带来的销售增长就越低，其原因主要有两方面，一方面是频繁打折会降低消费者内心的参考价格，一旦恢复原价，消费者将原价与降低了的参考价格进行比较，会感到一种损失，为避免损失发生，消费者会回避购买，而且由于参考价格降低，今后再开展促销活动时，促销的吸引力会下降；另一方面频繁促销还会将消费者培养成只在促销时购买的习惯不少消费者能够摸索出频繁促销商品的促销规律，他们会将自己的购买周期和购买数量根据促销规律来进行调整，这就使得企业的利润受到一定的影响。大量的促销活动会降低消费者心目中该品牌的参考价格，可能给品牌资产带来负面影响，所以管理者要尽量避免频繁促销（Jedidi and Mela et al.，1999）。对于零售商而言，所关注的一个重要内容是经常浅幅打折的每日低价（Every day Low Pricing）与偶尔深幅打折的高低定价法（Hi-Low Pricing）相比，哪种价格策略所塑造的商店价格形象更低，更能够吸引消费者呢？这一问题的答案对于零售店的定价实践具有很强的指导意义。

Alba 和 Broniarczyk 等（1994）研究了在平均价格相同时，两种情境下打折的频率和幅度对顾客价格感知的影响，一种情境是假设有两家竞争性的商店，一家采用每日低价（Every day LowPricing），另一家采用高低定价法（Hi-Low Pricing），要求被调查者对这两家商店的价格形象进行评价。结果显示，被调查者往往认为经常浅幅度打折（每日低价）的商店总体价位比偶尔深幅度打折的商店更低。另一种情境是某产品同时在两家商店出售，要求被调查者根据在一段时间内该产品在两家商店的销售价格纵向历史数据，判断哪种产品的价格水平更低，之所以设计这样的情境，是因为有些顾客经常根据同样商品在不同商店的售价比较来判断商店价格水平的高低，结果同样是打折的频率对消费者的价格感知起着更重要的作用，被调查者认为经常小幅打折的商品比偶尔深幅打折的商品价格更低（Alba and Broniarczyk et al.，1994）。

2.2　虚假促销

2.2.1　虚假促销概念

虚假促销是重要而常见的现象，研究成果却相对匮乏（卢长宝，秦琪霞和林颖莹，2013）。因此，虚假促销目前尚无明确定义，只有虚假零售促销和不规范促销的定义。有学者定义虚假零售促销为零售商在促销过程中，为吸引消费者、短期内扩大销售获利而使用的虚假的、与事实不符的促销借口、促销期限、促销范围和促销方式（田玲，2007）。2006年国家商务部颁布的《零售商促销行为管理办法》指出5个方面的不规范促销行为，包括不实宣传、价格欺诈、限制消费者合法权益、缺乏安全管理措施、违反商业道德。事实上，目前大多数研究者仍习惯将虚假促销看作一种欺骗性营销工具，认为其是虚假广告的一种(卢长宝，秦琪霞和林颖莹，2013)。例如Grewal和Compeau（1992）从竞争性广告的角度探讨了企业信息欺诈行为（Grewal and Compeau，1992）。Estelami（1998）指出欺诈定价（Deceptive Pricing）会误导消费者（Estelami，1998）；虚构价格再以折扣形式降价的虚假促销行为会对消费者的内部参考价格产生恶劣的影响。Baker（2010）指出，根据有无欺骗的主观意愿，可将虚假广告分为误导性（Misleading）广告及欺骗性（Deceptive Practice）广告（Baker，2010）。虽然网店促销与实体店促销实施的环境和对象不同，但其目的、性质及采用的活动形式是一致的。因此，网店促销作为促销活动的一种，也必然具有传统促销活动的本质特征。

2.2.2　虚假促销的本质

虚假促销的本质在于欺骗。尽管学界对此未做出有针对性的探索，但我们仍可从欺骗性营销研究中找到有力证据。在市场营销领域，对欺骗的研究主要集中在广告、个人销售和零售业。对欺骗性广告的研究主要是识别索赔类型及其后果。欺骗性广告不仅会导致消费者做出错误判断，而且会影响消费者的信念、情感、行为和意图(Darke and Ritchie，2007；Darke and Ashworth et al.，2010)。

对个人销售和零售业的研究，主要通过一般性的案例研究欺骗或操作策略，比如夸大产品特性和利益以及高压销售技巧等（Ingram and Skinner et al.，2005；Román and Ruiz，2005；Ramsey and Marshall et al.，2007）。最近，研究人员开始关注网络零售欺骗。这些研究主要关注网络欺骗策略的方式（Grazioli 和 Jarvenpaa，2001；Mavlanova，Benbunan-Fich 和 Kumar，2008）、诱使消费者做出错误判断的信号类型（如在先安全提示、信任机制）（Grazioli and Jarvenpaa，2000；Grazioli，2004；Mitra and Raymond et al.，2008）。还有学者研究了欺骗对消费者相关变量的影响（Román and Cuestas，2008；Román，2010）。这些研究特别关注了消费者对产品相关信息的欺骗感知。如果消费者认为卖家操作了产品信息内容或陈述方式，以诱导消费者在决策时做出对自身不利但对商家有利的行为改变，该情况下消费者会感知到欺骗（Riquelme and Román，2014）。由此看出，虚假促销作为欺骗性营销的一种工具，其本质在于欺骗。

有学者对欺骗作了界定。一些研究认为欺骗的定义包括 3 个特征：欺骗是一种故意行为；欺骗是通过某种方式操作信息实现的；欺骗带有工具性的目的（Depaulo and Depaulo，1989；Masip and Garrido et al.，2004）。Gardner（1975）从 3 个方面界定欺骗性营销活动，一是营销活动引起了消费者有偏印象或信念；二是这些印象或信念与消费者具备合理知识时形成的不同；三是这些印象或信念具有不真实性和潜在误导性（Gardner，1975）。还有学者认为，营销活动一旦导致消费者产生明显错误的信念，即构成欺骗（Olson and Dover，1978）。根据这些特征，Xiao 和 Benbasat（2011）将电子商务中与产品信息相关的欺骗性做法定义为，在线商家有意操作与产品相关的信息以误导消费者，从而诱导消费者在态度和行为上做出对自身不利但对商家有利的改变（Xiao and Benbasat，2011）。

如果消费者从虚假促销中感知到促销活动的欺骗性，其心理和行为会随之变化。卢长宝（2005）认为，消费者受到虚假促销长期的刺激与强化，会对企业正常促销产生了与虚假、欺骗同义的社会刻板印象。他认为虚假促销引起的对产品价格/质量的怀疑效应不仅会降低顾客对正常促销的感知价值，而且还会提高顾客的理性购买行为，最终导致企业正常促销失效（卢长宝，2005）。Darke 和 Ritchie（2007）也指出，感知欺骗不仅会影响消费者的当前行为，还存在延迟效应，影响以后的行为。基于以上论述，虚假促销作为欺骗性的营销活动会激发消费者对当事网店的欺骗感知（Darke and Ritchie，2007）。

基于学者们对营销领域欺骗的研究及界定，本研究将虚假促销定义为，网店有意操作促销利益幅度、促销产品质量、促销期限等信息以误导消费者，从而诱导、刺激消费者产生即刻购买的营销手段。

2.2.3 虚假促销的特征

2.2.3.1 虚假促销的类型

网店"不促不销"已是普遍现象（Hupfer and Grey，2005；Park and Lennon，

2009），而其中充斥着大量虚假促销问题。据中消协 2016 年 12 月发布的网购商品价格体验式调查报告显示，网店促销存在 4 大主要问题。

一是先涨后降。淘宝平台某品牌乳液，从 10 月 29 日-11 月 11 日记录时间段来看，11 月 11 日标价为 126 元，活动为满 119 元减 5 元和满 5.01 元送 5 元店铺红包，因此实际售价为 116 元，此价格并非价格记录期间最低价格 94 元。天猫平台某品牌女包在 10 月 23 日—11 月 11 日记录时间段中，存在标价上涨情形，从 1 199 元涨至 1 499 元，随后 11 月 11 日标价下降为 1 348 元。京东平台某品牌床品套件从 10 月 29 日—11 月 11 日记录时间段来看，价格上涨幅度很大，标价由 299 元涨至 1 199 元，而 11 月 11 日当天降为 439 元，比涨价前标价 299 元与"双十一"促销后的 329 元还要高。苏宁易购平台某品牌化妆品礼盒从 11 月 4 日-11 月 11 日记录时间段来看，标价由 119 元上涨到 239 元，而"双十一"促销时满两件打五折。苏宁易购平台某品牌护肤套装从 10 月 29 日-11 月 11 日记录时间段来看，标价由 89 元上涨至 199 元，而"双十一"促销活动满两件打五折。国美在线平台某品牌电饭煲 11 月 7 日将标价由之前的 449 元，涨至 499 元，参加"双十一"减价 50 元的活动。1 号店平台某品牌女包价格从 10 月 20 日—11 月 11 日记录时间段来看，价格由 1 198 元涨价到 1 298 元，而之后"双十一"促销期间降到 1 268 元。网易考拉海购平台某品牌床品套装从 11 月 7 日—11 日的记录时间段来看，标价由 700 元上涨至 1 580 元，而在 11 月 11 日下降为 669 元。

二是虚构原价。网易考拉海购平台某品牌钱包 10 月 20 日销售价格为 549 元，参考价为 1 300 元，而在 11 月 10 日销售价格升为 649 元，参考价也随之上涨至 1 500 元，参考价在促销期间上涨，看似折扣力度大，实则"双十一"销售价格已上涨。淘宝平台某化妆品套装 11 月 10 日的参考价为 164 元，而到 11 月 11 日参考价变为 170 元，商家随意改变参考价，且"双十一"促销价格并非价格记录时间段最低价格。

三是虚假实惠。京东平台某品牌男装 11 月 11 日 PC 端的标价 168 元，移动端标价 128 元，参加"双十一"跨店三免一的活动，如果买单件，"双十一"移动端价格 128 元高于 10 月 20 日的 99 元，10 月 23 日、26 日的 118 元；如果按"双十一"最优惠的方式购买，以移动端购买 3 件男装的优惠后价格 256 元与 10 月 20 日优惠后价格 207.9 元、10 月 23 日与 26 日优惠后价格 247.8 元相比，仍然更贵。蘑菇街平台某品牌酵素 11 月 11 日优惠后价格 77.86 元，为价格记录期间最高价格，消费者如在此日购买，反而最不实惠。

四是违背诚信。国美在线平台某品牌取暖器 11 月 4 日销售价格为 329 元，价格上方的标语为：到手价 329，仅 11.1-11.9，而到 11 月 7 日销售价格变为 299 元，标语也相应发生变化：到手价 299，仅 11.1-11.9。消费者若看到 11 月 4 日价格承诺，会以为 11.1-11.9 日的价格都为 329 元，提前入手，实际上 11 月 7 日的价格降低了，商家没有遵守价格承诺。天猫平台某商家存在以低价做宣传现象，宣传界面价格相对较低，但实际点入链接后，商品标价高于宣传界面。淘宝某店铺设立高额"好评返现"活动，诱导消费者进行好评，以获得虚高好评率，干扰正常的信用评价机制，破坏公平竞争的市场秩序。

虚假促销的形式与正常促销一样。正常促销的设计原理包含"时间限制"和"物质激励"两大特征，两者是促销策略设计的核心，其目的就是通过短期物质激励来诱发即刻购买（卢长宝，2004）。很明显，虚假促销的实施者同样了设计了促销活动的"时间限制"和"物质激励"，不同的是虚构了促销活动的基本信息，例如虚构了原价或持续期，从而使这些带有广告性质的信息形成了欺骗消费者的能力（卢长宝，秦琪霞和林颖莹，2013）。田玲（2007）将虚假零售促销分为 4 种：促销原因虚假、促销范围虚假、促销期限虚假、促销方式虚假。基于正常促销的设计原理，同时结合现有对虚假促销方式的研究，本文将网店虚假促销划分为 3 种类型：价格虚假促销、赠品虚假促销和时长虚假促销。其中，价格虚假促销是指网店卖家在某个特定时期，通过操作产品价格信息向消费者实施让利，但实际并未让利或让利幅度与宣传不一致，如虚构原价再以折扣形式降价，从而诱导、刺激消费者购买的一种促销方式。赠品虚假促销是指网店卖家在某个特定时期，通过免费赠送某一物品向消费者实施让利，但该赠品实际质量、功能等属性存在问题，如以次充好、以假乱真，从而诱导、刺激消费者购买某一特定产品的一种促销方式。时长虚假促销是指网店卖家在某个特定时期开展促销活动，并在消费者不知情的情况下变动促销截止日期，如延长促销持续时间，从而诱导、刺激消费者在短期做出购买行为的一种促销方式。

2.2.3.2　虚假促销深度

严重性（Severity）是负面事件的重要属性（Coombs and Holladay，2002；

佘秋玲，2010），是影响负面事件溢出的重要因素（Siomkos and Kurzbard，1994）。对产品伤害危机的研究表明，感知严重性是影响消费者反应的重要因素（Laufer and Silvera et al.，2005）。负面事件的严重程度会增大消费者的感知风险（Slovic，1987），影响消费者的反应（Mcdonald and Hartel，2000）。如果有缺陷的产品引起的伤害程度很高，会加剧消费者对当事公司的负面印象，负向影响购买意愿（Mowen，1980）。Siomkos 和 Triantafillidou 等（2010）的研究证实，品牌危机事件严重性越高，消费者感知风险越高，危机事件就越容易溢出到竞争品牌（Siomkos and Triantafillidou et al.，2010）。召回事件会损害召回品牌的品牌资产及购买意愿（Pons and Souiden，2009；Korkofingas and Ang，2011）。召回问题的严重性会增大消费者的风险感知，损害消费者信任（Byun and Dass，2015）。事件引起的后果严重性越高，消费者会对责任方作出更多的指责（Robbennolt，2000）。因此，产品召回事件的潜在后果越严重，对召回品牌的损害越大。比起母品牌广告，子品牌广告的效果会有更大程度下降。而且，被召回的子品牌对其广告效果、品牌选择、市场份额的负面影响会溢出到母品牌下的其他子品牌（Shankar and Liu，2015）。Fong 和 Wyer（2012）研究表明，名人负面事件对社会影响的严重程度会影响人们对名人的指责程度（Fong and Jr，2012）。当消费者将负面事件归因为名人本身所为而非情景所致，负面事件会对名人代言的品牌及购买意愿产生不利影响（Um，2013）。也就是，名人负面事件对其代言的品牌会发生负面溢出效应。按照负面事件的定义及其特征，虚假促销也应属于负面事件。网店促销研究发现，欺骗严重性是影响溢出效应的重要因素（Shabbir and Thwaites，2007；Tipton and Robertson，2009）。因此，本研究推测，虚假严重性是影响网店虚假促销溢出的重要因素。

2.2.3.3 网店虚假促销情景

网店虚假促销情景是消费者认为网店虚假促销的发生频率。虚假促销情景主要来自两个方面。一是是群发性，即虚假促销涉及网店数量的多少，即佘秋玲（2010）指出的群发性（佘秋玲，2010）。二是频发性，即当事网店虚假促销的次数的多少，即 Coombs 和 Holladay（2002）指出的绩效历史（包括危机历史和关系历史）（Coombs and Holladay，2002）。汪兴东，景奉杰，涂铭（2012）研究了单（群）发性产品伤害危机中的行业溢出效应，比较了产品伤害危机单发（行业中只有一家事发企业）或是群发（行业中有两家或两家以上的事发企业）时，行业溢出效应的差异。结果表明，群发性危机的行业负面溢出效应比单发性更强（汪兴东与景奉杰等，2012）。程娉婷（2011）研究发现危机事件群发性越高，焦点品牌越强势，品牌丑闻对竞争品牌的负面溢出效应越大。考虑到虚假促销的群发性、频发性，网店虚假促销可能演变为一场行业危机，竞争网店应对的难度和要求进一步增大（程娉婷，2011）。因此，本研究将群发性、频发性做为虚假促销的特征变量，研究虚假促销负面溢出效应，通过此变量，为竞争网店快速预判虚假促销负面溢出影响提供指标。

2.2.4　虚假促销的影响

目前大多数研究者习惯将虚假促销看作一种欺骗性营销工具，认为其是虚假广告的一种（卢长宝与秦琪霞等，2013）。学界对在线零售、广告、促销等欺骗性营销活动的影响做了大量研究。包括以下两个方面：① 对消费者的负面影响。在线欺骗性营销活动不仅使消费者蒙受财产损失，还会受到心理伤害，为申诉、赔偿付出时间成本，泄露个人隐私（Grazioli and Jarvenpaa，2003；Friestad，2009）。Román（2010）也发现，在线零售商家的欺骗行为会引起消费者抱怨、不满意、行为改变、负面口碑、不信任，损害零售商的企业声誉（Román，2010）。② 对当事网店及其平台整体的负面影响。消费者的负面反应会严重削弱营销沟通策略的效果，降低销售和企业声誉（Riquelme and Román，2014）。由于消费者可以通过网络快速传播对线上或线下存在欺骗可能性卖家的负面评价，零售商的声誉更容易受到伤害（Berry and Bolton et al.，2010）。因此，误导性或欺骗性营销活动可导致消费者不信任的泛化效应，这种效应无论是在传统渠道（Darke and Ritchie，2007），还是在网络环境都会发生（Pavlou and Gefen，2005）。不仅如此，消费者因担心受骗不愿在网上购物，会降低网商整体的销售及声誉（Xiao and Benbasat，2011）。甚至，还会通过影响消费者选择（Lord and Kim，1995）、增加市场交易成本（Gao，2008），扰乱市场竞争秩序。由此可见，尽管以往学者对虚假促销的研究已取得丰硕的成果，但他们在研究当中却忽视了网店虚假促销对竞争网店的溢出效应，为本研究留下了研究空间。

2.3 溢出效应

2.3.1 溢出效应的概念

溢出是指由消息提供的信息引起消费者对（此消息中没有提到的）属性的信念的变化程度（Ahluwalia and Unnava et al.，2001），而溢出效应是指信息通过间接途径影响信念的现象（Ahluwalia and Unnava et al.，2001）。溢出效应的研究已经成为营销研究的热点，现有实证研究也发现溢出效应能够影响相关产品、品牌和经销商未提及的属性。溢出效应产生于消费者面对信息时的启发式思考，是一种在没有客观根据下的认知偏差。对于溢出效应而言，如果消费者喜欢一个品牌时，则消费者会对信息中未提及属性也会增加好感（Ahluwalia and Unnava et al.，2001）；如果品牌与另一声誉较高的品牌结成联盟，则消费者对该品牌的感知质量会提高（Rao and Qu et al.，1999）。汪兴东，景奉杰和涂铭（2012）的研究表明，溢出效应是指一个主体的某一特征或行为会影响到与该主体有一定关系，但本身不具有这一特征或行为的其他主体的现象（涂铭与景奉杰等，2014）。杨晶，刘春林和崔玮（2012）认为，企业发生危机后不但自身会受到重创，同时负面效应还会扩散至行业内其他企业，学术界将这种现象称为危机溢出效应（杨晶与刘春林等，2012）。综上，虽然国内外学者对溢出效应有各自的定义，但都遵循 Ahluwalia，Unnava 和 Burnkrant（2001）对溢出效应的定义（Ahluwalia and Unnava et al.，2001），并进行解读和完善。

2.3.2 溢出效应的分类

根据产品伤害危机溢出效应的影响对象不同（Ahluwalia and Unnava et al.，2001），产品伤害危机溢出效应分为同一产品的其他属性溢出效应、同一企业的其他品牌溢出效应（Lei and Dawar et al.，2008）、联合品牌溢出效应（王海忠与田阳等，2009）、联盟品牌溢出效应（Votola and Unnava，2006）、同业竞争品牌溢出效应（Dahlen and Lange，2006；Roehm and Tybout，2006；范宝财与杨洋等，2014），乃至整个行业溢出效应（汪兴东与景奉杰等，2012），以及产业链上下游企业间溢出效应（如供应商）。本文通过归纳发现溢出方向的主要有两种：① 依据溢出效价的差异，将溢出分为正面溢出效应（又称对比效应、竞争效应）与负面溢出效应（又称同化效应、传染效应）；② 依据溢出影响产品层面差异，将溢出分为横向溢出效应和纵向溢出效应。

2.3.2.1 正面溢出效应与负面溢出效应

国内外学者对溢出效应分类的研究主要依据溢出效价，即产品伤害危机不但会产生正面溢出效应，还会产生负面溢出效应（Dahlen and Lange，2006）。前者是指产品伤害危机发生之后，危机提升了消费者对同一焦点品牌的其他非危机产品属性和非焦点品牌、同一企业的其他非危机产品属性和品牌、竞争对手的危机产品属性和品牌的评价；后者是指产品伤害危机发生之后，危机降低了消费者对同一焦点品牌的其他非危机产品属性和非焦点品牌、同一企业的其他非危机产品属性和品牌、竞争对手的危机产品属性和品牌的评价。此外，在研究竞争品牌之间的负面溢出效应时，王思敏和朱玉杰（2010）认为传染效应是指行业内某家公司的危机，尤其是大公司的危机，对其他竞争对手的波及，使竞争对手的公司价值受到损失（王思敏与朱玉杰，2010）。通过过以往溢出效应的文献的整理和分析发现：现有研究依据危机对竞争品牌评价的影响是消极的还是积极的，将溢出效应分为正面溢出效应和负面溢出效应，但多独立地研究负面溢出效应，对正面溢出效应的研究较少。

1. 正面溢出效应

部分研究专家还发现了危机对竞争品牌的正面溢出效应，但仅为定性分析，且对正面溢出效应的发生条件仍存在争议。Reilly 和 Hoffer（1983）认为产品危机影响顾客对竞争对手产品购买的正面溢出效应，但仅为定性研究（Reilly and Hoffer，1983）。Dahlen 和 Lange（2006）在研究品牌危机时认为，竞争品牌与危机焦点品牌不相似，危机对竞争品牌产生正面溢出效应，会提升消费者对竞争品牌的品牌态度、购买意愿、品牌信任、品牌选择（Dahlen and Lange，2006）。Gao 等（2015）指出，危机发生后对比联想会提升消费者对竞争品牌的信任，保护竞争品类免于品牌损害，产生对比效应，即正面溢出效应（Gao and Zhang et al.，2014）。综上，目前国内外学者对产品伤害危机的正面溢出效应的研究局限于定性分析，没有探明正面溢出的发生条件和发生原理。

2. 负面溢出效应

现有对产品伤害危机溢出效应的研究主要采用可接近-可诊断理论

（Feldman and Lynch，1988）。根据可接近-可诊断理论，如果消费者从关于品牌 A 的信息中了解到品牌 B 的信息，即品牌 A 的信息对品牌 B 具有可诊断性，那么在消费者的思维活动中，消费者关于品牌 A 和品牌 B 联系的记忆节点就同时被这些信息激活，消费者就可以利用品牌 A 的信息推断品牌 B。Ahluwalia 等（2001）认为消费者对焦点品牌的承诺会影响顾客对丑闻品牌的品牌态度（Ahluwalia and Unnava et al.，2001）。Roehm 和 Tybout（2006）认为品牌丑闻信息对竞争品牌的负面溢出是否会发生依赖于丑闻属性相似性，但无法解释现实中丑闻对竞争品牌的正面溢出（Roehm and Tybout，2006）。Roehm 和 Tybout（2006）的研究扩展了以前的工作，通过检验在一个产品类别内一个品牌丑闻的溢出。一方面，丑闻品牌的竞争对手可能会被认为是有罪的；另一方面，对于一个丑闻品牌来说，如果一个丑闻被解释为独特的，这将导致丑闻品牌被破坏，致使其被隔离，甚至使竞争对手受益（Roehm and Tybout，2006）。田阳等（2010）认为，在面对关联品牌的负面丑闻时，互依型自我建构的消费者倾向于采用整体性的思维方式，负面效应更易扩散到其他品牌。在研究中，丑闻溢出效应体现在消费者在丑闻前后的品牌态度、品牌信念之差的均值；差值越大，溢出效应越强（田阳与黄韫慧等，2013）。综上，危机信息所产生的溢出效应有正面溢出和负面溢出效应，以往的研究多独立研究其中一个方面，较少同时研究二者的发生条件和影响因素。

2.3.2.2　横向溢出效应与纵向溢出效应

根据产品伤害危机溢出对产业链的影响对象不同，产品伤害危机溢出效应分为横向溢出效应（对处于相同产品层面企业或产品之间的影响）和纵向溢出效应（对产业链上上下游企业或产品的纵向影响（王晓玉与晁钢令等，2006））（王海忠与田阳等，2009；范宝财与杨洋等，2014）。其中，纵向溢出效应是指公司层信息影响产品层评价的信息机制，而横向溢出效应是指在相同产品层不同信息间的流动（王海忠与田阳等，2009）。综上，现有溢出效应研究基本上将危机溢出而引发的负面溢出效应（传染效应或同化效应）、正面溢出效应（竞争效应或对比效应）视为相互独立发生的现象，即便是同时考虑存在负面溢出效应和竞争效应，也只认为负面溢出效应和竞争效应发生在不同时段（杨晶与刘春林等，2012），没有研究为什么两种效应对竞争品牌会同时发生及其发生机制。本研究遵循现有主流研究对溢出效应的分类，依据溢出效价的差异，将溢出分为正面溢出效应与负面溢出效应两个方向。

2.3.2.3 竞争效应与传染效应

1. 对比效应

对比效应，又称替代效应、正面溢出效应、竞争效应（Gao and Zhang et al., 2014），是指一家公司的危机使得同行业其他竞争对手获益，竞争对手的公司价值因其危机而上升（王思敏与朱玉杰，2010）。

在研究竞争效应时，Janakiraman，Sismeiro 和 Dutta（2009）认为，如果消费者认为两个产品是相似的，竞争性溢出效应将会发生，因为产品相似性导致较高的可诊断性和较高的可接近性。以往的研究提供了支持这一论点的证据（Janakiraman and Sismeiro et al., 2009）。例如，以往的研究已经证实，可诊断性更多地取决于属性层面相似性而非品牌全面、整体相似感知（Roehm and Tybout，2006）。此外，分类理论在评估各竞争品牌产品时，如果消费者认为所有的竞争产品是相似性的，并将其划分在一个品类内，那么消费者对一个竞争品牌的经验和信念可能会溢出到其余相似的竞争产品。这是因为如果在记忆中消费者对其他相似的竞争品牌被同时激活，这种感知的转移将会发生，这可能是由于显著的共享属性（Janakiraman and Sismeiro et al., 2009）。

Janakiraman，Sismeiro 和 Dutta（2009）认为，当消费者认为两个竞争品牌是相似的时，从一个品牌对其一个竞争品牌的溢出效应将发生（Janakiraman and Sismeiro et al., 2009）。因为其相似性，消费者对品牌中一个的质量感知可以被认为是其他相似的竞争品牌的质量的标志。此外，在消费者的记忆中，如果两个竞争品牌是相似的，那么两个竞争品牌将拥有可诊断性，以及更强大、更可接近的节点，当另一个品牌被激活时，使一个品牌的信息更具可接近性；相反，当两个竞争品牌被认为是不相似的，导致二者之间缺乏可诊断性性和可接近性，这将阻止消费者对一个品牌的质量感与信息知溢出到另一个竞争品牌（Janakiraman and Sismeiro et al., 2009）。Gao 等（2015）也认为，危机对进口的竞争品牌产生对比效应，提升消费者对进口品牌的信任；危机对国内竞争品牌产生同化效应，损害消费者对国内品牌的信任（Gao and Zhang et al., 2014）。

综上，本文根据可接近性-可诊断理论和 Mussweiler（2003）提出的选择性通达机制，危机发生后，消费者会选择目标（竞争品牌的产品属性）与标准（引发危机的产品属性）之间一些显著特征作为线索，进行目标与标准之间的总体相似程度评估（Mussweiler，2003）；当初步评估结果表明目标与标准是不一致的，即属性相似性低，危机信息对竞争品牌的可诊断性较低，判断者会采用相异性检验，而消费者对竞争品牌的评价和购买意愿会相对焦点品牌提高，引发对比效应，产生正面溢出效应（Becerra and Korgaonkar，2011；Gao and Zhang et al.，2014）。

2. 同化效应

目前，国内外学者将同化效应也称为传染效应、负面溢出效应，用于研究负面溢出效应。王思敏和朱玉杰（2010）认为传染效应是指行业内某家公司的危机，尤其是大公司的危机，对其他竞争对手的波及，使竞争对手的公司价值受到损失（王思敏与朱玉杰，2010）。

在研究联合品牌间的负面溢出效应时，王海忠，田阳和胡俊华（2009）将选择性通达理论引入溢出效应的研究，主张在研究联合品牌之间的负面溢出效应时，借鉴该机制，并认为当初步评估结果表明，其目标与标准是一致的，判断者会采用相似性检验，引发同化效应，发生负面溢出效应（王海忠与田阳等，2009）。

综上，本书研究以焦点品牌引发危机的产品属性作为比较标准，当竞争品牌与焦点品牌在引发危机的产品属性上具有较高的相似性，即目标与标准具有一致性，消费者会采用相似性检验，进而认为竞争品牌的产品也存在相同的问题，导致同化效应或传染效应的发生。

2.3.3 溢出效应的形成原理

2.3.3.1 可接近性-可诊断性理论

可接近性-可诊断性理论已成为溢出效应研究的一个理论基础（Ahluwalia and Unnava et al.，2001；Roehm and Tybout，2006）。Roehm 和 Tybout（2006）认为，Feldma 和 Lynch（1988）提出的可接近性-可诊断框架（accessibility-diagnosticity framework）可以解释溢出效应（Roehm and Tybout，2006）。根据可接近性-可诊断性理论，如果消费者从关于品牌 A 的信息中了解品牌 B，即品牌 A 的信息对品牌 B 具有可诊断性，那么在消费者的思维活动中，消费者关于品牌 A 和品牌 B 联系的记忆节点就同时这些信息被激活，那么消费者就可以利用品牌 A 的信息推断品牌 B（Janakiraman and Sismeiro et al.，2009）。其中，可接近性（accessibility）是指信息的可获得性；可诊断性

（accessibility）是指信息有助于消费者认知判断的有效性（Ahluwalia and Unnava et al.，2001；Roehm and Tybout，2006；Gao and Zhang et al.，2014；Gao and Zhang et al.，2014）。如果一个品牌被认为是信息性品牌 B，观察品牌的信息适用于 B 品牌，那么在记忆网络中两个品牌被同时激活；危机信息对竞争对手的消费者可以访问的时，危机被认为对其他竞争品牌具有可诊断性；相反，当两个品牌之间的联合访问没有实现或危机不被认为对类别（竞争对手）是可诊断的，溢出是不可能发生的（Roehm and Tybout，2006）。Roehm 和 Tybout（2006）的研究结果表明，特别是危机信息的可接近性和诊断性减弱，负面溢出效应减弱，比正面信息更多的诊断；对于高度相关的属性（密切相关），负面的宣传目标属性；以及对产品品牌的家庭是一个表现不佳的家庭成员密切相关（Ahluwalia and Unnava et al.，2001；Roehm and Tybout，2006）。

此外，广告中的信息聚焦也会影响到消费者的评价，从而发生溢出效应。广告聚焦是指广告是以产品或品牌为焦点：其中，在以产品为焦点广告中，广告聚焦是关于焦点产品的信息或服务；在一个以品牌为焦点的广告，广告聚焦是提供有关品牌的使命和地位等信息。过去的研究已经表明，消费者处理广告信息的不同取决于如何在广告中提出与竞争对手相关的信息（Thompson and Hamilton，2006）。

由于消费者对信息使用不同的加工模式，导致消费者会对广告中的产品进行不同程度的比较（Thompson and Hamilton，2006），故广告的溢出效应也应依赖于其呈现给消费者的方式。Maheswaran 和 Durairaj（1992）发现，当对象不能通过属性进行评价时，消费者将更少依赖分析和理性的处理；当消费者无法系统地评估替代方案，他们要依靠先前形成的启发式，以评估产品和品牌属性（Maheswaran and Durairaj et al.，1992）。

2.3.3.2　联想网络理论

联想网络理论认为品牌之间相似性或关联性影响消费者联想强度和联想方向。联想网络理论（Collins and Loftus，1988）认为，品牌知识是由一个品牌节点到各种联想组成的，这些联想（包括品牌诉求、品牌评价、属性）被联结起来（Morrin，1999；Lei and Dawar et al.，2008）。在一个品牌组合，公司的家族品牌化的活动可以被看作是试图建立母品牌与子品牌之间或子品牌之间的认知联系。在这种认知联系建立后，这些联结可以通过反复曝光和额外的学习机会以加强联结的强度（Lei and Dawar et al.，2008）。此外，因为在同一个品牌组合的子品牌往往有着相似的质量标准、相似的品牌形象、相似的广告元素，消费者也可以使用这些线索来组织他们对品牌组合的心理表征（Lei and Dawar et al.，2008），且在联想网络中对象之间的联系是很强的，那么一个对象的信息可以激活另一个对象（Anderson，1983；Collins and Loftus，1988）。

1. 品牌关联强度与溢出效应

品牌关联性，即品牌之间联想的强度，体现在品牌检索的概率和对目标品牌的激活水平（Nedungadi，1990；Morrin，1999）。在一个品牌网络中溢出效应是由两个连续程序的组合而成：相关节点的检索和更新。检索是通过联想网络激活扩散的结果（Collins and Loftus，1988）。在品牌组合的背景下，一个品牌节点被外部信息激活，并通过联想网络联结扩散到相关的品牌节点。当以往对态度与信息集成的研究认为，当接触到信息时，消费者对品牌评价发生更新，以及更新的程度取决于消费者对信息存量和由消息触发精细加工。在品牌组合中，消费者的品牌联想较强会使原始品牌的信息更加突出，与目标品牌的信息更加相关（Chapman and Aylesworth，1999）。目的节点的结果更新可用于衡量的溢出效应（Morschett，2007）。溢出的大小是关联性的一个函数，这已被先前的研究所证明。例如，Roehm 和 Tybout（2006）发现属性相似性越相似，危机对竞争品牌的可诊断性越高，导致更多的负面溢出，其研究以产品属性相似性作为品牌间共享属性的函数（Roehm and Tybout，2006）。

2. 品牌关联方向与溢出效应

认知实体之间的联系强度可能是非对称的，这是因为更频繁定向的加工导致形成更强的关联性（Barsalou and Sewell，1985）。Herr，Farquhar 和 Fazio（1996）认为，品牌建设活动应着力构建和加强从该品牌到产品类别、产品的属性和使用情景的定向联想，而忽视品牌关联的方向性会导致预测消费者行为发生错误（Herr and Farquhar et al.，1996）。

首先，品牌联想方向影响溢出模式和溢出方向。同样，在一个品牌网络，品牌节点之间的定向联想强度可能会有所不同，这种差异对于预测网络中的溢出模式是至关重要的。在研究品牌联想对溢出效应的影响时，Lei，Dawar 和 Lemmink（2008）认为，母品牌-子品牌的联结反映了从母品牌到子品牌的联想的强度，可用于预测母品牌唤醒子品牌的程度；反之，该子品牌-母品牌的联结反映出子品牌引起母品牌的可能性。进而，他们认为，如果两个联想方向之间存在差异，联想方向会影响溢出模式（Lei and Dawar et al.，2008）。由于产品伤害危机通常发生在子品牌，故他们主要研究子品牌危机对母品牌的溢出效应。基于检索-更新加工模式上，当一个子品牌被危机信息激活时，该子品牌-母品牌联结成为激活扩散、检索和更新母品牌节点的途径；因而，由于子品牌的负面信息而对母品牌造成的溢出效应的强度是子品牌-母品牌之间联结强度的一个函数，而并非是母品牌-子品牌之间联结强度的函数（Lei and Dawar et al.，2008）。其次，联结的非对称性导致溢出的非对称性。Lei，Dawar 和 Lemmink（2008）进一步研究了子品牌-子品牌联结的非对称性。如果子品牌之间的联想强度是非对称的，那么溢出的大小也将是非对称的。联想网络理论认为，一个联结的强度不仅取决于加工信息的数量和质量，而且取决于该联结对于一个节点的相对重要性。在一个品牌网络中，一些子品牌占据更突出或主导地位，获得更多的联结比其他的子品牌更多，而这种非对称会导致子品牌之间的非对称的溢出（Lei and Dawar et al.，2008）。

因此，Lei，Dawar 和 Lemmink（2008）认为，子品牌之间的溢出是子品牌之间定向性联想强度的函数，即当子品牌 A 和子品牌 B 的之间的联想强度是非对称的，那么子品牌 A 和子品牌 B 之间的溢出效应是非对称的；当子品牌 A-子品牌 B 之间的联想强度比 A-C 之间的联想更强，子品牌 A 的负面信息对子品牌 B 的溢出比子品牌 C 的溢出更大（Lei and Dawar et al.，2008）。

2.3.3.3 选择性通达机制

Mussweiler（2003）提出了选择性通达机制（Selective Accessibility Process），并指出在评价时决策者会根据比较对象之间相似性（或一致性）来选择核心假设（相似性检验、相异性检验）；在检验假设的过程中，决策者会选择目标与标准之间一些显著特征作为线索进行目标与标准之间的总体相似程度评估（Mussweiler，2003）；当初步评估结果表明目标与标准是一致的（即相似的），判断者会采用相似性检验，引发同化效应（Mussweiler and Strack，1999；王海忠与田阳等，2009）。

据 Herr（1989）研究，品牌联想之间的重叠程度是决定一个品牌是同化或对比的背景下品牌（Herr，1989）。高程度的重叠，促进同化效应，和低程度的重叠形成对比效应（Meyers-Levy and Sternthal，1993）。产品危机影响品牌认知。在产品危机期间，危机产品发生危机，如果非焦点品牌和焦点品牌之间存在高度的关联性，危机就可以溢出。相反，如果非焦点品牌和焦点品牌之间不存在关联性，非焦点品牌不但可能被豁免，甚至可能从危机中受益，这是因为它与焦点品牌的重叠低，产生一个低程度的关联。在某些情况下，如果非焦点品牌与一个卓越的品牌相比，非焦点品牌甚至可能会受益于危机；然而，当消费者认为非焦点品牌、焦点品牌之间存在差异时，危机对非焦点品牌产生积极影响（Dahlen and Lange，2006）。

2.3.4 溢出效应的发生条件

在一定条件下，负面事件溢出效应才会发生（Dahlen and Lange，2006）。因此，负面曝光事件溢出效应的发生条件是学者们研究的重点。

激活扩散理论（spreading activation theory）常被用来解释溢出效应。该理论认为人脑中每个词组是一个节点，不同的节点相互连接组成了网络，产品属性与产品所属品类存在于一个网络中，当两者之间的联结较强时，可以由一个激活另外一个（Collins 和 Loftus，1975）。尽管激活扩散理论为溢出效应提供了理论依据，但溢出效应的发生与否有两个关键要素——信息的可接近性和可诊断性。在研究溢出发生条件时，学者们基本遵循 Feldman 和 Lynch（1988）提出的可接近性-可诊断性分析框架（accessibility-diagnosticity frame）。按照该框架，当已经存在的反应是可接近的，并且比其他可获得的输入更具有诊断性时，之前的响应才会成为下一个反应的输入（Feldman 和 Lynch，1988）。可接近性指脑海中搜索一个信息的难易程度；可诊断性指搜索到的信息解决目前问题的满足程度（Menon and Raghubir et al.，1995）。

从可接近性和可诊断性两个角度，现有研究已经发现，危机属性因素、焦点品牌因素、消费者因素、情景因素和竞争品牌因素会影响负面曝光事件溢出。

2.3.4.1 危机属性因素的影响

危机属性因素是影响产品伤害危机溢出效应的重要因素。目前，国内外学者对产品危机的危机属性的内涵定义仍存在争议，但已识别的危机属性有：① 危机严重程度（又称危害性、伤害性）；② 频发性；③ 群发性；④ 违约性；⑤ 无德性；⑥ 可控性；⑦ 责任性；⑧ 持续性；⑨ 违法性等等。涂铭、景奉杰和汪兴东（2014）认为危机属性为消费者的认知和购买决策提供判断的依据和背景条件，其研究发现伤害性、群发性和持续性等三大危机属性。范宝财，杨洋和李蔚（2014）通过剔除属性间的内涵重合和复合，合并相关重复属性，将产品伤害危机属性概况为危害性、责任性、无德性、违约性和频发性等五大属性（范宝财与杨洋等，2014）。本研究对产品伤害危机的危机属性进行进一步的归纳，并得出危机严重程度、偶发性、持续性、违约性、无德性、责任性等六大属性，影响溢出效应。

（1）危机严重程度，又称危害性、伤害性。Siomkos 等（2010）指出产品伤害危机会影响消费者对竞争品牌、品类的购买意愿，当危机伤害程度低，消费者把危机归因是危机企业的责任，并认为行业内其他竞争企业没有责任，消费者会购买竞争品牌的产品以规避风险，行业负面溢出效应较小（Siomkos and Triantafillidou et al., 2010；汪兴东与景奉杰等，2012）；当危机伤害程序变大，消费者对其他竞争企业无法进行有效的无责判断，会谨慎购买甚至拒绝购买，以减低风险，危机对行业的负面溢出效应较大（Siomkos and Triantafillidou et al., 2010）。汪兴东，景奉杰和涂铭（2012）认为危机严重程度调节了单（群）发性危机对行业的负面溢出效应的影响，在单发性产品伤害危机下，伤害程度越高行业负面溢出效应越大，但在群发性产品伤害危机中，危机对行业负面溢出效应较大（汪兴东与景奉杰等，2012）。范宝财，杨洋和李蔚（2014）认为产品伤害危机的危害性是指产品伤害危机对消费者身心的危害程度，危机危害性越强，产品伤害危机的横向负面溢出效应越大（范宝财与杨洋等，2014）。涂铭，景奉杰和汪兴东（2014）指出，危机伤害性会负向影响消费者的购买意愿（涂铭与景奉杰等，2014）。

（2）偶发性。偶发性是消费者认为类似产品伤害危机的发生频率。偶发性主要来自两个方面。一是横向的发生频率，是其他企业出现类似产品伤害危机的普遍性，即佘秋玲（2010）指出的群发性（佘秋玲，2010）。危机群发性是指产品伤害危机所影响的企业数目的多少（涂铭与景奉杰等，2014）。危机事件群发性越高，对竞争品牌的负面外溢效应越大。汪兴东，景奉杰和涂铭（2012）认为相对于单发性产品伤害危机，群发性产品伤害危机的行业溢出效应更强（汪兴东，景奉杰和涂铭，2012）。危机的群发性越严重，消费者对品类的信任越低，对行业内其他企业/产品产生的负面溢出效应越强（汪兴东与景奉杰等，2012）。产品伤害危机群发性会正向影响感知危机严重程度和感知易损性（涂铭与景奉杰等，2014）。二是纵向的发生频率，是企业发生产品伤害危机频率的高低，即 Coombs 和 Holladay（2002）指出的绩效历史（包括危机历史和关系历史）（Coombs and Holladay, 2002）。阎骏和佘秋玲（2009）认为群发性是和归因并列的危机属性，而 Coombs 和 Holladay（2002）绩效历史会影响危机归因。尽管如此，本文通过现实观察发现，感知偶发性可能影响消费者将危机责任归于企业的程度，但是不足以改变消费者是否将危机责任归于企业（Coombs and Holladay, 2002）。

（3）危机持续性。产品伤害危机持续性会正向影响感知危机严重性和感知易损性（涂铭与景奉杰等，2014）。危机持续时间越长，产品伤害危机所产生的溢出效应越强（汪兴东与景奉杰等，2012）。

（4）危机违约性。违约性是指产品伤害危机违反法律法规、安全标准、企业自身承诺的程度，产品伤害危机的违约性越强，危机的横向溢出效应越大（范宝财与杨洋等，2014）。

（5）危机无德性。无德性是指产品伤害危机在多大程度上是由于企业缺乏道德造成的，产品伤害危机的无德性越强，危机的横向溢出效应越大（范宝财与杨洋等，2014）。

（6）危机责任性。责任性是指企业在多大程度上对产品伤害危机的结果负责，产品伤害危机的责任性越强，危机的横向溢出效应越大（范宝财与杨洋等，2014）。

2.3.4.2　焦点品牌因素的调节作用

焦点品牌特点是影响品牌危机溢出效应的重要因素，尤其产品伤害危机。现有的研究表明，影响产品伤害危机溢出效应的焦点品牌因素有：危机企业声誉，焦点品牌代表性。

（1）企业声誉。Siomkos 等（2010）指出，企业声誉可以调节产品伤害危机溢出效应，产品伤害危机更容易从高声誉焦点品牌向低声誉的非焦点品牌溢出（Siomkos and Triantafillidou et al., 2010）。汪兴东，景奉杰和涂铭（2012）认为企业声誉在单（群）发性产品伤害危机对行业负面溢出效应的影响中起到调节作用，在单发性产品伤害危机下，企业声誉对行业负面溢出效应的影响差异较小，伤害程度的影响差异较大（汪兴东与景奉杰等，2012）；而在群发性危机下，企业声誉对行业负面溢出效应的影响差异较大，伤害程度的影响差异较小（汪兴东与景奉杰等，2012）。范宝财，杨洋和李蔚（2014）认为企业声誉可以调节消费者信息处理方式，进而改变产品伤害危机等外部信息对消费者行为的影响，而较好的企业声誉可以通过晕轮效应以影响消费者对产品伤害危机信息的偏向处理，降低不确定性，降低产品伤害危机的可诊断性，减轻横向溢出效应；反之，较差的企业声誉，可以提高产品伤害危机可诊断性，增强横向溢出效应（范宝财与杨洋等，2014）。

（2）焦点品牌代表性。Roehm 和 Tybout（2006）认为当一个品牌是产品类别的代表品牌时，即该属性是品类所共有的属性，有关该属性的丑闻很可能对品类产生溢出效应，并影响对产品类别的信念，这是因为该丑闻品牌很容易满足对产品品类的溢出的条件，即具有可接近性和可诊断性（Roehm and Tybout，2006）。

2.3.4.3 消费者因素的影响

消费者因素影响消费者对产品伤害危机的认知和信息加工方式，会影响产品伤害危机的溢出。目前，国内外研究表明，消费者社交距离、消费者危机归因、品牌关系承诺、品牌联想、消费者认知需求、自我建构和思维方式是影响产品伤害危机溢出的主要消费者因素。

（1）消费者社交距离。社交距离（social distance）是心理距离的维度之一，会影响解释水平的高低，进而影响消费者对负面事件的哦评价。黄静，王新刚，童泽林（2011）研究发现社会距离会调节消费者对犯错品牌的评价，面对品牌犯错事件，当空间或社交维度为近（远）时，消费者对品牌犯错事件的心理距离感知将得到加强（降低）而变得更近（远）。当受害者是被试者的好朋友，带有较强的情感因素时，空间维度上消费者对犯错品牌的评价均值不存在显著差异，说明被试者对受害者的情感因素超越了空间距离对品牌评价的影响。此时，社交维度在消费者对犯错品牌评价的过程中起主导作用。当受害者为陌生人，剔除情感因素后，发现空间维度上消费者对犯错品牌的评价均值存在显著差异。说明在没有较强的情感因素影响时，空间维度在消费者对犯错品牌评价过程中起主导作用（黄静与王新刚等，2011）。熊艳、李常青、魏志华（2012）证实社会距离导致了溢出效应的异质性，距离最远的对立阵营在危机事件中获利，而中立阵营和联盟阵营则受损（熊艳与李常青等，2012）。

（2）消费者归因。消费者归因是消费者行为研究的重要课题，也是影响溢出效应的重要因素。Votola 和 Unnava（2006）研究发现，在不同情景下，负面曝光事件归因对溢出效应的影响不同。他们发现，在供货商和生产者品牌联盟中，如果消费者将供货商的负面曝光事件归因为能力欠缺，负面曝光事件更容易向生产者溢出；如果消费者将供货商的负面曝光事件归因为道德失范，负面曝光事件却不容易向生产者溢出。而在代言人和生产者品牌联盟中，溢出条件刚好相反（Votola and Unnava，2006）。

（3）品牌承诺。品牌承诺会使个体产生防御性动机（defense motivation）（Eagly and Chaiken，2009）。因此，如果竞争品牌的品牌承诺较高，负面曝光事件发生时，消费者会产生防御性动机，负面曝光事件就难以向竞争品牌溢出。因为，品牌承诺可以降低消费者对可诊断性的评价（Ahluwalia and Unnava et al.，2001）。

（4）品牌联想而言，联想方向和联想强度都会影响负面曝光事件溢出。联想强度和联想方向是联想的重要属性。在联想强度和联想方向不同时，负面曝光事件溢出发生的可能性也不同。Lei 等（2008）研究发现，如果品牌 A 到品牌 B 的联想较强，负面曝光事件较容易从品牌 A 溢出向品牌 B 溢出；如果品牌 A 到品牌 B 的联想较弱，负面曝光事件不容易从品牌 A 向品牌 B 溢出。他们还指出，如果消费者仅能从品牌 B 联想到品牌 A，而难以从品牌 A 联想到品牌 B，那么即使品牌 B 到品牌 A 的联想再强，负面曝光事件也难以从品牌 A 向品牌 B 溢出（Lei and Dawar et al.，2008）。这是因为，此时品牌 B 对品牌 A 不具有可接近性。

（5）消费者认知需求。庄爱玲和余伟萍（2011）通过实验法研究道德关联的两类品牌负面曝光事件对品类和竞争品牌溢出效应的影响，并得出结论：对于低认知需求者而言，道德引致产品性能型负面曝光事件对品类态度和竞争品牌购买意愿的负面溢出效应强于公司道德型事件；道德引致产品性能型负面曝光事件对低认知需求者品类和竞争品牌评价的影响大于高认知需求者，而公司道德型负面事件溢出对不同认知需求水平消费者的影响无显著差异（庄爱玲与余伟萍，2011）。消费者认知需求在品牌负面曝光事件溢出的过程中发挥调节作用，即与高认知需求者相比，低认知需求者在品牌负面曝光事件下的品类态度和竞争购买意愿更为消极（庄爱玲与余伟萍，2011）。

（6）消费者自我建构。田阳和黄韫慧等（2013）认为，互依型建构消费者面临危机信息时，会采用整体性思维，导致危机对竞争品牌发生负面溢出效应，而独立性消费者采用分析性思维，危机不会对竞争品牌发生溢出（田阳与黄韫慧等，2013）。

2.3.4.4 竞争品牌因素

竞争品牌特点也会影响负面曝光事件溢出。已有研究发现，竞争品牌的相似性、熟悉度和应对方式会影响负面曝光事件的溢出。

就相似性而言，相似性是影响溢出效应发生的关键变量。根据联想网络理论（Associative network theory），品牌在消费者的记忆中由一些节点（nod）表示，这些节点之间相连接的路径（path）或链接（linkage）代表了品牌之间的关系（Collins and Loftus，1988）。两个品牌之间共同属性越多，两个品牌节点之间的链接就越多，这两个品牌在消费者记忆中就具有越强的相关性。联想网络之中存在着扩散激活（spreading activation）效应，当一个品牌节点被外部信息激活，这次激活将通过联想网络中的链接扩散至其他相关的品牌节点。品牌负面曝光事件作为外部信息，将激活消费者记忆中有关事件焦点品牌的联想，这个激活将沿着联想网络中的链接扩散，进而激活品类联想和竞争品牌联想。由于负面信息具有较高的可诊断性，因而品牌负面曝光事件激活更多为消费者的负面联想，其在联想网络中的扩散将导致消费者产生对品类和竞争品牌的负面评价（庄爱玲和余伟萍，2014）。Broniarczyk 和 Alba（1994）指出，消费者认为相似性较高的品牌才具有可诊断性。如果竞争品牌与焦点品牌相似性越高，那么负面曝光事件越容易向竞争品牌溢出（Alba and Broniarczyk et al.，1994；Roehm and Tybout，2006）。同时，不同层次的相似性对溢出效应的影响存在差异。Roehm 和 Tybout（2006）指出，如果竞争品牌的属性与引起负面曝光事件的属性相似性较高，负面曝光事件较容易向竞争品牌溢出；而整体相似性对溢出效应的影响弱于属性相似性。因为，属性层次的相似性比整体层次的相似性的可诊断性大（Roehm and Tybout，2006）。

就熟悉度而言，品牌熟悉度会导致偏信息处理（biased processing），从而影响负面曝光事件溢出（Petty and Cacioppo，1986）。根据 Ahluwalia，Unnava 和 Burnkrant（2001）的研究发现，如果品牌熟悉度较高，消费者会进行偏信息处理，降低负面曝光事件的可诊断性，负面曝光事件溢出效应就不容易发生；如果品牌熟悉度较低，出于自我保护动机，消费者倾向于降低对竞争品牌的评价，负面曝光事件溢出效应发生的几率会增加（Ahluwalia and Unnava et al.，2001）。

就企业应对方式而言，竞争品牌的应对方式可能为消费者提供思维启动线索，从而影响负面曝光事件溢出。Roehm 和 Tybout（2006）从启动线索角度，研究了竞争品牌的否认策略对溢出效应的影响。他们发现，在负面曝光事件溢出效应没有发生的情况下，竞争品牌的否认策略为消费者提供了思维启动线索，使消费者将竞争品牌与负面曝光事件进行关联，反而为负面曝光事件溢出效应提供了条件（Roehm and Tybout，2006）。Roehm 和 Tybout（2006）称之为"反向效应"（boomerang effect）。

2.3.4.5　情景因素的影响

消费者在不同情景下的思考方式有所差异，影响负面曝光事件溢出效应的发生。不同情景线索会启动消费者不同的思考聚焦。有的启动线索会使消费者聚焦于品牌相似性。例如，两个品牌出现在同一个货架，两个品牌广告一起出现等。Roehm 和 Tybout（2006）研究发现，如果启动线索促发消费者进行相似性思考，使得消费者更关注品牌相似性，负面曝光事件的可诊断性升高，溢出效应更容易发生（Roehm and Tybout，2006）。王海忠，田阳和胡俊华（2010）发现，当联盟品牌或者市场上与自己相近的品牌发生负面事件的时候，非当事品牌可以通过广告、声明等方式主动提供让消费者认为是两个品牌不同的线索，引导其进入相异性检验，产生对比效应，从而阻隔负面影响（王海忠与田阳等，2009）。方正等（2013）发现，启动方式会影响产品伤害危机信息的可诊断性。当情景启动消费者思考品牌差异时，产品伤害危机信息不具有可诊断性，溢出效应不会发生；相反，如果情景启动的是消费者对品牌相似性的思考，使消费者思考竞争品牌是否有发生类似产品伤害危机的可能，即产品伤害信息对竞争品牌具有了可诊断性（方正与杨洋等，2013）。

2.3.5　溢出效应的影响

负面曝光事件溢出效应是一种普遍存在的现象。学者们从多个方面研究了负面曝光事件溢出的影响，重点聚焦在负面曝光事件溢出对产品属性评价、品牌评价和产品类别评价的影响。

首先是负面曝光事件溢出效应对产品属性评价的影响。在产品属性缺陷导致的负面曝光事件中，负面曝光事件可能会降低消费者对没有缺陷属性的评价（Ahluwalia and Unnava et al.，2001）。他们还指出，品牌熟悉度和消费者承诺会调节负面曝光事件溢出效应，品牌熟悉度和消费者承诺越低，溢出越可能发生（Ahluwalia and Unnava et al.，2001）。

其次是负面曝光事件溢出效应对品牌评价的影响。现有研究发现，溢出效应会影响消费者对竞争品牌和联盟品牌的评价。对于竞争品牌而言，Roehm 和 Tybout（2006）发现，负面曝光事件可能负面影响消费者对竞争品牌的评价，即发生负面溢出效应（Roehm and Tybout, 2006）。Dahlen 和 Lange（2006）的研究也发现类似现象，同时指出负面曝光事件还可能提升消费者对竞争品牌的评价，即发生正面溢出效应（Dahlen and Lange, 2006）。Zhao, Zhao 和 Helsen（2011）通过分析市场真实资料，进一步证实了正面溢出效应的存在，发现在负面曝光事件后竞争者的销量有所增加。就联盟品牌而言，负面曝光事件会向伙伴品牌溢出。牌联盟类型和负面曝光事件归因会影响溢出结果（Zhao and Zhao et al., 2011）。在供货商-生产者联盟中，如果消费者将供货商负面曝光事件归因为能力欠缺，那么这比归因为道德失范，负面曝光事件溢出影响更加负面；在代言人-生产者联盟中，则相反（Votola and Unnava, 2006）。同时，代言人联系集（associationsetsize）越小，负面曝光事件发生时间越近，代言人和生产者的关联强度越高，代言人负面曝光事件越容易向生产者溢出（Till and Shimp, 1998）。就延伸品牌而言，Swaminathan, Fox 和 Reddy（2001）发现当品牌延伸失败时，品牌之间可能出现负面溢出，减少消费者对延伸品的评价，降低母品牌的品牌资产。当公司引入产品延伸时，在品牌丑闻期间负面溢出可以对产品态度有显著影响（Swaminathan and Fox et al., 2013）。如果他们不仔细监控他们组织内的关系，以及在市场上的竞争对手，负面溢出会严重损害其产品、企业和品牌。潘黎和吕巍（2014）指出，产品伤害危机对延伸品牌的负面溢出效应对拥有者影响更大，而对非拥有者影响较小，但是当公司的响应策略越偏向积极承担责任时，非拥有者比拥有者更容易受到感知企业社会责任感的影响对危机产品的延伸品牌表现出更好的态度（潘黎与吕巍，2014）。就品牌伞而言，品牌伞策略是将相关或非相关的产品、品牌或企业纳入某个具有巨大营销力的品牌旗下，通过对品牌伞的营销获得优势以达到目标；品牌伞不仅是一个产品命名策略，更是一种产品的营销策略（周运锦，2011）。Lei, Dawar 和 Lemmink（2008）在研究品牌伞之内的溢出效应时发现负面溢出效应是品牌联想的方向和强度一个函数，并认为溢出是消费者对产品的态度和看法从核心产品向其他相关产品或产品在一个产品线或家族产品的延伸（Lei and Dawar et al., 2008）。

　　第三是负面曝光事件溢出效应对产品类别评价的影响。产品类别是消费者最小化认知努力的结果，消费者会将不同品牌整合（associative networks）成为产品类别联想网络（Meyers-Levy and Sternthal, 1993）。Brauti, Gaeth 和 Levin（1997）指出，如果负面曝光事件能够启动该网络，那么产品类别认知可能变化，即负面曝光事件向产品类别的溢出（Braun and Gacth et al.,

1997）。Dahlen 和 Lange（2006）、Roehm 和 Tybout（2006）的研究，都发现负面曝光事件可以向产品类别溢出，能够降低消费者对产品类别的评价（Dahlen and Lange，2006；Roehm and Tybout，2006）。

2.4 应对策略

负面事件发生后，企业必须采取补救措施，改变消费者的感知和态度，并设法把这种感知和态度维持在危机前水平（Jolly and Mowen，1985）。许多企业由于缺乏专业应对危机的方案而简单采取置之不理的方式，造成了很大程度上的损失（Mitroff and Anagnos，2001）。为了解决这一问题，学者们提出了不同的应对策略，并通过实验和案例分析等方法验证了效果。

2.4.1 根据企业应对主体区分应对策略

首先是企业应对策略的分类。有学者以"平息-恶化"（Mitigation-Aggravation）的标准对应对策略进行区分。平息策略表达对受害方的关心并承认企业有过失，恶化策略则是为了维护自身形象而否认存在过失。Marcus 和 Goodman 等（1991）以"和解-辩解"（Commodative-Defensive）的标准对应对策略进行了分类。和解策略意味着承担责任、采取修复行动，而辩解策略否认存在问题、说明没有过错（Marcus and Goodman，1991）。我们可以发现，这两种分类尺度并没有实质上的区别。与以上分类标准不同的是，Griffin 等（1991）以"否认-道歉"为标准，将应对策略分为否认（Denial）缄默（Reticence）道歉（Apology）三类；增加了缄默策略，即对危机没有反应或者声称"无可奉告""暂时无法评论"（Griffin and Babin et al.，1991）。Donald 等三位学者将危机沟通形式按等级划分为五种，分别是不发表评论、否认、寻找借口、辩护和承认。Coombs 和 Holladay（2002）将现实中的应对策略进行了完整的分类，形成了由"抗拒"到"和解"的七种应对策略：攻击指控者、否认、借口、辩解、迎合、纠正以及致歉（Coombs and Holladay，2002）。通过比较可知，Coombs 的分类是比较全面的，综上所述，危机的应对策略共有八种，即 Coombs 的七种策略，外加 Griffin 等提出的缄默策略。方正和杨洋等（2011）

借鉴 Coombs 和 Griffin 对策略的分类,在做到基本完整涵盖企业行为的同时,根据企业应对策略的相似性,在实证研究时将八种应对策略划分为四类:和解策略（包含 Ingratiation、Correction、Apology）、缄默策略（Reticence）、辩解策略（包含 Denial、Excuse、Justification）和攻击策略（Attack Accusers）（方正与杨洋等,2011）。

其次是外界澄清的主体类型。王晓玉等的研究首次考虑了外界澄清——专家协助澄清的情形,是指专家出面证实产品无害性或合法性,将危机的应对方式分为 4 种:企业和专家均无应对、企业单独应对、专家单独应对、企业和专家双重应对;并通过实验证实企业有应对、专家应对、企业和专家双重应对消费者考虑集呈正面影响（王晓玉与晁钢令等,2006）。方正（2007）进一步将外界澄清的主体分为行业组织、专家团体和政府机构三大类,并且发现不管选择哪类外界澄清主体,外界澄清对感知危险的缓解效果都显著优于企业独自应对,外界应对方式中最优的是专家应对或政府应对（方正,2007）。

2.4.2　根据危机类型区分应对策略

首先是不可辩解型产品伤害危机应对策略。Bradford and Garrett（1995）认为危机事件中企业有五种反应:没有反应、否认、给出一个理由、承认公司导致了事件的发生但是认为事件没有报道的那样严重、承认事件的严重性并承担责任,其中承担责任的反应被认为是最佳的沟通策略（Bradford and Garrett,1995）。Siomkos and Kurzbard（1994）认为企业对危机事件的反应包括否认、强制召回、主动召回和积极承担责任,这四种反应构成了一个"企业反应连续体"（Company response Continuum）（Siomkos and Kurzbard,1994）。Dawar 和 Pillutla（2000）认为公司对危机的应对方式从坚决否认到积极承担责任、积极沟通并且无条件召回产品,而绝大多数公司对危机事件的应对,都介于这两种极端情况之间（Dawar and Pillutla,2013）。

其次是可辩解型产品伤害危机应对策略。王晓玉等（2006）依据平息危机可能出现的两种主体（企业和专家）,把危机应对方式分为四类:企业和专家均无应对、企业单独应对、专家单独应对、企业和专家双重应对（王晓玉与晁钢令等,2006）。方正（2007）对可辩解型产品伤害危机的应对方式进行如下分类:企业应对包括纠正措施、积极澄清、置之不理和对抗反驳;外界应对包括专家应对、政府应对和行业应对（方正,2007）。井淼,周颖（2013）

借鉴 Dawar 和 Pillutla（2000）的研究将不可辩解型产品伤害危机的危机反应策略分为明确承认、模棱两可和明确否认（井淼与周颖，2013）；同时，借鉴方正（2007）的研究将可辩解型产品伤害危机的危机反应策略分为纠正措施、积极澄清和对抗反驳（方正，2007）。

2.4.3 根据应对方式区分应对策略

首先是信息沟通应对策略。危机处理成功与否依赖于信息交换的能力及管理者根据所搜集的信息制定有效方针的能力，而且信息沟通在危机管理中特别重要。Xie and Peng（2009）证实有效信息沟通可以提升消费者对公司诚信和能力的感知，从而间接影响消费者对公司的信任，总结了情感性修复、功能性修复和信息性修复三种信任修复策略，并验证了它们对信任修复的不同作用（Xie and Peng，2009）。情感性修复主要包括道歉、表示懊悔与同情，表达了和解的信息。功能性修复包括经济补偿、避免危机再次发生的管理措施；信息性修复主要包括及时的信息沟通，如证明证据、澄清事实以及公布危机处理过程中的新动态。Kim 和 Dirks 等（2006）在对品牌关系断裂的研究中，发现品牌方犯错后可采用道歉、否认、缄默等策略与消费者沟通。道歉对于解决品牌的能力问题有更好的沟通效果，否认对于解决品牌的诚信问题有更好的沟通效果（Kim and Dirks et al.，2006）。不管在哪种情形下，缄默都不是应对信任破坏的最佳方式（Ferrin and Kim et al.，2007）。因此，黄静，彭志红，熊小明（2014）将和解和辩解这两种策略作为企业家负面曝光事件的应对策略（黄静与王新刚等，2011）。Coombs 和 Holladay（2009）指出，危机沟通战略关键是保护和修复组织形象。依据此原则，王珏，方正，李蔚（2014）从一般产品伤害危机的沟通战略出发，基于 Roehm 和 Tybout（2006）的研究，并借鉴焦点品牌应对策略的分类和现实危机溢出的案例，将竞争品牌的溢出应对策略分为缄默、否认和区隔三种。缄默策略：竞争品牌不发表有关焦点品牌及其危机的评论；否认策略：竞争品牌声明本品牌不存在焦点品牌所存在的产品缺陷；区隔策略：竞争品牌强调自身与焦点品牌或产品属性存在较大差异（王珏与方正等，2014）。

其次是营销活动应对策略。有研究检验了竞争对手的广告和价格促销等响应策略的后果。比如，Heerde 和 Helsen 等（2007）关注了竞争对手的广告和价格促销这两种响应策略，发现它们对发生产品危机的品牌的负向影响比危机前更强（Heerde and Helsen et al.，2007）。Zhao 等（2011）都关注了广告策略，发现在产品危机期间竞争对手提高了广告投放量，并且广告投放量提升了自身的市场份额，而对发生危机的品牌产生了负向影响（Zhao and Zhao et al.，2011）。崔泮为，杨洋，李蔚（2015）证实了 CSR 策略能够有效提升产品伤害危机后的品牌信任；危机类型会调节 CSR 策略的效果，与不可辩解型产品伤害危机相比，可辩解型产品伤害危机后的 CSR 策略的效果更好（崔泮为与杨洋等，2015）。

2.5　本章小结

本章提及了与本书相关的研究，为全书奠定理论基础，包括虚假促销理论研究、品牌关系理论研究和归因理论研究。

首先是虚假促销理论研究。学者们从五个方面对虚假促销展开了研究：一是虚假促销的概念，二是虚假促销的本质，三是虚假促销的特征，包括虚假促销类型，虚假促销深度，虚假促销情景；四是虚假促销的影响；五是网店特点与虚假促销。可以发现，虚假促销在促销理论的研究领域中仍然处于空白状态，目前对于虚假促销的研究重点仍然集中在虚假促销的现有研究，主要关注了虚假促销对当事商家的影响和虚假促销中的消费者心理。

其次是负面事件溢出效应研究。溢出效应是指信息通过间接途径影响信念的现象（Ahluwalia and Unnava et al.，2001）。溢出效应源于消费者启发式思考，是一种在没有客观根据情况下的认知偏差，可以用 Feldman 和 Lynch（1988）提出的可接近性-可诊断性理论（accessibility-diagnosticity frame）分析。负面事件溢出效应研究存在如下特点：一是负面事件溢出效应研究的理论基础基本一致。危机溢出效应研究均遵循了（Feldman and Lynch，1988）提出的可接近性-可诊断性框架。二是负面事件溢出效应的研究重点基本一致。探索危机溢出的发生条件是危机溢出效应研究的核心内容；强调焦点品牌-消费者间关系。现有研究主要从焦点品牌-竞争品牌-消费者三者间的关系，研究溢出效应发生的条件。

最后是负面事件应对策略研究。本文根据企业的应对主体、负面事件类型、应对策略本身特点对负面事件应对策略作了归纳，为制定竞争网店应对焦点网店虚假促销溢出效应奠定了理论基础。

　　综上，本文回顾了虚假促销理论研究、负面事件溢出效应理论研究、社交距离理论研究和应对策略研究，识别出虚假促销研究领域当中的空白和机会，并指出目前网店虚假促销溢出效应方面的研究尚处于空白阶段。同时，本文还发现，在研究模型中纳入社交距离，能够较好描述网店虚假促销溢出效应对竞争网店的影响。

3 理论基础与研究假设

3.1 研究假设

3.1.1 虚假促销类型对竞争网店溢出效应的影响

网店虚假促销已经成为普遍现象。一方面，消费者不能与网店卖家进行面对面的互动沟通（Román，2010），降低了辨别虚假促销的可能性，导致店家更容易产生机会主义行为。另一方面，网上商品触觉感知缺失（Peck and Childers，2013），基于现实的认知表征对购买决策的较大（Román，2010），提升虚假促销的欺骗效果。尽管虚假促销是重要而常见的现象，但研究成果却相对匮乏。虚假促销是商家利用促销原理设计的带有欺骗性质的促销活动（卢长宝与秦琪霞等，2013）。正常促销的设计原理包含"时间限制"和"物质激励"两大特征，是促销策略设计的核心，其目的就是通过短期物质激励来诱发即刻购买（卢长宝，2004）。与之相应，网店虚假促销主要通过价格虚假、赠品虚假和时长虚假来实现，达到提升销量的目的。价格虚假即虚构或夸大促销价格上的优惠，赠品虚假即虚构或夸大促销赠品上的价值，时长虚假即虚构或夸大促销时间上的压力。促销深度是衡量促销对消费者的价值（Xie and Keh，2016），三种虚假促销类型的严重程度，可由虚假促销深度衡量，用于评价虚假促销欺骗性严重程度。因此，本文将虚假促销类型和虚假促销深度研究网店虚假促销的自变量。

Feldman 和 Lynch（1988）认为，可接近性和可诊断性是消费者进行由此及彼推断的条件（Feldman and Lynch，1988）。与实体店相比，消费者可以方便地在几个竞争网店间跳转。因此，焦点网店虚假促销信息更可能同时激活竞争网店在记忆网络中的节点，因此，网店虚假促销信息具有天然的可接近性。由于负面信息比正面信息更具可诊断性（Fiske and Cuddy et al.，2007），因此，网店虚假促销信息可诊断性较高。同时，虚假促销类型会影响可诊断性。现有研究发现，抽象性信息会促发较强地倾向性推断，更容易泛化

（Wigboldus and Semin et al.，2006）；具体性信息容易启发特殊化思考，被认为只在特定情境下发生（Assilaméhou and Lepastourel et al.，2012）。也就是说，抽象信息可诊断性更强，也更易导致溢出效应。一般而言，促销价格和促销时长比赠品的抽象程度更高，同理，价格虚假和时长虚假的抽象程度也高于赠品虚假。也就是说，价格虚假和时长虚假比赠品虚假的可诊断性更高，更容易导致溢出效应。据此，本文提出假设 H1。

H1：与赠品虚假相比，价格虚假（H1a）和时长虚假（H1b）对竞争网店的溢出效应更大。

3.1.2 虚假促销深度对竞争网店溢出效应的影响

严重性是负面事件的重要属性,是影响负面事件溢出的重要因素(Siomkos and Kurzbard，1994）。负面事件的严重性越高，越易产生溢出效应。Siomkos 和 Kurzbard（1994）认为产品危机造成的伤害性包括经济因素、人身健康、安全感（Siomkos and Kurzbard，1994）。Smith 和 Cooper-Martin（1997）认为产品质量伤害包括身体伤害、经济伤害和心理伤害（Smith and Cooper-Martin，1997；涂铭与景奉杰等，2014）。卫海英等（2011）认为，危机严重程度是危机事件造成伤害的严重性、持久性，其中造成的伤害主要有生理健康（损害健康或生命）和心理感受（如损毁信任）（卫海英与张蕾等，2011）。范宝财，杨洋和李蔚（2014）指出危机严重程度是产品伤害危机对消费者身心的伤害程度（范宝财与杨洋等，2014）。余伟萍，张琦和段桂敏（2012）认为危机严重程度越高，消费者的负面情感越强烈，消费者产生抵制行为的可能性也越高（余伟萍与张琦等，2012）。涂铭，景奉杰和汪兴东（2014）指出，伤害性指产品危机给消费者造成损失的程度，危机伤害性会正向影响感知严重性和危机感知易损性（涂铭与景奉杰等，2014）。品牌负面事件越严重，消费者感知风险越高，品牌负面事件就越容易溢出到竞争品牌（Siomkos and Triantafillidou et al.，2010）；被召回产品的潜在后果越严重，其负面影响会更容易溢出到母品牌下的其他子品牌（Shankar and Liu，2015）。就虚假促销而言，虚假促销深度可作为衡量虚假促销严重性的方式。虚假促销深度越高，网店对价格优惠、时间限制和赠品价值的夸大或虚构程度越大，导致消费者对虚假促销形成更为严重的感知，进而触发更强的溢出效应。据此，本文提出假设 H2。

H2：虚假促销深度越高，虚假促销对竞争网店溢出效应的影响越大。

3.1.3 虚假促销情景对竞争网店溢出效应的影响

3.1.3.1 群发性对虚假促销溢出效应的影响

依据可接近-可诊断理论（Feldman 和 Lynch，1988），信息的可接近性是消费者从记忆中提取信息的难易程度（汪兴东，景奉杰和涂铭，2012），大范围或是反复接触的信息曝光将增加消费者的记忆，以及增加从记忆中提取信息的容易程度，即被曝光的信息范围越广，接触的信息越多，信息的可接近性越高；可诊断性是信息用于认知判断的有效程度，信息相关性越高，信息用于有效判断的效应越强，可诊断性越高。与单发性虚假促销事件相比，消费者在群发性虚假促销中接触虚假信息的范围更广、角度更多，消费者从记忆中更容易提取虚假信息，可接近性越高；虚假促销负面信息在认知判断中权重更大，比正面信息更具有可诊断性（Roehm and Tybout，2006）。此外，在线商家群发性虚假促销事件所传递的信息会增加叠加、重复，增加信息之间的关联性，提升虚假信息对消费者的负面影响，引发消费者对商品的挑选、比较，增加网店、产品之间的关联性，消费者越会感知竞争网店也存在相似的假促销问题，虚假促销群发性越高，消费者感知风险越高，虚假促销信息对竞争网店的负面溢出效应越强。因此，我们推出假设 H3。

H3：虚假促销事件发生后，事件群发性越高，焦点网店的虚假促销对竞争网店的负面溢出效应越强。

3.1.3.2 频发性对虚假促销溢出效应的影响

依据可接近-可诊断理论（Feldman 和 Lynch，1988），信息的可接近性是消费者从记忆中提取信息的难易程度（汪兴东，景奉杰和涂铭，2012），频发接触或是反复接触的信息曝光将增加消费者的记忆，以及增加从记忆中提取信息的容易程度，即被曝光的信息越集中，接触的信息越多，信息的可接近性越高；可诊断性是信息用于认知判断的有效程度，频发性越高，信息越集中，信息用于有效判断的效应越强，可诊断性越高。此外，在线商家虚假促销事件频发度越高，事件所传递的信息会增加叠加、重复，增加消费者的感知风险和转换网店的意愿，引发消费者对网店的挑选、比较，增加虚假促销焦点品牌与其竞争网店之间的关联性，即虚假促销频发性越高，消费者感知风险越高，虚假促销信息对竞争网店的负面溢出效应越强。因此，我们推出假设 H4：

H4：虚假促销事件发生后，事件频发性越高，焦点网店的虚假促销对竞争网店的负面溢出效应越强。

3.1.3.3 频发性的调节作用

在群发性虚假促销情况下，频发性越高，会吸引消费者更多的注意力，引发其越多关注和介入（Lee，2005），会促使消费者更多注意、理解和精细加工虚假促销信息，增加虚假促销信息对竞争网店的可诊断性，引发更强的溢出效应；虚假促销频发性越低，会促使消费者更少注意、理解和精细加工虚假促销信息，对信息本身更加理性和客观使消费者较少质疑竞争网店的促销信息真实性，虚假促销信息对竞争网店的可诊断性越低，引发越低的溢出效应（Quester and Ai，2003；陆卫平，2012）。由此，我们推出假设 H5。

H5：虚假促销事件中，虚假促销频发性将会调节群发性对竞争网店负面溢出效应的影响。

3.1.4 社交距离的调节作用

社交距离（social distance）是心理距离的维度之一（Liviatan and Trope et al.，2008），会影响解释水平的高低（Liberman and Förster，2009）。当社交距离较远时，人们倾向使用抽象的、本质的特征来表征事物，即高水平解释；反之，当社交距离较近时，则使用具体的、外围的特征表征事物，即低水平解释（黄俊与李晔等，2015）。消费者进而对与之相匹配的信息赋予更高权重（李雁晨与周庭锐等，2009）。

对于虚假促销类型而言，社交距离可以调节虚假促销类型对溢出效应的影响。价格虚假和时长虚假更加抽象，赠品虚假则更加具体（刘红艳与李爱梅等，2012）。由此，当社交距离较远时，如陌生人遇到的虚假促销，消费者会赋予抽象信息更高权重，因此，价格虚假和时长虚假导致的溢出效应会增加；反之，当社交距离较近时，如好朋友遇到的虚假促销，消费者会赋予具体性信息更高权重，因此，赠品虚假导致的溢出效应会增加。也就是说，社交距离会调节虚假促销类型对溢出效应的影响。据此，本文提出假设 H6。

H6：社交距离会调节虚假促销类型对竞争网店溢出效应的影响。

H6a：当社交距离较远时（如陌生人遇到虚假促销的信息），与赠品虚假相比，价格虚假和时长虚假对竞争网店的溢出效应更大。

H6b：当社交距离较近时（如好朋友遇到虚假促销的信息），与价格虚假和时长虚假相比，赠品虚假对竞争网店导的溢出效应更大。

对于虚假促销深度而言，社交距离可以调节虚假促销深度对溢出效应的影响。由于负面信息的可诊断性更强（Maheswaran and Meyers-Levy，1990），会被赋予更高的权重（Fiske，1980），更容易形成溢出效应。因此，虚假促销深度越大，越容易导致溢出效应。然而，社交距离会调节负面事件中的感知风险，进而影响虚假促销溢出效应。现有研究发现，当负面事件发生在社交距离较近的人身上时，那么消费者的感知风险更大（吴思与廖俊云，2013），更加愤怒（Yzerbyt and Dumont et al.，2003）。由此推断，无论网店虚假促销深度高还是低，当发生在社交距离较近的人身上时，形成的溢出效应均较大，此时，虚假促销深度对溢出效应的影响没有显著差异；当虚假促销发生在社交距离较远的人身上时，网店促销深度较大时，信息可诊断性越强，此时，溢出效应会更强。据此，本文提出假设 H7。

H7：社交距离会调节虚假促销深度对竞争网店的影响。

H7a：当虚假促销欺骗的是好朋友时，无论虚假促销深度高低，消费者认为虚假促销对竞争网店的影响无显著差异。

H7b：当虚假促销欺骗的是陌生人时，与虚假促销深度低的网店相比，消费者认为虚假促销深度高的网店对竞争网店溢出效应的影响更大。

3.1.5 应对策略

本文的虚假促销的溢出应对策略基于 Roehm 和 Tybout（2006）关于危机溢出效应的否认策略和缄默策略（Roehm and Tybout，2006），以及余伟萍和祖旭等（2015）关于品牌丑闻溢出的改进策略（余伟萍与祖旭等，2015）、王珏和方正等（2014）关于产品危机溢出的区隔策略的研究，结合现实虚假促销案例总结出"区隔策略"，即从促销方式将非涉事竞争网店与虚假促销焦点企业在促销方式的合法合规性上进行隔离。为了探讨竞争网店的应对策略对负面溢出效应的影响（王珏与方正等，2014）。结合缄默（控制组）本文将虚假促销负面溢出效应的应对策略可分为缄默、否认和区隔三类，以及网购平台的澄清策略。这三种策略可能会在不同程度上影响顾客对竞争网店促销信息真实性的信念，进而影响负面溢出效应，具体分析如下。

首先，分析对比缄默、否认两种策略。虚假促销事件发生后，同一平台的竞争网店为了免受事件负面溢出的影响，可能会通过声明"不存在虚假促销焦点网店的相关假促销方式"或"不存在虚假促销焦点网店的相关假促销行为"予以否认。依据信息性原则，沟通时要向信息接受者传达其不知道的信息。因此，危机发生后，相对于缄默策略，否认策略在内容上更具信息性和更容易被接受。Feldman 和 Lynch（1988）认为，竞争网店公开信息对判断竞争网店的实际可接近性具有诊断性，这将会让消费者降低基于虚假促销焦点网店的信息作出推断的动机（Feldman and Lynch，1988）。Roehm 和 Tybout（2006）发现，品牌丑闻发生时，竞争品牌使用否认策略比缄默策略更能提升消费者对其评价，因为竞争品牌的否认策略具有诊断性，会对消费者已经形成的怀疑起到矫正作用（Roehm and Tybout，2006）。因此，在虚假促销事件发生后，就降低事件负面溢出效应的效果而言，竞争网店的否认策略优于缄默策略，更能提升消费者对竞争网店的促销信息的信念。基于以上分析，本研究仅考虑出现负面溢出效应的情况，我们推出假设 H8a。

H8a：在虚假促销事件发生后，就降低事件负面溢出效应的效果而言，竞争网店的否认策略优于缄默策略。

其次比较否认和区隔策略的影响。由于新颖和意外的信息比预期的信息具有更高的可诊断性（Fiske，1980），因此，与否认策略的信息相比，区隔信息的显著性会吸引更多的注意力，并使它在促销信息真实性的信念评价上具有更多的影响力。此外，根据信息经济学的信号理论，虚假促销事件中竞争网店和消费者之间存在信息不对称现象，竞争网店拥有自己企业产品质量水平的真实信息，而消费者则不具备，这种情况下竞争网店需要采用恰当的信号来传递这方面的信息。如果该信号容易被模仿，这种信号的作用会很有限（费显政与李陈微等，2010）。如仅通过网店的店铺公告发表声明否认自己存在相关问题，由于否认策略是溢出效应应对时比较常用的策略，其可信度就会降低，效果也会较差。因此，只有结合竞争网店企业实际情况采取模仿者难以效仿的方式，如进行促销方式的合法合规性的区隔、强调自身产品及其促销方式的差异性等，才能对消费者发出更为积极可信的信号。基于此，我们推出假设 H8b。

H8b：在虚假促销事件发生后，就降低事件负面溢出效应的效果而言，竞争网店的区隔策略优于否认策略。

最后，综合 H8a、H8b 的分析，我们推出假设 H8。

H8：在虚假促销事件发生后，就降低虚假促销焦点网店对竞争网店的负面溢出效应而言，最优的是区隔策略，其次是否认策略，最差的是缄默策略。

3.2 本章小结

本文通过对网店虚假促销特征、社交距离、负面事件溢出效应以及负面事件应对策略等理论进行了分析。

就虚假促销特征而言，虚假促销特征是产品伤害危机负面影响差异的主要原因。正常促销的设计原理包含"时间限制"和"物质激励"两大特征，是促销策略设计的核心，其目的就是通过短期物质激励来诱发即刻购买（卢长宝，2004）。与之相应，网店虚假促销主要通过价格虚假、赠品虚假和时长虚假来实现，达到提升销量的目的。促销深度衡量促销对消费者的价值（Xie and Keh，2016）。三种虚假促销类型的严重程度，可由虚假促销深度衡量，用于评价虚假促销欺骗性严重程度。虚假促销情景表示虚假促销发生的范围及频率，可以用群发性和频发性衡量。

社交距离（social distance）是心理距离的维度之一（Liviatan and Trope et al.，2008），会影响解释水平的高低。当社交距离较远时，人们倾向使用抽象的、本质的特征来表征事物，即高水平解释；反之，当社交距离较近时，则使用具体的、外围的特征表征事物，即低水平解释。消费者进而对与之相匹配的信息赋予更高权重。研究发现社会距离会调节消费者对犯错品牌的评价（黄静与王新刚等，2011）。熊艳，李常青，魏志华（2012）证实社会距离导致了溢出效应的异质性，距离最远的对立阵营在危机事件中获利，而中立阵营和联盟阵营则受损（熊艳与李常青等，2012）。因此，根据理论分析，社交距离可能调节虚假促销类型和虚假促销深度对溢出效应的影响，是重要的调节变量。

如何弱化虚假促销的负面影响是虚假促销溢出管理的核心问题。通过归纳学者对负面事件事件应对策略的研究，本文将虚假促销负面溢出效应的应对策略可分为缄默、否认和区隔三类以及网购平台的澄清策略。这四种策略可能会在不同程度上影响顾客对竞争网店促销信息真实性的判断，进而影响负面溢出效应。本文将为网店制定有效的虚假促销应对策略提供理论借鉴。

对于溢出效应的衡量参照国内外学者从竞争品牌的态度和信念（Roehm and Tybout，2006）、品类信念（Roehm and Tybout，2006）、联合品牌的态度（王海忠与田阳等，2009），以及产品属性的态度和信任（Ahluwalia and Unnava et al.，2001）的变化来定义溢出效应。

最终确定以虚假促销特征为自变量，社交距离为调节变量，以对竞争网店的溢出效应为因变量，分析虚假促销特征对网店虚假促销溢出效应的影响差异，网店虚假促销溢出效应的发生条件。同时，为了向竞争网店提供应对网店虚假促销的工具，本文探索制定了竞争网店应对网店虚假促销负面溢出效应的策略。

为进一步明确具体的研究技术和路径，基于总体研究思路，拟定了本书的研究路线图，具体如图 3-1 所示。

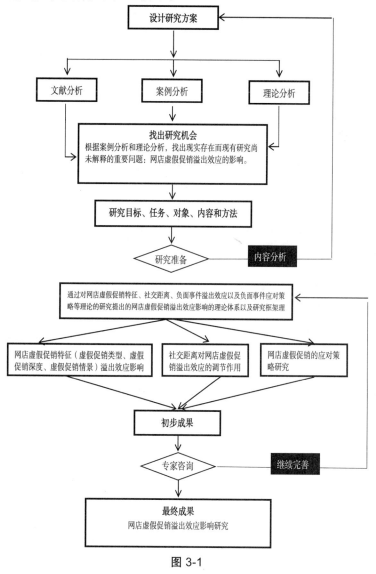

图 3-1

本章确定了本文的具体研究内容，明确了整个研究的假设与概念模型。

首先，本文对先前的研究成果进行了回顾与分析，发现并确定了本研究的自变量——虚假促销特征，因变量——对竞争品牌的溢出效应，调节变量——社交距离。

其次，根据自变量网店虚假促销特征的不同，将网店虚假促销特征分为虚假促销类型，虚假促销深度以及虚假促销情景。

再次，将调节变量品牌关系分为社交距离与应对策略，前者是用于判断虚假促销溢出效应的边界条件发生条件是；后者可以缓解虚假促销对竞争网店的溢出效应。

基于以上三大方面的分析，本章确立了本文的具体研究内容，形成了具体的研究假设，构建了本文的概念模型。

表 3-1　研究假设汇总表

研究假设
H1：与赠品虚假相比，价格虚假（H1a）和时长虚假（H1b）对竞争网店的溢出效应更大。
H2：虚假促销深度越高，虚假促销对竞争网店溢出效应的影响越大。
H3：虚假促销事件发生后，事件群发性越高，焦点网店的虚假促销对竞争网店的负面溢出效应越强。
H4：虚假促销事件发生后，事件频发性越高，焦点网店的虚假促销对竞争网店的负面溢出效应越强。
H5：虚假促销事件中，虚假促销频发性将会调节群发性对竞争网店负面溢出效应的影响。
H6：社交距离会调节虚假促销类型对竞争网店溢出效应的影响。
H7：社交距离会调节虚假促销深度对竞争网店的影响。
H8：在虚假促销事件发生后，就降低虚假促销焦点网店对竞争网店的负面溢出效应而言，最优的是区隔策略，其次是否认策略，最差的是缄默策略。

4 网店虚假促销溢出效应研究设计

本文通过实证研究验证本文提出的研究模型和假设。从虚假促销特征出发，本文结合虚假促销相关研究成果，认为虚假促销特征包括 3 个面的维度，即虚假促销类型、虚假促销深度、虚假促销情景。焦点网店虚假促销溢出效应会影响消费者对竞争网店促销真实性的信念。本文实证研究分为以下几个部分。

（1）验证虚假促销特征对竞争网店溢出效应的影响，探究虚假促销溢出对竞争网店溢出效应的影响及其影响差异。

（2）验证社交距离的调节作用，探究哪些维度的负面影响容易被社交距离调节，哪些维度的负面影响难以被社交距离调节。

（3）验证应对策略对焦点网店虚假促销溢出效应的缓解作用，为有效应对网店虚假促销提供了参考依据。

由于上述三个部分具有逻辑上的连续性和研究重点的一致性，为保证研究数据的一致性，本文在同一个实验背景下验证以上三部分内容。

4.1 实验组设计

本章通过 4 个实证研究，设计实验组，以服装网店和手机网店作为受试网店。经过刺激物设计、量表设计、问卷设计和前测实验，本文得到了正式研究问卷，进行了正式实验。

4.2 刺激物设计

本章刺激物包含三类，一是网店虚假促销特征刺激物，二是社交距离刺激物，三是应对策略刺激物。

4.2.1　网店虚假促销特征刺激物

对虚假促销特征，本研究共设有两种刺激物，分别为服装与手机。选择理由如下：

（1）利于操控促销特征。服装网店与手机网店是竞争比较充分的网商，且品牌齐全，品类充足，有足够的、典型的促销特征可供操控。

（2）利于增强刺激物真实性。服装与手机均为常见的消费品，消费者使用频率较高，知晓主要网店和特征，对上述两个行业的感知度均较强，利于增强刺激物的真实性。

（3）利于提升实验外部效度，多个行业选择能够增强实验外部效度。

（4）上述 2 种刺激物其虚假促销也经常发生，这为刺激物的模拟创造了良好的条件。

为降低消费者前期网店知晓度、美誉度等潜在因素的干扰，本书采用虚拟品牌描述刺激物网店，将网店统称为 A 网店、B 网店，A 网店为发生虚假促销的焦点网店，B 网店为竞争网店。

4.2.1.1　虚假促销类型刺激物

本小节结合多家报刊、网络媒体、电视对淘宝网虚假促销的报道，提炼关键信息、修改部分信息，剔除容易引起被试误解和猜测到具体品牌的文字，重新组织文字表述，作为虚假促销类型刺激物。通过以上过程，设计出虚假促销类型刺激物，具体如下。

1. 服装网店

（1）价格虚假刺激物。

假如你的一位好朋友和你谈起在淘宝网上网购遭遇虚假促销的经历：看到一家服装网店（简称 A 服装网店，主要销售羽绒服）在进行"全场 5 折"的促销活动，购买了一款羽绒服。该款羽绒服标称原价 1 100 元，促销期间只要 550 元，仅为原价的 5 折。而一周之后，该款产品并未恢复到原价，而是 649 元还享受直降 100 元优惠，价格较促销期间还便宜了 1 元。

（2）赠品虚假刺激物。

假如你的一位好朋友和你谈起在淘宝网上网购遭遇虚假促销的经历：看到一家服装网店（简称 A 服装网店，主要销售羽绒服）在进行"买一赠一"

的促销活动，购买了一款羽绒服。该款羽绒服标价 1 100 元，促销期间购买，赠送价值 1 100 元的风衣一件。而一周之后，发现该风衣的价格是 650 元还享受直降 100 元优惠，风衣价格较促销期间便宜了一半。

（3）时长虚假刺激物。

假如你的一位好朋友和你谈起在淘宝网上网购遭遇虚假促销的经历：看到一家服装网店（简称 A 服装网店，主要销售羽绒服）在进行"全场 5 折，限期 1 天"的促销活动，购买了一款羽绒服。该款羽绒服标称原价 1 100 元，促销当天只要 550 元，仅为原价的 5 折。而一周之后，该款产品并未恢复到原价，还是 550 元。

2. 手机网店

（1）价格虚假刺激物。

假如你的一位好朋友和你谈起在淘宝网上网购遭遇虚假促销的经历：看到一家手机网店（简称 A 服装网店，主要销售手机）在进行"全场 5 折"的促销活动，购买了一款手机。该款手机标称原价 1 100 元，促销期间只要 550 元，仅为原价的 5 折。而一周之后，该款手机并未恢复到原价，而是 649 元还享受直降 100 元优惠，价格较促销期间还便宜了 1 元。

（2）赠品虚假刺激物。

假如你的一位好朋友和你谈起在淘宝网上网购遭遇虚假促销的经历：看到一家手机网店（简称 A 服装网店，主要销售手机）在进行"买一赠一"的促销活动，购买了一款手机。该款手机标价 1 100 元，促销期间购买，赠送价值 1 100 元的智能手环一支。而一周之后，发现该智能手环的价格是 650 元还享受直降 100 元优惠，智能手环价格较促销期间便宜了一半。

（3）时长虚假刺激物。

假如你的一位好朋友和你谈起在淘宝网上网购遭遇虚假促销的经历：看到一家手机网店（简称 A 手机网店，主要销售手机）在进行"全场 5 折，限期 1 天"的促销活动，购买了一款手机。该款手机标称原价 1 100 元，促销当天只要 550 元，仅为原价的 5 折。而一周之后，该款手机并未恢复到原价，还是 550 元。

4.2.1.2 虚假促销深度刺激物

本小节结合多家报刊、网络媒体、电视对淘宝网虚假促销的报道，提炼关键信息、修改部分信息，剔除容易引起被试误解和猜测到具体品牌的文字，重新组织文字表述，作为虚假促销设深度刺激物。通过以上过程，设计出虚假促销深度刺激物，具体如下。

1. 服装网店

（1）低促销深度刺激物。

① 低深度价格虚假刺激物。假如你的一位好朋友和你谈起在淘宝网上网购遭遇虚假促销的经历：看到一家服装网店（简称 A 服装网店，主要销售羽绒服）在进行"全场 5 折"的促销活动，购买了一部服装。该款服装标称原价 1 100 元，促销期间只要 550 元，仅为原价的 5 折。而一周之后，该款产品并未恢复到原价，而是 680 元还享受直降 100 元优惠，价格较促销期间上涨了 30 元。

② 低深度赠品虚假刺激物。假如你的一位好朋友和你谈起在淘宝网上网购遭遇虚假促销的经历：看到一家服装网店（简称 A 服装网店，主要销售羽绒服）在进行"买一赠一"的促销活动，购买了一部服装。该款服装标价 1 100 元，促销期间购买，赠送价值 1 100 元的智能手环一个。而一周之后，发现该智能手环的价格是 750 元还享受直降 100 元优惠。

③ 低深度时长虚假刺激物。假如你的一位好朋友和你谈起在淘宝网上网购遭遇虚假促销的经历：看到一家服装网店（简称 A 服装网店，主要销售羽绒服）在进行"全场 5 折，限期 1 天"的促销活动，购买了一部服装。该款服装标称原价 1 100 元，促销当天只要 550 元，仅为原价的 5 折。而一天之后，该款产品并未恢复到原价，还是 550 元。

（2）高促销深度刺激物。

① 高深度价格虚假刺激物。假如你的一位好朋友和你谈起在淘宝网上网购遭遇虚假促销的经历：看到一家服装网店（简称 A 服装网店，主要销售羽绒服）在进行"全场 5 折"的促销活动，购买了一款服装。该款服装标称原价 1 100 元，促销期间只要 550 元，仅为原价的 5 折。而一周之后，该款产品并未恢复到原价，而是 649 元还享受直降 100 元优惠，价格较促销期间还便宜了 1 元。

② 高深度赠品虚假刺激物。假如你的一位好朋友和你谈起在淘宝网上网购遭遇虚假促销的经历：看到一家服装网店（简称 A 服装网店，主要销售羽绒服）在进行"买一赠一"的促销活动，购买了一部服装。该款服装标价 1 100 元，促销期间购买，赠送价值 1 100 元的智能手环一个。而一周之后，发现该智能手环的价格是 650 元还享受直降 100 元优惠，智能手环价格较促

销期间便宜了一半。

③ 高深度时长虚假刺激物。假如你的一位好朋友和你谈起在淘宝网上网购遭遇虚假促销的经历：看到一家服装网店（简称 A 服装网店，主要销售羽绒服）在进行"全场 5 折，限期 1 天"的促销活动，购买了一部服装。该款服装标称原价 1 100 元，促销当天只要 550 元，仅为原价的 5 折。而一周之后，该款产品并未恢复到原价，还是 550 元。

2. 手机网店

（1）低促销深度刺激物。

① 低深度价格虚假刺激物。假如你的一位好朋友和你谈起在淘宝网上网购遭遇虚假促销的经历：看到一家手机网店（简称 A 手机网店，主要销售智能手机）在进行"全场 5 折"的促销活动，购买了一部手机。该款手机标称原价 1 100 元，促销期间只要 550 元，仅为原价的 5 折。而一周之后，该款产品并未恢复到原价，而是 680 元还享受直降 100 元优惠，价格较促销期间上涨了 30 元。

② 低深度赠品虚假刺激物。假如你的一位好朋友和你谈起在淘宝网上网购遭遇虚假促销的经历：看到一家手机网店（简称 A 手机网店，主要销售智能手机）在进行"买一赠一"的促销活动，购买了一部手机。该款手机标价 1 100 元，促销期间购买，赠送价值 1 100 元的智能手环一个。而一周之后，发现该智能手环的价格是 750 元还享受直降 100 元优惠。

③ 低深度时长虚假刺激物。假如你的一位好朋友和你谈起在淘宝网上网购遭遇虚假促销的经历：看到一家手机网店（简称 A 手机网店，主要销售智能手机）在进行"全场 5 折，限期 1 天"的促销活动，购买了一部手机。该款手机标称原价 1 100 元，促销当天只要 550 元，仅为原价的 5 折。而一天之后，该款产品并未恢复到原价，还是 550 元。

（2）高促销深度刺激物。

① 高深度价格虚假刺激物。假如你的一位好朋友和你谈起在淘宝网上网购遭遇虚假促销的经历：看到一家手机网店（简称 A 手机网店，主要销售智能手机）在进行"全场 5 折"的促销活动，购买了一部手机。该款手机标称原价 1 100 元，促销期间只要 550 元，仅为原价的 5 折。而一周之后，该款产品并未恢复到原价，而是 649 元还享受直降 100 元优惠，价格较促销期间还便宜了 1 元。

② 高深度赠品虚假刺激物。假如你的一位好朋友和你谈起在淘宝网上网

购遭遇虚假促销的经历：看到一家手机网店（简称A手机网店，主要销售智能手机）在进行"买一赠一"的促销活动，购买了一部手机。该款手机标价1 100元，促销期间购买，赠送价值1 100元的智能手环一个。而一周之后，发现该智能手环的价格是650元还享受直降100元优惠，智能手环价格较促销期间便宜了一半。

③ 高深度时长虚假刺激物。假如你的一位好朋友和你谈起在淘宝网上网购遭遇虚假促销的经历：看到一家手机网店（简称A手机网店，主要销售智能手机）在进行"全场5折，限期1天"的促销活动，购买了一部手机。该款手机标称原价1 100元，促销当天只要550元，仅为原价的5折。而一周之后，该款产品并未恢复到原价，还是550元。

4.2.1.3　虚假促销情景刺激物

本小节结合多家报刊、网络媒体、电视对淘宝网虚假促销的报道，提炼关键信息、修改部分信息，剔除容易引起被试误解和猜测到具体品牌的文字，重新组织文字表述，作为虚假促销情景刺激物。通过以上过程，设计出虚假促销情景刺激物，具体如下。

（1）群发性刺激物

① 群发性低。据网易财经2016年11月15日热点报道：A羽绒服专营网店在"双十一"进行了"全场5折"的促销活动，称一款羽绒服"原价1 100元，促销期间只要550元，仅为原价的5折"。然而，细心的买家发现，该款羽绒服在11月之前的价格就是550元，"双十一"促销只是把价格提到1 100元，是典型的"先提价再打折"。

② 群发性高。据网易财经2016年11月15日热点报道：A、B、D、E、F等5家羽绒服专营网店在"双十一"进行了"全场5折"的促销活动，称一款羽绒服"原价1 100元，促销期间只要550元，仅为原价的5折"。然而，细心的买家发现，该款羽绒服在11月之前的价格就是550元，"双十一"促销只是把价格提到1 100元，是典型的"先提价再打折"。

（2）频发性刺激物

① 频发性低。据网易财经2016年11月15日热点报道：A羽绒服专卖店在淘宝网上经营网店已经3年了，为答谢顾客的厚爱，在2016年"双十一"举办了首届"迎3周年店庆、全场5折"的促销活动。比如，一款羽绒服"原价1 100元，促销期间只要550元，仅为原价的5折"。然而，细心的买家发

现，该款羽绒服在 11 月之前的价格就是 550 元，"双十一"促销只是把价格提到 1 100 元，是典型的"先提价再打折"。

② 频发性高。据网易财经 2016 年 11 月 15 日热点报道：A 羽绒服专卖店在淘宝网上经营网店已经 3 年了，为答谢顾客的厚爱，A 羽绒服专营网店每年在"双十一"都会进行"全场 5 折"的促销活动。然而，细心的买家发现，该品牌羽绒服网店每年都被爆出虚假促销行为，比如，一款羽绒服"原价 1 100 元，促销期间只要 550 元，仅为原价的 5 折"，但是该款羽绒服在 11 月之前的价格就是 550元，"双十一"只是把价格提到 1 100 元，是典型的"先提价再打折"。

4.2.2　社交距离刺激物

本文参照 Kim、Zhang 和 Li（2011）（Kim and Zhang et al.，2008）和黄静、王新刚和童泽林（2011）（黄静与王新刚等，2011）对社交距离的操控方法，用"被试与网购者的关系是好朋友"表示社交距离近，具体描述："假如你的一位好朋友和你谈起在淘宝网上网购遭遇虚假促销的经历……"，相反，"被试与网购者是陌生人"则表示社交距离远，具体描述："假如你听到一个人谈起在淘宝网上网购遭遇虚假促销的经历……"

4.2.3　应对策略刺激物

关于竞争网店的应对策略，本小节从多家报刊、网络媒体、电视媒体中摘录多个采用"区隔策略"、"否认策略"和"缄默策略"以应对虚假促销的应对策略的新闻报道、企业公关原文，进行整合调整，以便与羽绒服、手机产品进行对接。对于区隔策略，侧重于提供与虚假促销焦点网店在促销特征上存在较大差异的信息；对于否认策略，主要提供 B 网店直接否认不存在虚假促销焦点网店所存在的虚假促销行为；对于"缄默策略"，则告诉被试者："B网店至今未对 A 网店虚假促销发表任何观点"。具体描述如下。

（1）缄默策略。

据网易财经 2016 年 11 月 15 日热点报道：今年的双十一已经落下帷幕，不少买家也在这场促销盛宴中得到了实惠，但也有不少细心的买家发现，有些网店"先提价再打折"。比如，A 品牌服装网店，主要销售羽绒服，在"双十一"也进行了"全场 5 折"的促销活动，然而，有买家就发现一款服装标称原价1 100元，促销期间只要550元，仅为原价的5折。而4天之后，该款产品并未恢复到原价，而是649元还享受直降100元优惠，价格较促销期间还便宜了1元。该新闻报道后引发消费者广泛关注，对A网店的评价不一……

作为A品牌的主要竞争对手——B品牌网店，也参与了"双十一"促销活动，对A网店的虚假促销事件，B网店未向买家未作任何评论及解释。

（2）否认策略。

据网易财经2016年11月15日热点报道：今年的双十一已经落下帷幕，不少买家也在这场促销盛宴中得到了实惠，但也有不少细心的买家发现，有些网店"先提价再打折"。比如，A品牌服装网店，主要销售羽绒服，在"双十一"也进行了"全场5折"的促销活动，然而，有买家就发现一款服装标称原价1 100元，促销期间只要550元，仅为原价的5折。而4天之后，该款产品并未恢复到原价，而是649元还享受直降100元优惠，价格较促销期间还便宜了1元。该新闻报道后引发消费者广泛关注，对A网店的评价不一……

作为A品牌的主要竞争对手——B品牌网店，也参与了"双十一"促销活动，对A网店的虚假促销事件，B网店表示其开展的打折促销活动不存在虚标价格的情况。

（3）区隔策略。

据网易财经2016年11月15日热点报道：今年的双十一已经落下帷幕，不少买家也在这场促销盛宴中得到了实惠，但也有不少细心的买家发现，有些网店"先提价再打折"。比如，A品牌服装网店，主要销售羽绒服，在"双十一"也进行了"全场5折"的促销活动，然而，有买家就发现一款服装标称原价1 100元，促销期间只要550元，仅为原价的5折。而4天之后，该款产品并未恢复到原价，而是649元还享受直降100元优惠，价格较促销期间还便宜了1元。该新闻报道后引发消费者广泛关注，对A网店的评价不一……

作为A品牌的主要竞争对手——B品牌网店，也参与了"双十一"促销活动，对A网店的虚假促销事件，B网店表示其开展的促销活动是赠品促销，不存在虚标价格的情况。

4.3　量表设计

本书涉及虚假促销类型、虚假促销深度、虚假促销情景、社交距离、应对策略、溢出效应变量。本文尽可能采用成熟量表测量以上变量，当没有成熟量表时，本文根据相关研究采用的量表，根据本文研究内容进行修改。本文均采用 likert9 点量表进行测量，最小为 1，最大为 9。数值越接近 1，表示被试越不同意测项的表述；数值越接近 9，表示被试越同意测项的表述。

4.3.1　虚假促销类型量表

竞争品牌应对策略的测量，要求被试者判断焦点网店虚假促销属于哪一类。价格虚假：虚构或夸大促销价格上的优惠；赠品虚假：虚构或夸大促销赠品上的价值；时长虚假：虚构或夸大促销时间持续期。本文参考（刘红艳与李爱梅等，2012）、（Nunes and Park，2013）的促销类型量表，用 3 个题项测量，分别是"A 网店虚构了促销价格优惠"，"A 网店虚构了赠品价格"，"A 网店虚构了促销持续期"。

4.3.2　虚假促销深度量表

虚假促销深度量表综合借鉴 Ingram、Skinner 和 Taylor（2005）（Ingram and Skinner et al.，2005）和 Ramsey 等（2007）（Ramsey and Marshall et al.，2007）的研究，采用 1 个题项测量，具体描述为 "A 网店宣称的促销优惠（或促销持续期）与真实的促销优惠（或促销持续期）差别很大"。

4.3.3　虚假促销情景量表

对于频（群）的测量，要求被试判断虚假促销事件所涉及的网店是一家网店发生了多次虚假促销，还是多家网店发生了虚假促销。本文综合借鉴汪兴东，景奉杰和涂铭（2012）研究（汪兴东，景奉杰和涂铭，2012），采用 2 个题项测量，分别是"该网店进行了多次虚假促销"，"有多家网店发生了虚假促销"。

4.3.4　社交距离量表

社交距离量表采用黄静、王新刚，童泽林（2011）（黄静与王新刚等，2011）测量社交距离的方式，采用 2 个题项测量，分别是"被试与网购者的关系是好朋友","被试与网购者是陌生人"。

4.3.5　应对策略量表

竞争品牌应对策略的测量,要求被试者判断 B 竞争网店应对策略属于哪一类:对 A 网店虚假促销未发表任何观点;否认促销存在问题;强调促销特征的差异化并积极澄清。本文参考方正等(2011)的研究(方正与江明华等,2010),用 3 个题项测量,分别是"B 网店面对 A 网店的虚假促销表现出缄默","B 网店否认自己虚构了促销价格","B 网店声称自己进行的是赠品促销"。

4.3.6　溢出效应量表

溢出效应反应消费者对竞争网店的促销信息真实性的信念变化,用被试对竞争网店 B 促销的可信度测量,综合借鉴 Riquelme、Román 和 Iacobucci(2016)(Riquelme and Román et al., 2016),Pavlou 和 Gefen(2005)(Pavlou and Gefen, 2005)的研究,采用 3 个题项测量,分别是"B 网店的促销信息是可信的","B 网店的促销信息是真实的","B 网店的促销信息是可靠的"。

4.4　本章小结

情景实验法是心理学和营销学常用方法,可以使较复杂的操控变量变得较易控制,可以获得较高的外部效度(Reeder and Hesson-Mcinnis et al., 2001)。现有负面事件溢出效应研究主要采用实验法,使用学生样本,探讨了危机对产品属性、竞争品牌、联合品牌、品牌联盟、产品类别、品牌伞、延伸品牌等七个方面的溢出影响(详细见表 4-1),主要研究负面事件对竞争品牌的负面溢出效应。本文根据真实网店虚假促销的报道,精炼描述语言,形成网店虚假促销情景刺激物。遵循负面事件研究采用的主要方法,本文借助刺激物,模拟网店虚假促销,测量消费者心理变量,得到研究数据。因此,本研究也采用实验法,验证研究假设,论证理论模型。

表 4-1　负面事件溢出效应的相关研究

序号	研究	方法	编号	行业与样本	自变量	调节变量	中介变量	控制变量	因变量	溢出效应研究类型	
										正面溢出	负面溢出
1	Ahluwalia, Unnava 和 Burnkrant (2001)	实验法	(1)	运动鞋（学生样本，59）	信息效价、目标属性联想			相关性、有用性、象征性	品牌态度、品牌信念		
			(2)	运动鞋（学生样本，360）	信息效价、目标属性联想	消费者承诺		信息的可诊断性、卷入度和注意力、信息一致性	品牌态度、品牌信念		√
			(3)	运动鞋（学生样本，120）	信息效价、目标属性联想	消费者承诺		信息的可诊断性、卷入度和注意力、信息一致性	品牌态度、品牌信念		
2	Roehm 和 Tybout (2006)	实验法	(1)	快餐（学生，81）	品牌信念	品牌联想		信息性、相关性、启发性、有趣性	品类信念、品牌态度、品牌信念		
			(2)	快餐（学生，54）	广告启发（产品相似性）	否认策略			品牌态度、品牌信念		
			(3)	运动鞋（非学生，66）	分类任务启发（产品相似性）	否认策略			品类态度、品牌信念、品牌态度、品牌信念		√

网店虚假促销溢出效应研究

续表

序号	研究	方法	编号	行业与样本	自变量	调节变量	中介变量	控制变量	因变量	溢出效应研究类型	
										正面溢出	负面溢出
3	Dahlen 和 Lange（2006）	实验法		银行（非学生，100）	品牌相似性				品牌评价	✓	✓
4	Votola 和 Unnava（2006）	实验法		服装（学生，221）	负面事件类型、负面事件参与				消费者态度		✓
5	Lei，Dawar 和 Lemmink（2008）			甜品（学生，185）坚果（学生，185）甜品（学生，48）坚果（学生，132）	联想方向、联想强度、启动线索				品牌评价		✓
6	Janakiraman，Sismeiro 和 Dutta（2009）	营销模型		医药（面板数据：125 名医生的 11233 条处方）					先前感知溢出效应；态度感知溢出效应	✓	✓

续表

序号	研究	方法	编号	行业与样本	自变量	调节变量	中介变量	控制变量	因变量	溢出效应研究类型	
										正面溢出	负面溢出
7	王海忠、陈增祥和尹露(2009)	实验法	(1)	运动鞋(学生,70)	信息类型、产品组合				感知品质、产品态度		✓
			(2)	运动鞋(学生,46)	信息类型、产品组合				感知品质、产品态度		
8	Siomkos等(2010)	实验法		手机(非学生,384)	危机严重性、公司声誉、外部效应、危机、企业应对				继续使用意愿		✓
9	王海忠、田阳和胡俊华(2010)	实验法	(1)	运动鞋(学生,34)	相似性检验、相异性检验				品牌相似性、品牌态度		✓
			(2)	运动鞋(学生,60)	品牌承诺				品牌相似性、品牌态度		
10	庄爱玲和余伟萍(2011)	实验法		食品和零售(非学生,160)	危机类型		认知需求		品牌评价、品类态度		✓

续表

序号	研究	方法	编号	行业与样本	自变量	调节变量	中介变量	控制变量	因变量	正面溢出	负面溢出
11	程婵婷(2011)	实验法		豆奶(学生,100) 豆奶(非学生,98) 豆奶(非学生,104)	危机事件属性、危机企业属性、危机产品	口碑方向			品牌态度		√
12	汪兴东、景奉杰和涂铭(2012)	实验法		饮料(学生,364)	伤害属性、企业声誉、严重程度				品类态度、购买态度		√
13	田阳等(2013)	实验法	(1)(2)	快餐(学生,49) 服装(学生,60)	自我构建 自我构建		相似性 相似性	负面信息严重性	品牌态度 品牌态度		√
14	杨洋(2013)	实验法		饮用水(779)	感知危害性、感知违约性、感知责任性、感知偶发性、感知无量性	产品相似性、企业声誉			危机产品态度、非危机产品态度		√

续表

序号	研究	方法	编号	行业与样本	自变量	调节变量	中介变量	控制变量	因变量	正面溢出	负面溢出
15	范宝财、杨洋和李蔚（2014）	实验法		矿物质水（学生，779）	危害性、违约性、责任性、频发性、无德性	产品相似性、企业声誉			产品态度		√
16	王晓玉和吴婧（2014）	实验法	（1）	手巾纸（学生，133）	危机行业溢出水平	竞争对手响应策略			品牌态度		√
			（2）	薯片（学生，136）	品牌资产	竞争企业响应策略	未响应竞争对手的危机存在机性		品牌态度		
17	Gao等（2015）	实验法		牛奶（非学生，2156）	混合品类	危机严重程度 品类归因 品牌典型性		信任	对竞争品牌的溢出	√	
18.	程霞（2016）	实验法		酸奶（学生，194）	竞争品牌应对策略	危机归因		品牌态度 购买意愿	对竞争品牌的溢出		√

本章着重介绍了本文的研究设计，包括实验组设计、刺激物设计、量表设计。

首先是实验组设计。本文研究模型包括虚假促销特征、虚假促销深度、社交距离、应对策略、溢出效应等变量。模型中变量多、变量之间关系复杂，为了验证研究假设，本文采用混合设计，形成实验组。

其次是刺激物设计。本文共设计三类刺激物，包括虚假促销特征刺激物、社交距离刺激物和应对策略刺激物。本文考虑产品伤害危机多发生在服装、手机行业，结合案例，设计了虚假促销特征、社交距离和应对策略刺激物。以上刺激物均根据现实中的网店虚假促销、社交距离、应对策略，稍作调整，以适应本文研究需要。

第三是量表设计。本文采用或借鉴成熟量表，根据本文研究内容进行相应修改，设计了虚假促销类型量表、虚假促销深度量表、虚假促销情景量表、社交距离量表、应对策略量表、溢出效应量表。

表 4-2 实验设计概要

序号	实验内容	实验设计	刺激物设计	样本设计
1	虚假促销类型对竞争网店溢出效应的影响	采用了 3（虚假促销类型：价格虚假 vs 赠品虚假 vs 时长虚假）的实验设计	品牌：虚拟品牌 行业：服装 虚假促销：某服装网店发生虚假促销事件	学生样本
2	虚假促销深度对竞争网店溢出效应的影响	采用了 2（虚假促销深度：低 vs 高）的实验设计	品牌：虚拟品牌 行业：服装 虚假促销：某服装网店发生虚假促销事件	学生样本
3	虚假促销情景对竞争网店溢出效应的影响	采用 2（群发性：高 vs 低）×2（频发性：高 vs 低）的组间设计的组间实验设计	品牌：虚拟品牌 行业：服装 虚假促销：某服装网店发生虚假促销事件	学生样本

续表

序号	实验内容	实验设计	刺激物设计	样本设计
4	社交距离的调节作用	采用3（虚假促销类型：价格虚假 vs 赠品虚假 vs 时长虚假）×2（虚假促销类型：高 vs 低）×2（社交距离：远 vs 近）的组间实验设计	品牌：虚拟品牌 行业：手机 危机：某手机网店发发生虚假促销事件	学生样本
5	竞争网店对虚假促销溢出效应的应对策略研究	采用了3（应对策略：区隔策略 vs 否认策略 vs 缄默策略）的实验设计	品牌：虚拟品牌 行业：服装 虚假促销：某服装网店发生虚假促销事件	学生样本

表4-3　量表设计

变量	变量名	变量来源	变量作用
自变量	虚假促销类型	刘红艳，李爱梅，王海忠等（2012）、Nunes & Park（2003）	操控和测量网店虚假促销类型
	虚假促销深度	Ingram、Skinner 和 Taylor（2005）、Ramsey 等（2007）	操控和测量网店虚假促销虚假程度
	应对策略类型	方正等（2011）	操控和测量应对策略类型
因变量	溢出效应	Riquelme、Román 和 Iacobucci（2016），Pavlou 和 Gefen（2005）	测量消费者对竞争网店的促销信息真实性的信念变化
调节变量	社交距离	黄静、王新刚，童泽林（2011）	操控和测量调节溢出效应的变量

5 研究1：虚假促销类型对竞争网店溢出效应的影响

5.1 研究背景

网店是电子商务的一种形式，通过网络销售产品或服务，已成为一些商品重要的销售渠道，如，仅 2015 年淘宝"双十一"大促当日的网店销售额就高达 912 亿。然而网店竞争愈发激烈是不争的事实，促销成为网店应对竞争压力的主要手段，"不促不销"已是普遍现象（Park and Lennon，2009），而其中充斥着大量虚假促销问题。虚假促销不仅降低焦点网店销售，还可能产生溢出效应，降低竞争网店的促销效果（O Donohoe and Jack，2010）。溢出效应是信息通过间接途径影响信念的现象（Ahluwalia and Unnava et al.，2001）。按照"可接近性-可诊断性"分析框架（Feldman and Lynch，1988），网店购物比线下购物更容易发生虚假促销溢出效应。一方面，消费者可以更方便地在网店间跳转，可接近性更高；另一方面，网页展示信息的相似程度更高，消费者更容易做出由此及彼的推断，可诊断性更高。因此，网店虚假促销溢出效应已是无法回避的普遍问题。那么，网店虚假促销溢出效应如何发生的？现有研究很多，但都并未深入探讨。

溢出效应是网上购物研究的热点问题。Lewis 和 Dan（2015）（Lewis and Dan，2015）以及 Rutz 和 Bucklin（2012）研究了在线广告对搜索竞争品牌的溢出效应（Rutz and Bucklin，2013）；Carmi、Oestreicher-Singer 和 Sundararajan（2012）研究了一种产品需求对其他产品需求的溢出效应（Carmi and Oestreicher-Singer et al.，2010）；Gensler、Verhoef 和 Böhm（2012）研究了渠道选择的溢出效应（Gensler and Verhoef et al.，2012）。然而，网店虚假促销溢出效应并未得到深入研究。

虚假促销方式较为多样，但是目前尚不清楚竞争网店虚假促销溢出效应影响的差异。随着媒体对网店虚假促销的持续曝光，消费者维权意识的提高以及政府部门对网店虚假促销监管力度的加强,业界开始关注网店虚假促销。通过对相关新闻报道的梳理，发现业界对网店虚假促销的概念及类型也有了一定了解。业界认为网店虚假促销主要是指网店促销存在欺诈行为，比如假优惠、假折扣。每年"双十一"，消费者都会发现有商家"先虚抬专柜价后降价"、"折扣备货很少"、"优惠注水"等方面的问题；假货品。以次充好、以假乱真一直是消费者抱怨网购的最大"槽点"。"双十一"更是这一问题的集中爆发时点。尽管业界对网店虚假促销的概念及类型有了一定认识，但对虚假促销概念的认识更多停留在具体事实的描述，不具有一般性。尽管有学者将虚假零售促销分为 4 种：促销原因虚假、促销范围虚假、促销期限虚假、促销方式虚假（田玲，2007）。2006 年国家商务部颁布的《零售商促销行为管理办法》指出 5 个方面的不规范促销行为，包括不实宣传、价格欺诈、限制消费者合法权益、缺乏安全管理措施、违反商业道德。但是，学界对网店虚假促销类型的认识也比较零散，存在相互涵盖的情况，难以形成体系。而且有研究发现不通过类型的促销方式对消费者的购买意愿的影响存在差异（王海忠与田阳等，2009），那么不同类型的虚假促销对竞争网店溢出效应的影响是否也存在差异？因此，清楚认识网店虚假促销类型的维度，才能分析网店不同类型虚假促销影响的差异，本研究将从促销类型出发，来解答这一问题。

5.2　实验设计

　　本章节采用了 3（虚假促销类型：价格虚假 vs 赠品虚假 vs 时长虚假）的实验设计，主要探讨虚假促销类型对竞争网店的负面影响。根据研究假设，本章节设计了价格虚假、赠品虚假、时长虚假刺激物。

　　① 价格虚假刺激物。假如你的一位好朋友和你谈起在淘宝网上网购遭遇虚假促销的经历：看到一家服装网店（简称 A 服装网店，主要销售羽绒服）在进行"全场 5 折"的促销活动，购买了一款羽绒服。该款羽绒服标称原价 1 100 元，促销期间只要 550 元，仅为原价的 5 折。而一周之后，该款产品并未恢复到原价，而是 649 元还享受直降 100 元优惠，价格较促销期间还便宜了 1 元。

② 赠品虚假刺激物。假如你的一位好朋友和你谈起在淘宝网上网购遭遇虚假促销的经历：看到一家服装网店（简称 A 服装网店，主要销售羽绒服）在进行"买一赠一"的促销活动，购买了一款羽绒服。该款羽绒服标价 1 100 元，促销期间购买，赠送价值 1 100 元的风衣一件。而一周之后，发现该风衣的价格是 650 元还享受直降 100 元优惠，风衣价格较促销期间便宜了一半。

③ 时长虚假刺激物。假如你的一位好朋友和你谈起在淘宝网上网购遭遇虚假促销的经历：看到一家服装网店（简称 A 服装网店，主要销售羽绒服）在进行"全场 5 折，限期 1 天"的促销活动，购买了一款羽绒服。该款羽绒服标称原价 1 100 元，促销当天只要 550 元，仅为原价的 5 折。而一周之后，该款产品并未恢复到原价，还是 550 元。

5.3　实验程序

问卷均经网络向样本发放，被试的样本来源完全随机，不受到人口统计学因素影响，故可认为样本来源符合选取要求。研究实验程序如下，首先进行前测实验，验证刺激物的有效性；然后进行正式实验，以检验研究假设。正式实验研究包括以下部分：

（1）虚假促销类型刺激物描述。

（2）变量测量。

（3）人口统计特征题项。

5.4　变量测量

本文采用 9 分 Likert 量表（最小分值为 1 分，最大分值为 9 分，分值越高表示越同意）对刺激物进行了变量测量。首先是对虚假促销类型的测量，使用三个题项：用 3 个题项测量，分别是"A 网店虚构了促销价格优惠"，"A 网店虚构了赠品价格"，"A 网店虚构了促销持续期"。其次是对溢出效应的测量，测量题项包括"B 网店的促销信息是可信的"，"B 网店的促销信息是真实的"，"B 网店的促销信息是可靠的"、"我现在心情不错"和"我非常开心参加此次调查"。

5.5 前测实验

5.5.1 样本描述

本研究共邀请了 92 人参与前测实验，其中，价格虚假促销组 30 人，时长虚假促销组 31 人，赠品虚假促销组 31 人。

表 5-1　虚假促销类型描述统计

		频率	百分比	有效百分比	累积百分比
有效	价格虚假促销	30	32.6	32.6	32.6
	时长虚假促销	31	33.7	33.7	66.3
	赠品虚假促销	31	33.7	33.7	100.0
	合　计	92	100.0	100.0	

其中，男性样本 44 人，女性样本 48 人。单因素方差分析显示，性别对各变量的影响不具备明显差异（$p>0.05$）。

表 5-2　性别描述统计

		频率	百分比	有效百分比	累积百分比
有效	男	44	47.8	47.8	47.8
	女	48	52.2	52.2	100.0
	合计	92	100.0	100.0	

表 5-3　性别对各变量的单因素方差分析

		平方和	df	均方	F	显著性
溢出效应	组间	0.024	1	0.024	0.016	0.900
	组内	135.661	90	1.507		
	总数	135.685	91			
社交距离均值	组间	1.602	1	1.602	1.513	0.222
	组内	95.300	90	1.059		
	总数	96.902	91			
网店经验	组间	6.874	1	6.874	3.582	0.062
	组内	168.851	88	1.919		
	总数	175.725	89			
网店熟悉度	组间	11.670	1	11.670	14.392	0.060
	组内	71.355	88	0.811		
	总数	83.025	89			
网店评价	组间	4.309	1	4.309	1.890	0.173
	组内	200.638	88	2.280		
	总数	204.947	89			
消费者涉入度	组间	10.364	1	10.364	4.011	0.148
	组内	227.361	88	2.584		
	总数	237.725	89			

其中，高中学历 3 人，大专学历 35 人，本科学历人 52 人，研究生学历人 2 人。单因素方差分析显示，性别组对各变量影响不具备显著性差异（$p > 0.05$）。

表 5-4　学历描述性统计

		频率	百分比	有效百分比	累积百分比
有效	高中	3	3.3	3.3	3.3
	大专	35	38.0	38.0	41.3
	本科	52	56.5	56.5	97.8
	研究生	2	2.2	2.2	100.0
	合计	92	100.0	100.0	

表 5-5　学历对各变量的单因素方差分析

		平方和	df	均方	F	显著性
溢出效应	组间	7.140	3	2.380	1.629	0.188
	组内	128.545	88	1.461		
	总数	135.685	91			
社交距离均值	组间	12.509	3	4.170	4.348	0.057
	组内	84.393	88	.959		
	总数	96.902	91			
网店经验	组间	11.857	3	3.952	2.074	0.110
	组内	163.868	86	1.905		
	总数	175.725	89			
网店熟悉度	组间	3.246	3	1.082	1.166	0.327
	组内	79.779	86	.928		
	总数	83.025	89			
网店评价	组间	7.695	3	2.565	1.118	0.346
	组内	197.252	86	2.294		
	总数	204.947	89			
消费者涉入度	组间	5.953	3	1.984	0.736	0.533
	组内	231.772	86	2.695		
	总数	237.725	89			

其中，25 岁以下 10 人，26～30 岁 41 人，31～35 岁 21 人，36 岁以上 20 人。单因素方差分析显示，年龄组对各变量影响不具备显著性差异（$p > 0.05$）。

表 5-6　年龄描述性统计

		频率	百分比	有效百分比	累积百分比
有效	25 岁以下	10	10.9	10.9	10.9
	26-30 岁	41	44.6	44.6	55.4
	31-35 岁	21	22.8	22.8	78.3
	36 岁以上	20	21.7	21.7	100.0
	合计	92	100.0	100.0	

表 5-7 年龄对各变量的单因素方差分析

		平方和	df	均方	F	显著性
溢出效应	组间	8.270	3	2.757	1.904	0.135
	组内	127.415	88	1.448		
	总数	135.685	91			
社交距离均值	组间	11.705	3	3.902	4.030	0.070
	组内	85.198	88	0.968		
	总数	96.902	91			
网店经验	组间	7.495	3	2.498	1.277	0.287
	组内	168.230	86	1.956		
	总数	175.725	89			
网店熟悉度	组间	5.009	3	1.670	1.841	0.146
	组内	78.016	86	0.907		
	总数	83.025	89			
网店评价	组间	13.969	3	4.656	2.097	0.107
	组内	190.979	86	2.221		
	总数	204.947	89			
消费者涉入度	组间	4.300	3	1.433	0.528	0.664
	组内	233.425	86	2.714		
	总数	237.725	89			

5.5.2 变量描述

按照虚假促销类型，对实验各变量均值与标准差进行测量，结果见下表：

表 5-8　调查样本描述性统计

虚假促销类型		溢出效应	网店经验	网店熟悉度	情绪	网店评价	消费者涉入度
价格虚假促销	均值	− 2.233 3	7.766 7	8.083 3	7.500 0	6.900 0	7.350 0
	N	30	30	30	30	30	30
	标准差	0.971 43	1.478 19	0.900 99	1.519 98	1.555 86	1.732 80
时长虚假促销	均值	− 2.209 7	7.822 6	7.967 7	7.403 2	6.854 8	7.387 1
	N	31	31	31	31	31	31
	标准差	1.537 17	1.357 38	1.024 17	1.491 19	1.560 95	1.735 46
赠品虚假促销	均值	− 2.693 5	7.862 1	8.103 4	7.172 4	6.965 5	7.724 1
	N	31	29	29	29	29	29
	标准差	1.046 24	1.426 14	0.994 44	1.723 14	1.481 62	1.436 68
总计	均值	− 2.380 4	7.816 7	8.050 0	7.361 1	6.905 6	7.483 3
	N	92	90	90	90	90	90
	标准差	1.221 08	1.405 15	0.965 85	1.566 91	1.517 49	1.634 34

5.5.3　测量质量

测项信度分析显示，促销信息真实性的信度为 0.810，网购经验的信度为 0.842，网店熟悉度的信度为 0.863，情绪信度为 0.948，促销评价信度为 0.742，消费者涉入度信度为 0.913，整体量表信度为 0.909。由于本文量表均参考前人的成熟量表，因此，量表信度有保障。

表 5-9　促销信息真实性信度

Cronbach's Alpha	项数
0.810	4

表 5- 10　网购经验信度

Cronbach's Alpha	项数
0.842	2

表 5- 11　网店熟悉度信度

Cronbach's Alpha	项数
0.863	2

表 5-12　情绪信度

Cronbach's Alpha	项数
0.948	2

表 5-13　促销评价信度

Cronbach's Alpha	项数
0.742	2

表 5-14　消费者涉入度信度

Cronbach's Alpha	项数
0.913	2

表 5-15　整体量表信度

Cronbach's Alpha	项数
0.909	14

5.5.4　前测结果

首先是虚假促销类型，剔除误判虚假促销类型的样本后，3 种促销类型刺激物有效样本数分别为 30、31、31，能够准确判断虚假促销类型。

表 5-16　虚假促销类型描述性统计

		频率	百分比	有效百分比	累积百分比
有效	价格虚假促销	30	32.6	32.6	32.6
	时长虚假促销	31	33.7	33.7	66.3
	赠品虚假促销	31	33.7	33.7	100.0
	合 计	92	100.0	100.0	

网店信息真实性操控检验。被试对网店信息真实性评价在 3 个实验组不

存在显著差异（M $_{价格虚假促销}$=6.23，M $_{时长虚假促销}$=6.25，M $_{赠品虚假促销}$=6.28，F（2，89）=0.019，p=0.981），因此，可以忽略的网店信息真实性评价的干扰。

表 5-17　促销信息真实性描述性统计

虚假促销类型	均值	N	标准差
价格虚假促销	6.233 3	30	1.027 50
时长虚假促销	6.250 0	31	1.018 58
赠品虚假促销	6.282 3	31	0.952 50
总计	6.255 4	92	0.988 93

表 5-18　促销信息真实性单因素方差分析

	平方和	df	均方	F	显著性
组间	0.038	2	0.019	0.019	0.981
组内	88.959	89	1.000		
总数	88.997	91			

网店经验操控检验。被试网店经验在 3 个实验组不存在显著差异（M $_{价格虚假促销}$=7.76，M $_{时长虚假促销}$=7.82，M $_{赠品虚假促销}$=7.86，F（2，87）=0.034，p=0.967），因此，可以忽略的网店经验的干扰。

表 5-19　网店经验描述性统计

虚假促销类型	均值	N	标准差
价格虚假促销	7.766 7	30	1.478 19
时长虚假促销	7.822 6	31	1.357 38
赠品虚假促销	7.862 1	29	1.426 14
总计	7.816 7	90	1.405 15

表 5-20　网店经验单因素方差分析

	平方和	df	均方	F	显著性
组间	.136	2	0.068	0.034	0.967
组内	175.589	87	2.018		
总数	175.725	89			

网店熟悉度操控检验。被试网店熟悉度在 3 个实验组不存在显著差异（$M_{价格虚假促销}=8.08, M_{时长虚假促销}=7.96, M_{赠品虚假促销}=8.10, F_{(2,87)}=0.171, p=0.843$），因此，可以忽略网店熟悉度的干扰。

表 5-21 网店熟悉度描述性统计

虚假促销类型	均值	N	标准差
价格虚假促销	8.083 3	30	0.900 99
时长虚假促销	7.967 7	31	1.024 17
赠品虚假促销	8.103 4	29	0.994 44
总计	8.050 0	90	0.965 85

表 5-22 网店熟悉度单因素方差分析

	平方和	df	均方	F	显著性
组间	0.326	2	0.163	0.171	0.843
组内	82.699	87	0.951		
总数	83.025	89			

消费者涉入度操控检验。消费者涉入度在 3 个实验组不存在显著差异（$M_{价格虚假促销}=7.35, M_{时长虚假促销}=7.38, M_{赠品虚假促销}=7.72, F_{(2,87)}=0.463, p=0.631$），因此，可以忽略消费者涉入度的干扰。

表 5-23 消费者涉入度描述性统计

虚假促销类型	均值	N	标准差
价格虚假促销	7.350 0	30	1.732 80
时长虚假促销	7.387 1	31	1.735 46
赠品虚假促销	7.724 1	29	1.436 68
总计	7.483 3	90	1.634 34

表 5-24 消费者涉入度单因素方差分析

	平方和	df	均方	F	显著性
组间	2.502	2	1.251	0.463	0.631
组内	235.223	87	2.704		
总数	237.725	89			

情绪操控检验。被试情绪在3个实验组不存在显著差异（$M_{价格虚假促销}$=7.50，$M_{时长虚假促销}$=7.40，$M_{赠品虚假促销}$=7.17，$F（2，87）$=0.334，p=0.717），因此，可以忽略情绪的干扰。

表 5-25　情绪描述性统计

虚假促销类型	均值	N	标准差
价格虚假促销	7.500 0	30	1.519 98
时长虚假促销	7.403 2	31	1.491 19
赠品虚假促销	7.172 4	29	1.723 14
总　计	7.361 1	90	1.566 91

表 5-26　情绪单因素方差分析

	平方和	df	均方	F	显著性
组间	1.666	2	0.833	0.334	0.717
组内	216.848	87	2.493		
总数	218.514	89			

5.6　正式实验

5.6.1　样本描述

共有360名大学生参加正式实验。本研究通过网络发放问卷的方式收集数据，有效样本总量为307个。

表 5-27　虚假促销类型描述性统计

		频率	百分比	有效百分比	累积百分比
有效	价格虚假促销	103	33.6	33.6	33.6
	时长虚假促销	102	33.2	33.2	66.8
	赠品虚假促销	102	33.2	33.2	100.0
	合计	307	100.0	100.0	

其中，男性样本145人，占比47.2%，女性样本162人，占比52.8%。

单因素方差分析，性别对各变量无显著影响（$p>0.05$）。

表 5-28 性别描述性统计

		频率	百分比	有效百分比	累积百分比
有效	男	145	47.2	47.2	47.2
	女	162	52.8	52.8	100.0
	合计	307	100.0	100.0	

表 5-29 性别对各变量的单因素方差分析

		平方和	df	均方	F	显著性
溢出效应	组间	4.599	3	1.533	0.755	0.520
	组内	615.016	303	2.030		
	总数	619.616	306			
网店经验	组间	9.696	3	3.232	1.645	0.179
	组内	595.444	303	1.965		
	总数	605.140	306			
网店熟悉度	组间	6.481	3	2.160	2.723	0.055
	组内	240.383	303	0.793		
	总数	246.863	306			
情绪	组间	18.734	3	6.245	2.236	0.084
	组内	846.234	303	2.793		
	总数	864.967	306			
网店评价	组间	12.005	3	4.002	1.954	0.121
	组内	620.472	303	2.048		
	总数	632.477	306			
消费者涉入度	组间	16.135	3	5.378	2.469	0.062
	组内	659.934	303	2.178		
	总数	676.068	306			

其中，高中学历 26 人，大专学历 82 人，本科学历人 183，研究生学历人 16 人。单因素方差分析，学历对各变量无显著影响（$p>0.05$）。

表 5-30 学历描述性统计

		频率	百分比	有效百分比	累积百分比
有效	高中	26	8.5	8.5	8.5
	大专	82	26.7	26.7	35.2
	本科	183	59.6	59.6	94.8
	研究生	16	5.2	5.2	100.0
	合计	307	100.0	100.0	

表 5-31 学历对各变量的单因素方差分析

		平方和	df	均方	F	显著性
溢出效应	组间	8.556	3	2.852	1.414	0.239
	组内	611.060	303	2.017		
	总数	619.616	306			
网店经验	组间	28.891	3	9.630	5.064	0.032
	组内	576.249	303	1.902		
	总数	605.140	306			
网店熟悉度	组间	3.381	3	1.127	1.402	0.242
	组内	243.482	303	0.804		
	总数	246.863	306			
情绪	组间	31.216	3	10.405	3.782	0.061
	组内	833.751	303	2.752		
	总数	864.967	306			
网店评价	组间	24.477	3	8.159	4.066	0.067
	组内	608.000	303	2.007		
	总数	632.477	306			
消费者涉入度	组间	4.312	3	1.437	0.648	0.585
	组内	671.757	303	2.217		
	总数	676.068	306			

其中，25 岁以下 45 人，26~30 岁 150 人，31~35 岁 69 岁人，36 岁以上 43 人。样本的人口统计分布较为均衡。单因素方差分析，年龄对各变量无显著影响（$p>0.05$）。

网店虚假促销溢出效应研究

表 5-32　年龄描述性统计

		频率	百分比	有效百分比	累积百分比
有效	25 岁以下	45	14.7	14.7	14.7
	26～30 岁	150	48.9	48.9	63.5
	31～35 岁	69	22.5	22.5	86.0
	36 岁以上	43	14.0	14.0	100.0
	合计	307	100.0	100.0	

表 5-33　年龄对各变量的单因素方差分析

		平方和	df	均方	F	显著性
溢出效应	组间	4.599	3	1.533	0.755	0.520
	组内	615.016	303	2.030		
	总数	619.616	306			
网店经验	组间	9.696	3	3.232	1.645	0.179
	组内	595.444	303	1.965		
	总数	605.140	306			
网店熟悉度	组间	6.481	3	2.160	2.723	0.055
	组内	240.383	303	0.793		
	总数	246.863	306			
情绪	组间	18.734	3	6.245	2.236	0.084
	组内	846.234	303	2.793		
	总数	864.967	306			
网店评价	组间	12.005	3	4.002	1.954	0.121
	组内	620.472	303	2.048		
	总数	632.477	306			
消费者涉入度	组间	16.135	3	5.378	2.469	0.062
	组内	659.934	303	2.178		
	总数	676.068	306			

5.6.2　变量描述

按照虚假促销类型，对实验各变量均值与标准差进行测量，结果见下表：

表 5-34　研究 1：调查样本描述性统计

虚假促销类型		网店经验	网店熟悉度	情绪	消费者涉入度	溢出效应
价格虚假促销	均值	7.674 8	7.912 6	7.038 8	7.344 7	−1.873 8
	N	103	103	103	103	103
	标准差	1.335 25	0.835 57	1.800 99	1.579 63	1.199 92
时长虚假促销	均值	7.666 7	7.960 8	7.068 6	7.421 6	−1.823 5
	N	102	102	102	102	102
	标准差	1.423 52	0.908 39	1.673 97	1.475 45	1.350 92
赠品虚假促销	均值	7.563 7	7.965 7	7.044 1	7.441 2	−1.421 6
	N	102	102	102	102	102
	标准差	1.468 60	.955 08	1.576 60	1.411 22	1.652 70
总计	均值	7.635 2	7.946 3	7.050 5	7.402 3	−1.706 8
	N	307	307	307	307	307
	标准差	1.406 27	0.898 19	1.681 28	1.486 40	1.422 99

5.6.3　测量质量

测项信度分析显示，促销信息真实性信度 0.851，网购经验信度 0.832，网店熟悉度信度 0.831，情绪信度 0.949，消费者涉入度信度 0.851。由于本文量表均参考前人的成熟量表，因此，本研究信度较高。

表 5-35　促销信息真实性信度

Cronbach's Alpha	项数
0.851	2

表 5-36　网购经验信度

Cronbach's Alpha	项数
0.832	2

表 5-37　网店熟悉度信度

Cronbach's Alpha	项数
0.831	2

表 5-38　情绪信度

Cronbach's Alpha	项数
0.949	2

表 5-39　消费者涉入度信度

Cronbach's Alpha	项数
0.851	2

5.6.4　操控检验

首先是虚假促销类型，剔除误判虚假促销类型的样本后，3 种促销类型刺激物有效样本数分别为 103、102、102，能够准确判断虚假促销类型。

表 5-40　虚假促销类型操控检验

		频率	百分比	有效百分比	累积百分比
有效	价格虚假促销	103	33.6	33.6	33.6
	时长虚假促销	102	33.2	33.2	66.8
	赠品虚假促销	102	33.2	33.2	100.0
	合计	307	100.0	100.0	

网店信息真实性操控检验。被试对网店信息真实性评价在 3 个实验组不存在显著差异（M 价格虚假促销=6.09，M 时长虚假促销=5.99，M 赠品虚假促销=6.17，F（2，304）=0.650，p=0.523），因此，可以忽略的网店信息真实性评价的干扰。

表 5-41　促销信息真实性描述性统计

虚假促销类型	均值	N	标准差
价格虚假促销	6.097 1	103	1.117 61
时长虚假促销	5.997 5	102	1.153 71
赠品虚假促销	6.171 6	102	1.004 93
总　计	6.088 8	307	1.092 75

表 5-42　促销信息真实性单因素方差分析

	平方和	df	均方	F	显著性
组间	1.555	2	0.778	0.650	0.523
组内	363.839	304	1.197		
总数	365.394	306			

网店经验操控检验。被试网店经验在 3 个实验组不存在显著差异（$M_{价格虚假促销}$=7.67，$M_{时长虚假促销}$=7.66，$M_{赠品虚假促销}$=7.56，$F_{(2, 304)}$=0.197，p=0.821），因此，可以忽略的网店经验的干扰。

表 5-43　网店经验描述性统计

虚假促销类型	均值	N	标准差
价格虚假促销	7.674 8	103	1.335 25
时长虚假促销	7.666 7	102	1.423 52
赠品虚假促销	7.563 7	102	1.468 60
总　计	7.635 2	307	1.406 27

表 5-44　网店经验单因素方差分析

	平方和	df	均方	F	显著性
组间	0.783	2	0.392	0.197	0.821
组内	604.357	304	1.988		
总数	605.140	306			

网店熟悉度操控检验。被试网店熟悉度在 3 个实验组不存在显著差异（$M_{价格虚假促销}$=7.91，$M_{时长虚假促销}$=7.96，$M_{赠品虚假促销}$=7.96，$F_{(2, 304)}$=0.109，p=0.897），因此，可以忽略网店熟悉度的干扰。

表 5-45　网店熟悉度描述性统计

虚假促销类型	均值	N	标准差
价格虚假促销	7.912 6	103	0.835 57
时长虚假促销	7.960 8	102	0.908 39
赠品虚假促销	7.965 7	102	0.955 08
总　计	7.946 3	307	0.898 19

表 5-46　网店熟悉度单因素方差分析

	平方和	df	均方	F	显著性
组间	0.177	2	0.088	0.109	0.897
组内	246.687	304	0.811		
总数	246.863	306			

消费者涉入度操控检验。被试涉入度在 3 个实验组不存在显著差异（M 价格虚假促销=7.34，M 时长虚假促销=7.42，M 赠品虚假促销=7.44，F（2，304）=0.120，p=0.887），因此，可以忽略消费者涉入度的干扰。

表 5-47　消费者涉入度描述性统计

虚假促销类型	均值	N	标准差
价格虚假促销	7.344 7	103	1.579 63
时长虚假促销	7.421 6	102	1.475 45
赠品虚假促销	7.441 2	102	1.411 22
总　计	7.402 3	307	1.486 40

表 5-48　消费者涉入度方差分析

	平方和	df	均方	F	显著性
组间	0.534	2	0.267	0.120	0.887
组内	675.534	304	2.222		
总数	676.068	306			

情绪操控检验。被试情绪在 6 个实验组不存在显著差异（M 价格虚假促销=7.03，M 时长虚假促销=7.06，M 赠品虚假促销=7.04，F（2，304）=0.009，p=0.991），因此，可以忽略情绪的干扰。

表 5-49　情绪描述性统计

虚假促销类型	均值	N	标准差
价格虚假促销	7.038 8	103	1.800 99
时长虚假促销	7.068 6	102	1.673 97
赠品虚假促销	7.044 1	102	1.576 60
总　计	7.050 5	307	1.681 28

表 5-50　情绪单因素方差分析

	平方和	df	均方	F	显著性
组间	0.052	2	0.026	0.009	0.991
组内	864.916	304	2.845		
总数	864.967	306			

5.6.5　假设检验

检验 H1：与赠品虚假相比，价格虚假（H1a）和时长虚假（H1b）对竞争网店的溢出效应更大。首先比较均值，发现价格促销与时长虚假促销对溢出效应的影响大于赠品虚假促销（M $_{价格虚假促销}$＝－1.87，M $_{时长虚假促销}$＝－1.82，M $_{赠品虚假促销}$＝－1.42）。其次单因素方差分析显示三者均值存在显著差异（F（2，304）=3.145，p=0.044<0.05），因此假设 H1 成立。

表 5-51　溢出效应描述性统计

虚假促销类型	均值	N	标准差
价格虚假促销	－1.873 8	103	1.199 92
时长虚假促销	－1.823 5	102	1.350 92
赠品虚假促销	－1.421 6	102	1.652 70
总　　计	－1.706 8	307	1.422 99

表 5-52　溢出效应单因素方差分析

	平方和	df	均方	F	显著性
组间	12.560	2	6.280	3.145	0.044
组内	607.055	304	1.997		
总数	619.616	306			

5.7　本章小结

虚假促销方式较为多样，但是目前尚不清楚竞争网店虚假促销溢出效应

影响的差异。有研究发现不同类型的促销方式对消费者的购买意愿的影响存
在差异（王海忠与田阳等，2009），那么不同类型的虚假促销对竞争网店溢出
效应的影响是否也存在差异？因此，清楚认识网店虚假促销类型的维度，才
能分析网店不同类型虚假促销影响的差异，本研究将从促销类型出发，来解
答这一问题。

虚假促销是商家利用促销原理设计的带有欺骗性质的促销活动。正常促
销的设计原理包含"时间限制"和"物质激励"两大特征，是促销策略设计
的核心，其目的就是通过短期物质激励来诱发即刻购买。与之相应，网店虚
假促销主要通过价格虚假、赠品虚假和时长虚假来实现，达到提升销量的目
的。价格虚假即虚构或夸大促销价格上的优惠，赠品虚假即虚构或夸大促销
赠品上的价值，时长虚假即虚构或夸大促销时间上的压力。因此，本书将分
析虚假促销类型对虚假促销溢出效应的差异。

现有研究发现，抽象性信息会促发消费者较强地倾向性推断，也更容易
泛化；具体性信息容易启发消费者特殊化思考，被认为只在特定情境下发生。
也就是说，抽象信息可诊断性更强，也更易导致溢出效应。一般而言，促销
价格和促销时长比赠品的抽象程度更高，同理，价格虚假和时长虚假的抽象
程度高于赠品虚假。也就是说，价格虚假和时长虚假比赠品虚假的可诊断性
更高，更容易导致溢出效应。

本章以羽绒服为网店虚假促销产品，采用实验法验证了假设 H1。先进行
了前测实验，三类虚假促销类型刺激物模拟成功，然后进行了正式实验，主要
通过方差分析等数理统计方法证实了与赠品虚假相比，价格虚假、时长虚假对
竞争网店溢出效应的影响更显著。本研究提出了三种虚假促销类型，并比较了
其对溢出效应的影响差异，从虚假促销视角推进了网店溢出效应理论。

6 研究2：虚假促销深度对竞争网店溢出效应的影响

6.1 研究背景

负面事件严重程度，又称伤害性、危害性，是影响危机结果的重要因素，对消费者的认知和购买决策产生重要影响。Siomkos 和 Kurzbard（1994）认为产品危机造成的伤害性包括经济因素、人身健康、安全感（Siomkos and Kurzbard, 1994）。Smith 和 Cooper-Martin（1997）认为产品质量伤害包括身体伤害、经济伤害和心理伤害（Smith and Cooper-Martin, 1997；涂铭与景奉杰等，2014）。卫海英等（2011）认为，危机严重程度是危机事件造成伤害的严重性、持久性，其中造成的伤害主要有生理健康（损害健康或生命）和心理感受（如损毁信任）（卫海英与张蕾等，2011）。范宝财，杨洋和李蔚（2014）指出危机严重程度是产品伤害危机对消费者身心的伤害程度（范宝财与杨洋等，2014）。余伟萍，张琦和段桂敏（2012）认为危机严重程度越高，消费者的负面情感越强烈，消费者产生抵制行为的可能性也越高（余伟萍与张琦等，2012）。涂铭，景奉杰和汪兴东（2014）指出，伤害性指产品危机给消费者造成损失的程度，危机伤害性会正向影响感知严重性和危机感知易损性（涂铭与景奉杰等，2014）。网店虚假促销发生之后，不仅负面影响焦点网店的销售与品牌形象，还可能向竞争溢出，加剧虚假促销的影响。虚假促销严重程度如何影响危机对竞争品牌的负面溢出效应，这是竞争网店需要了解却尚不清楚的问题。

6.2 实验设计

本章节采用了 2（虚假促销深度：低 vs 高）的实验设计，主要探讨虚假促销深度对竞争网店的负面影响。根据研究假设，本章设计了虚假促销深度低和虚假促销深度低高刺激物。

① 低深度价格虚假刺激物。假如你的一位好朋友和你谈起在淘宝网上网购遭遇虚假促销的经历：看到一家手机网店（简称 A 手机网店，主要销售智能手机）在进行"全场 5 折"的促销活动，购买了一部手机。该款手机标称原价 1 100 元，促销期间只要 550 元，仅为原价的 5 折。而一周之后，该款产品并未恢复到原价，而是 680 元还享受直降 100 元优惠，价格较促销期间上涨了 30 元。

② 低深度赠品虚假刺激物。假如你的一位好朋友和你谈起在淘宝网上网购遭遇虚假促销的经历：看到一家手机网店（简称 A 手机网店，主要销售智能手机）在进行"买一赠一"的促销活动，购买了一部手机。该款手机标价 1 100 元，促销期间购买，赠送价值 1 100 元的智能手环一个。而一周之后，发现该智能手环的价格是 750 元还享受直降 100 元优惠。

③ 低深度时长虚假刺激物。假如你的一位好朋友和你谈起在淘宝网上网购遭遇虚假促销的经历：看到一家手机网店（简称 A 手机网店，主要销售智能手机）在进行"全场 5 折，限期 1 天"的促销活动，购买了一部手机。该款手机标称原价 1 100 元，促销当天只要 550 元，仅为原价的 5 折。而一天之后，该款产品并未恢复到原价，还是 550 元。

④ 高深度价格虚假刺激物。假如你的一位好朋友和你谈起在淘宝网上网购遭遇虚假促销的经历：看到一家手机网店（简称 A 手机网店，主要销售智能手机）在进行"全场 5 折"的促销活动，购买了一部手机。该款手机标称原价 1 100 元，促销期间只要 550 元，仅为原价的 5 折。而一周之后，该款产品并未恢复到原价，而是 649 元还享受直降 100 元优惠，价格较促销期间还便宜了 1 元。

⑤ 高深度赠品虚假刺激物。假如你的一位好朋友和你谈起在淘宝网上网购遭遇虚假促销的经历：看到一家手机网店（简称 A 手机网店，主要销售智能手机）在进行"买一赠一"的促销活动，购买了一部手机。该款手机标价 1 100 元，促销期间购买，赠送价值 1 100 元的智能手环一个。而一周之后，发现该智能手环的价格是 650 元还享受直降 100 元优惠，智能手环价格较促销期间便宜了一半。

⑥ 高深度时长虚假刺激物。假如你的一位好朋友和你谈起在淘宝网上网购遭遇虚假促销的经历：看到一家手机网店（简称 A 手机网店，主要销售智能手机）在进行"全场 5 折，限期 1 天"的促销活动，购买了一部手机。

该款手机标称原价 1 100 元，促销当天只要 550 元，仅为原价的 5 折。而一周之后，该款产品并未恢复到原价，还是 550 元。

6.3 实验程序

问卷均经网络向样本发放，被试的样本来源完全随机，不受到人口统计学因素影响，故可认为样本来源符合选取要求。研究实验程序如下，首先进行前测实验，验证刺激物的有效性；然后进行正式实验，以检验研究假设。正式实验研究包括以下部分：
（1）虚假促销深度刺激物描述。
（2）变量测量。
（3）人口统计特征题项。

6.4 变量测量

本文采用 9 分 Likert 量表（最小分值为 1 分，最大分值为 9 分，分值越高表示越同意）对刺激物进行了变量测量。首先是对虚假促销深度的测量，使用一个题项："A 网店宣称的促销优惠（或促销持续期）与真实的促销优惠（或促销持续期）差别很大"。其次是对溢出效应的测量，测量题项包括"B 网店的促销信息是可信的"，"B 网店的促销信息是真实的"，"B 网店的促销信息是可靠的"、"我现在心情不错"和"我非常开心参加此次调查"。

6.5 前测实验

6.5.1 前测样本

本文邀请了 96 人参与前测实验，其中，价格虚假促销组 32 人，时长虚假促销组 32 人，赠品虚假促销组 32 人。

表 6-1　虚假促销类型描述性统计

		频率	百分比	有效百分比	累积百分比
有效	价格虚假促销	32	33.3	33.3	33.3
	时长虚假促销	32	33.3	33.3	66.7
	赠品虚假促销	32	33.3	33.3	100.0
	合计	96	100.0	100.0	

其中，男性样本 43 人，女性样本 53 人。单因素方差分析显示，性别对各变量的影响不具备明显差异（$p>0.05$）。

表 6-2　性别描述性统计

		频率	百分比	有效百分比	累积百分比
有效	男	43	44.8	44.8	44.8
	女	53	55.2	55.2	100.0
	合计	96	100.0	100.0	

表 6-3　性别对各变量的单因素方差分析

		平方和	df	均方	F	显著性
网店经验	组间	0.129	1	0.129	0.227	0.635
	组内	53.371	94	0.568		
	总数	53.500	95			
网店熟悉度	组间	1.751	1	1.751	2.756	0.100
	组内	59.738	94	.636		
	总数	61.490	95			
网店评价	组间	0.065	1	0.065	0.103	0.749
	组内	59.175	94	0.630		
	总数	59.240	95			
情绪	组间	1.170	1	1.170	0.619	0.433
	组内	177.788	94	1.891		
	总数	178.958	95			

续表

		平方和	df	均方	F	显著性
消费者涉入度	组间	0.804	1	0.804	0.962	0.329
	组内	78.631	94	0.836		
	总数	79.435	95			
促销信息评价	组间	0.065	1	0.065	0.103	0.749
	组内	59.175	94	.630		
	总数	59.240	95			
溢出效应	组间	0.568	1	0.568	0.248	0.620
	组内	215.159	94	2.289		
	总数	215.727	95			

其中，高中学历 4 人，大专学历 19 人，本科学历人 66 人，研究生学历人 7 人。单因素方差分析显示，性别组对各变量影响不具备显著性差异（$p > 0.05$）。

表 6-4　学历描述性统计

		频率	百分比	有效百分比	累积百分比
有效	高中	4	4.2	4.2	4.2
	大专	19	19.8	19.8	24.0
	本科	66	68.8	68.8	92.7
	研究生	7	7.3	7.3	100.0
	合计	96	100.0	100.0	

表 6-5　学历对各变量的单因素方差分析

		平方和	df	均方	F	显著性
网店经验	组间	1.527	3	.509	.901	.444
	组内	51.973	92	.565		
	总数	53.500	95			
网店熟悉度	组间	2.782	3	.927	1.453	.233
	组内	58.708	92	.638		
	总数	61.490	95			

网店虚假促销溢出效应研究

续表

		平方和	df	均方	F	显著性
网店评价	组间	5.299	3	1.766	3.013	.134
	组内	53.941	92	.586		
	总数	59.240	95			
情绪	组间	19.124	3	6.375	3.669	.115
	组内	159.835	92	1.737		
	总数	178.958	95			
消费者涉入度	组间	3.762	3	1.254	1.524	.213
	组内	75.673	92	.823		
	总数	79.435	95			
促销信息评价	组间	5.299	3	1.766	3.013	.134
	组内	53.941	92	.586		
	总数	59.240	95			
溢出效应	组间	14.793	3	4.931	2.258	.087
	组内	200.934	92	2.184		
	总数	215.727	95			

其中，25 岁以下 13 人，26~30 岁 34 人，31~35 岁 34 人，36 岁以上 15 人。单因素方差分析显示，年龄对各变量影响不具备显著性差异（$p>0.05$）。

表 6-6　年龄描述性统计

		频率	百分比	有效百分比	累积百分比
有效	25 岁以下	13	13.5	13.5	13.5
	26~30 岁	34	35.4	35.4	49.0
	31~35 岁	34	35.4	35.4	84.4
	36 岁以上	15	15.6	15.6	100.0
	合计	96	100.0	100.0	

表 6-7　年龄对各变量的单因素方差分析

		平方和	df	均方	F	显著性
网店经验	组间	2.614	3	0.871	1.575	0.201
	组内	50.886	92	0.553		
	总数	53.500	95			
网店熟悉度	组间	3.273	3	1.091	1.724	0.168
	组内	58.217	92	0.633		
	总数	61.490	95			
网店评价	组间	3.854	3	1.285	2.134	0.101
	组内	55.386	92	.602		
	总数	59.240	95			
情绪	组间	7.216	3	2.405	1.288	0.283
	组内	171.743	92	1.867		
	总数	178.958	95			

续表

		平方和	df	均方	F	显著性
消费者涉入度	组间	5.692	3	1.897	2.367	0.076
	组内	73.743	92	0.802		
	总数	79.435	95			
促销信息评价	组间	3.854	3	1.285	2.134	0.101
	组内	55.386	92	0.602		
	总数	59.240	95			
溢出效应	组间	11.152	3	3.717	1.672	0.179
	组内	204.575	92	2.224		
	总数	215.727	95			

6.5.2　变量描述

按照虚假促销类型，对实验各变量均值与标准差进行测量，结果见下表：

表 6-8　调查样本描述性统计

虚假促销类型		溢出效应	网店经验	网店熟悉度	网店评价	情绪	消费者涉入度	促销信息评价
价格虚假促销	均值	−1.500 0	7.765 6	8.046 9	7.687 5	7.218 7	7.734 4	7.687 5
	N	32	32	32	32	32	32	32
	标准差	1.391 22	0.671 83	0.765 79	0.618 92	1.250 40	0.822 90	0.618 92
时长虚假促销	均值	−0.906 2	7.859 4	7.812 5	7.500 0	7.203 1	7.843 7	7.500 0
	N	32	32	32	32	32	32	32
	标准差	1.738 73	0.825 35	0.868 35	0.967 20	1.590 59	1.073 41	0.967 20
赠品虚假促销	均值	−0.640 6	7.625 0	8.171 9	7.468 8	7.015 6	7.750 0	7.468 8
	N	32	32	32	32	32	32	32
	标准差	1.265 13	0.751 34	0.757 86	0.750 67	1.285 68	0.851 94	0.750 67
总计	均值	−1.015 6	7.750 0	8.010 4	7.552 1	7.145 8	7.776 0	7.552 1
	N	96	96	96	96	96	96	96
	标准差	1.506 92	0.750 44	0.804 52	0.789 67	1.372 51	0.914 42	0.789 67

6.5.3　测量质量

测项信度分析显示，促销信息真实性信度 0.845，网购经验信度 0.748，网店熟悉度信度 0.741，促销评价信度为 0.733，情绪信度为 0.869，消费者涉入度信度为 0.758。由于本文量表均参考前人的成熟量表，因此，量表信度有保障。

表 6-9　促销信息真实性信度

Cronbach's Alpha	项数
0.845	4

表 6-10　网购经验信度

Cronbach's Alpha	项数
0.748	2

表 6-11　网店熟悉度信度

Cronbach's Alpha	项数
0.741	2

表 6-12　促销信息评价信度

Cronbach's Alpha	项数
0.733	2

表 6-13　情绪信度

Cronbach's Alpha	项数
0.869	2

表 6-14　消费者涉入度信度

Cronbach's Alpha	项数
0.758	2

6.5.4　前测结果

首先是虚假促销类型，剔除误判虚假促销类型的样本后，3 种促销类型刺激物有效样本数分别为 32、32、32，能够准确判断虚假促销类型。

表 6-15　虚假促销类型描述性统计

		频率	百分比	有效百分比	累积百分比
有效	价格虚假促销	32	33.3	33.3	33.3
	时长虚假促销	32	33.3	33.3	66.7
	赠品虚假促销	32	33.3	33.3	100.0
	合计	96	100.0	100.0	

其次是网店信息真实性操控检验。被试对网店信息真实性评价在 3 个实验组不存在显著差异（$M_{价格虚假促销}$=7.76，$M_{时长虚假促销}$=7.85，$M_{赠品虚假促销}$=7.62，$F_{(2, 89)}$=0.787，p=0.458），因此，可以忽略网店信息真实性评价的干扰。

表 6-16　网店经验描述性统计

网店经验			
虚假促销类型	均值	N	标准差
价格虚假促销	7.765 6	32	0.671 83
时长虚假促销	7.859 4	32	0.825 35
赠品虚假促销	7.625 0	32	0.751 34
总计	7.750 0	96	0.750 44

表 6- 17　网店经验单因素方差分析

	平方和	df	均方	F	显著性
组间	0.891	2	0.445	0.787	0.458
组内	52.609	93	0.566		
总数	53.500	95			

网店经验操控检验。被试网店经验在 3 个实验组不存在显著差异（$M_{价格虚假促销}$=7.76，$M_{时长虚假促销}$=7.82，$M_{赠品虚假促销}$=7.86，$F_{(2, 87)}$=0.034，p=0.967），因此，可以忽略网店经验的干扰。

表 6-18　网店经验描述性统计

虚假促销类型	均值	N	标准差
价格虚假促销	7.766 7	30	1.478 19
时长虚假促销	7.822 6	31	1.357 38
赠品虚假促销	7.862 1	29	1.426 14
总计	7.816 7	90	1.405 15

表 6-19　网店经验单因素方差分析

	平方和	df	均方	F	显著性
组间	0.136	2	0.068	0.034	0.967
组内	175.589	87	2.018		
总数	175.725	89			

网店熟悉度操控检验。被试网店熟悉度在 3 个实验组不存在显著差异（$M_{价格虚假促销}$=8.04，$M_{时长虚假促销}$=7.81，$M_{赠品虚假促销}$=8.17，$F_{(2,93)}$=1.669，p=0.194），

因此，可以忽略网店熟悉度的干扰。

表 6-20　网店熟悉度描述性统计

虚假促销类型	均值	N	标准差
价格虚假促销	8.046 9	32	0.765 79
时长虚假促销	7.812 5	32	0.868 35
赠品虚假促销	8.171 9	32	0.757 86
总　计	8.010 4	96	0.804 52

表 6-21　网店熟悉度单因素方差分析

	平方和	df	均方	F	显著性
组间	2.130	2	1.065	1.669	0.194
组内	59.359	93	0.638		
总数	61.490	95			

消费者涉入度操控检验。消费者涉入度在 3 个实验组不存在显著差异（ M 价格虚假促销=7.73, M 时长虚假促销=7.84, M 赠品虚假促销=7.75, F(2,93)=0.131, $p=0.877$ ），因此，可以忽略消费者涉入度的干扰。

表 6-22　消费者涉入度描述性统计

虚假促销类型	均值	N	标准差
价格虚假促销	7.734 4	32	0.822 90
时长虚假促销	7.843 7	32	1.073 41
赠品虚假促销	7.750 0	32	0.851 94
总计	7.776 0	96	0.914 42

表 6-23　消费者涉入度单因素方差分析

	平方和	df	均方	F	显著性
组间	0.224	2	0.112	0.131	0.877
组内	79.211	93	0.852		
总数	79.435	95			

情绪操控检验。情绪操控在 3 个实验组不存在显著差异（ M 价格虚假促销=7.21,

M $_{时长虚假促销}$=7.20，M $_{赠品虚假促销}$=7.01，F（2，93）=0.213，p=0.808），因此，可以忽略情绪的干扰。

表 6-24　情绪描述性统计

虚假促销类型	均值	N	标准差
价格虚假促销	7.218 7	32	1.250 40
时长虚假促销	7.203 1	32	1.590 59
赠品虚假促销	7.015 6	32	1.285 68
总　　计	7.145 8	96	1.372 51

表 6-25　情绪单因素方差分析

	平方和	df	均方	F	显著性
组间	0.818	2	0.409	0.213	0.808
组内	178.141	93	1.915		
总数	178.959	95			

网店评价检验。网店评价在 3 个实验组不存在显著差异（M $_{价格虚假促销}$=7.68，M $_{时长虚假促销}$=7.50，M $_{赠品虚假促销}$=7.46，F（2，93）=0.714，p=0.492），因此，可以忽略网店评价的干扰。

表 6-26　网店评价描述性统计

虚假促销类型	均值	N	标准差
价格虚假促销	7.687 5	32	0.618 92
时长虚假促销	7.500 0	32	0.967 20
赠品虚假促销	7.468 8	32	0.750 67
总计	7.552 1	96	0.789 67

表 6-27　网店评价单因素方差法方差分析

	平方和	df	均方	F	显著性
组间	0.896	2	0.448	0.714	0.492
组内	58.344	93	0.627		
总数	59.240	95			

6.6 正式实验

6.6.1 样本描述

本研究通过网络发放问卷的方式收集数据，有效样本总量为 645 个，其中价格虚假促销组 219 人，时长虚假促销 212 人，赠品虚假促销 214 人。

表 6-28 虚假促销类型描述性统计

		频率	百分比	有效百分比	累积百分比
有效	价格虚假促销	219	34.0	34.0	34.0
	时长虚假促销	212	32.9	32.9	66.8
	赠品虚假促销	214	33.2	33.2	100.0
	合计	645	100.0	100.0	

其中，男性样本 303 人，占比 47%，女性样本 342 人，占比 53%。单因素方差分析显示，性别对各变量无显著影响（$p>0.05$）。

表 6-29 性别描述性统计

		频率	百分比	有效百分比	累积百分比
有效	男	303	47.0	47.0	47.0
	女	342	53.0	53.0	100.0
	合计	645	100.0	100.0	

表 6-30 性别对各变量的单因素方差分析

		平方和	df	均方	F	显著性
溢出效应	组间	0.010	1	0.010	0.004	0.949
	组内	1 534.651	643	2.387		
	总数	1 534.661	644			
网店经验	组间	6.350	1	6.350	9.162	0.003
	组内	445.644	643	0.693		
	总数	451.994	644			

		平方和	df	均方	F	显著性
网店熟悉度	组间	1.208	1	1.208	1.936	0.165
	组内	401.371	643	0.624		
	总数	402.579	644			
网店评价	组间	0.170	1	0.170	0.259	0.611
	组内	422.095	643	0.656		
	总数	422.265	644			
消费者涉入度	组间	0.029	1	0.029	0.032	0.859
	组内	596.711	643	0.928		
	总数	596.740	644			

其中，高中学历 33 人，大专学历 116 人，本科学历 437 人，研究生学历 59 人。单因素方差分析显示，学历对各变量没有显著影响（$p>0.05$）。

表 6-31　学历描述性统计

		频率	百分比	有效百分比	累积百分比
有效	高中	33	5.1	5.1	5.1
	大专	116	18.0	18.0	23.1
	本科	437	67.8	67.8	90.9
	研究生	59	9.1	9.1	100.0
	合计	645	100.0	100.0	

表 6-32　学历对各变量的单因素方差分析

		平方和	df	均方	F	显著性
溢出效应	组间	36.572	3	12.191	5.216	0.081
	组内	1 498.089	641	2.337		
	总数	1 534.661	644			
网店经验	组间	13.875	3	4.625	6.767	0.070
	组内	438.118	641	0.683		
	总数	451.994	644			

		平方和	df	均方	F	显著性
网店熟悉度	组间	13.795	3	4.598	7.582	0.080
	组内	388.784	641	0.607		
	总数	402.579	644			
网店评价	组间	10.390	3	3.463	5.390	0.081
	组内	411.875	641	0.643		
	总数	422.265	644			
消费者涉入度	组间	5.661	3	1.887	2.046	0.106
	组内	591.079	641	0.922		
	总数	596.740	644			

其中，17 岁以下 73 人，18～22 岁 227 人，23～28 岁 232 人，29～35 岁 113 人，样本的人口统计分布较为均衡。单因素方差分析显示，年龄对各变量没有显著影响（$p>0.05$）。

表 6-33　年龄描述性统计

		频率	百分比	有效百分比	累积百分比
有效	25 岁以下	73	11.3	11.3	11.3
	26-30 岁	227	35.2	35.2	46.5
	31-35 岁	232	36.0	36.0	82.5
	36 岁以上	113	17.5	17.5	100.0
	合计	645	100.0	100.0	

表 6-34　年龄对各变量的单因素方差分析

		平方和	df	均方	F	显著性
溢出效应	组间	23.494	3	7.831	3.322	0.059
	组内	1 511.168	641	2.358		
	总数	1 534.661	644			
网店经验	组间	4.877	3	1.626	2.331	0.073
	组内	447.116	641	0.698		
	总数	451.994	644			

续表

		平方和	df	均方	F	显著性
网店熟悉度	组间	4.583	3	1.528	2.460	0.062
	组内	397.996	641	0.621		
	总数	402.579	644			
网店评价	组间	13.104	3	4.368	6.843	0.090
	组内	409.161	641	0.638		
	总数	422.265	644			
消费者涉入度	组间	3.755	3	1.252	1.353	0.256
	组内	592.986	641	0.925		
	总数	596.740	644			

6.6.2 变量描述

按照虚假促销类型，对实验各变量均值与标准差进行测量，结果见下表：

表 6-35 正式调查样本描述性统计

虚假促销类型		溢出效应	网店经验	网店熟悉度	网店评价	情绪	消费者涉入度
价格虚假促销	均值	− 1.006 8	7.764 8	7.986 3	7.593 6	7.189 5	7.568 5
	N	219	219	219	219	219	219
	标准差	1.615 21	0.911 54	0.758 62	0.779 12	1.322 68	1.012 47
时长虚假促销	均值	− 0.747 6	7.893 9	8.028 3	7.554 2	7.346 7	7.714 6
	N	212	212	212	212	212	212
	标准差	1.523 51	0.853 93	0.829 92	0.872 50	1.366 96	0.967 44
赠品虚假促销	均值	− 0.663 6	7.852 8	8.035 0	7.546 7	7.264 0	7.731 3
	N	214	214	214	214	214	214
	标准差	1.473 20	0.735 14	0.785 69	0.778 32	1.264 97	0.899 40
总计	均值	− 0.807 8	7.836 4	8.016 3	7.565 1	7.265 9	7.670 5
	N	645	645	645	645	645	645
	标准差	1.543 70	0.837 77	0.790 65	0.809 75	1.318 26	0.962 61

6.6.3 测量质量

测项信度分析显示，促销信息真实性信度 0.841，网购经验信度 0.714，网店熟悉度信度 0.713，促销评价信度为 0.702，情绪信度为 0.851，产品知识信度 0.808，消费者涉入度信度为 0.762，量表整体信度为 0.848。由于本文量表均参考前人的成熟量表，因此，量表信度有保障。

表 6-36 促销信息真实性信度

Cronbach's Alpha	项数
0.841	4

表 6-37 网购经验信度

Cronbach's Alpha	项数
0.714	2

表 6-38 网店熟悉度信度

Cronbach's Alpha	项数
0.713	2

表 6-39 促销信息评价信度

Cronbach's Alpha	项数
0.702	2

表 6-40 情绪信度

Cronbach's Alpha	项数
0.851	2

表 6-41 产品知识信度

Cronbach's Alpha	项数
0.808	2

表 6-42 消费者涉入度信度

Cronbach's Alpha	项数
0.762	2

表 6-43 整体量表信度

Cronbach's Alpha	项数
0.848	12

6.6.4 操控检验

首先是虚假促销类型，剔除误判虚假促销类型的样本后，3 种促销类型刺激物有效样本数分别为 219、212、214，能够准确判断虚假促销类型。

表 6-44 虚假促销类型描述统计

		频率	百分比	有效百分比	累积百分比
有效	价格虚假促销	219	34.0	34.0	34.0
	时长虚假促销	212	32.9	32.9	66.8
	赠品虚假促销	214	33.2	33.2	100.0
	合计	645	100.0	100.0	

网店信息真实性操控检验。被试对网店信息真实性评价在 3 个实验组不存在显著差异（$M_{价格虚假促销}$=7.59，$M_{时长虚假促销}$=7.55，$M_{赠品虚假促销}$=7.547，$F_{(2, 642)}$=0.209，p=0.811），因此，可以忽略网店信息真实性评价的干扰。

表 6-45 促销信息评价描述性统计

促销信息评价			
虚假促销类型	均值	N	标准差
价格虚假促销	7.593 6	219	0.779 12
时长虚假促销	7.554 2	212	0.872 50
赠品虚假促销	7.546 7	214	0.778 32
总计	7.565 1	645	0.809 75

表 6-46　促销信息评价单因素方差分析

促销信息评价				
	平方和	df	均方	F	显著性
组间	0.275	2	0.138	0.209	0.811
组内	421.990	642	0.657		
总数	422.265	644			

网店经验操控检验。被试对网店经验在 3 个实验组不存在显著差异
（ M $_{价格虚假促销}$=7.76，M $_{时长虚假促销}$=7.89，M $_{赠品虚假促销}$=7.85，F（2，642）=1.340，
p=0.263 ），因此，可以忽略网店经验的干扰。

表 6-47　网店经验描述性统计

虚假促销类型	均值	N	标准差
价格虚假促销	7.764 8	219	0.911 54
时长虚假促销	7.893 9	212	0.853 93
赠品虚假促销	7.852 8	214	0.735 14
总计	7.836 4	645	0.837 77

表 6-48　网店经验单因素方差分析

	平方和	df	均方	F	显著性
组间	1.879	2	0.940	1.340	0.263
组内	450.115	642	0.701		
总数	451.994	644			

网店熟悉度操控检验。被试对网店熟悉度在 3 个实验组不存在显著差异
（ M $_{价格虚假促销}$=7.98，M $_{时长虚假促销}$=8.02，M $_{赠品虚假促销}$=8.03，F（2，642）=0.242，p=0.785 ），
因此，可以忽略网店熟悉度的干扰。

表 6-49　网店熟悉度描述性统计

虚假促销类型	均值	N	标准差
价格虚假促销	7.986 3	219	0.758 62
时长虚假促销	8.028 3	212	0.829 92
赠品虚假促销	8.035 0	214	0.785 69
总　计	8.016 3	645	0.790 65

表 6-50　网店熟悉度单因素方差分析

	平方和	df	均方	F	显著性
组间	0.303	2	0.151	0.242	0.785
组内	402.276	642	0.627		
总数	402.579	644			

消费者涉入度操控检验。被试涉入度在 3 个实验组不存在显著差异（M 价格虚假促销 =7.56，M 时长虚假促销=7.71，M 赠品虚假促销=7.73，F（2，642）=1.884，p=0.153），因此，可以忽略消费者涉入度的干扰。

表 6-51　消费者涉入度描述性统计

虚假促销类型	均值	N	标准差
价格虚假促销	7.568 5	219	1.012 47
时长虚假促销	7.714 6	212	0.967 44
赠品虚假促销	7.731 3	214	0.899 40
总计	7.670 5	645	0.962 61

表 6-52　消费者涉入度单因素方差分析

	平方和	df	均方	F	显著性
组间	3.483	2	1.741	1.884	0.153
组内	593.258	642	0.924		
总数	596.740	644			

情绪操控检验。被试情绪在 3 个实验组不存在显著差异（M 价格虚假促销=7.18，M 时长虚假促销=7.34，M 赠品虚假促销=7.26，F（2，642）=0.766，p=0.465），因此，可以忽略情绪的干扰。

表 6-53　情绪描述性统计

虚假促销类型	均值	N	标准差
价格虚假促销	7.189 5	219	1.322 68
时长虚假促销	7.346 7	212	1.366 96
赠品虚假促销	7.264 0	214	1.264 97
总计	7.265 9	645	1.318 26

表 6-54　情绪单因素方差法分析

	平方和	df	均方	F	显著性
组间	2.663	2	1.332	0.766	0.465
组内	1 116.486	642	1.739		
总数	1 119.150	644			

虚假促销深度操控检验。虚假促销深度高低组间存在显著差异（$M_{虚假促销深度高}$=7.15，$M_{虚假促销深度低}$=3.11，$F_{(1, 643)}$=2 055.639，$p<0.05$），因此，虚假促销深度操控成功。

表 6-55　虚假促销深度描述性统计

虚假促销深度	均值	N	标准差
低	3.11	323	1.109
高	7.15	322	1.154
总计	5.13	645	2.317

表 6-56　虚假促销深度单因素方差分析

	平方和	df	均方	F	显著性
组间	2 632.788	1	2 632.788	2 055.639	0.000
组内	823.531	643	1.281		
总数	3 456.319	644			

6.6.5　假设检验

检验 H1：与赠品虚假相比，价格虚假（H1a）和时长虚假（H1b）对竞争网店的溢出效应更大。首先比较均值，发现价格促销与时长虚假促销对溢出效应的影响大于赠品虚假促销（$M_{价格虚假促销}$=-1.00，$M_{时长虚假促销}$=-0.74，$M_{赠品虚假促销}$=-0.66）。其次单因素方差分析显示三者均值存在显著差异（$F_{(1, 643)}$=16.811，p=0.000<0.05），因此假设 H1 第二次成立。

表 6-57　溢出效应描述性统计

虚假促销类型	均值	N	标准差
价格虚假促销	−1.006 8	219	1.615 21
时长虚假促销	−0.747 6	212	1.523 51
赠品虚假促销	−0.663 6	214	1.473 20
总计	−0.807 8	645	1.543 70

表 6-58　溢出效应单因素方差分析

	平方和	df	均方	F	显著性
组间	39.101	1	39.101	16.811	0.000
组内	1 495.561	643	2.326		
总数	1 534.661	644			

检验 H2，即虚假促销深度越高，虚假促销对竞争网店溢出效应的影响越大。分析结果表明，虚假促销深度对竞争网店的溢出效应的主效应显著（$M_{虚假促销深度高}=-1.05$，$M_{虚假促销深度低}=-0.56$，$F_{(1, 643)}=16.811$，$p<0.05$）。因此，研究假设 H2 得到支持。

表 6-59　溢出效应描述性统计

虚假促销深度	均值	N	标准差
低	−0.561 9	323	1.508 01
高	−1.054 3	322	1.542 04
总计	−0.807 8	645	1.543 70

表 6-60　溢出效应单因素方差分析

	平方和	df	均方	F	显著性
组间	39.101	1	39.101	16.811	0.000
组内	1 495.561	643	2.326		
总数	1 534.661	644			

6.7 本章小结

负面事件严重程度，又称伤害性、危害性，是影响危机结果的重要因素，对消费者的认知和购买决策产生重要影响。网店虚假促销发生之后，不仅负面影响焦点网店的销售与品牌形象，还可能向竞争溢出，加剧虚假促销的影响。虚假促销严重程度如何影响危机对竞争品牌的负面溢出效应？这是竞争网店需要了解却尚不清楚的问题。

品牌负面事件越严重，消费者感知风险越高，品牌负面事件就越容易溢出到竞争品牌；被召回产品的潜在后果越严重，其负面影响会更容易溢出到母品牌下的其他子品牌。就虚假促销而言，虚假促销深度可作为衡量虚假促销严重性的方式。虚假促销深度越高，网店对价格优惠、时间限制和赠品价值的夸大或虚构程度越大，导致消费者对虚假促销形成更为严重的感知，进而触发更强的溢出效应。

本章以手机为网店虚假促销产品为样本，采用实验法验证了假设 H2。先进行了前测实验，两种虚假促销类型刺激物模拟成功，然后进行了正式实验，主要通过方差分析等数理统计方法证实了虚假促销深度越高，虚假促销对竞争网店溢出效的影响越大。虚假促销深度是虚假促销严重程度的衡量，严重性是影响产品伤害危机溢出效应的重要变量（Siomkos and Triantafillidou et al.，2010），本文在网店虚假促销溢出效应领域再次验证了其重要作用，即与以往研究呼应，又证实其在网店虚假促销中的重要影响。

7 研究 3：虚假促销情景对竞争网店溢出效应的影响

7.1 研究背景

本文通过归纳现有文献对负面事件情景的研究，结合现实案例，发现在虚假促销情境下，由于虚假促销的群发性、频发性特征，焦点网店虚假促销事件可能演变为一场行业危机，这对竞争网店的应对难度及要求进一步增大。汪兴东，景奉杰和涂铭（2012）认为，群发性产品伤害危机的行业负面溢出效应比单发性更强（汪兴东，景奉杰和涂铭，2012），而佘秋玲（2010）认为，负面事件特征应包含事件严重性、事件归因、事件群发性和事件关联性四方面（佘秋玲，2010），因此，本研究重点从虚虚假促销群发性、频发性研究虚假促销情景的负面溢出效应，为竞争网店快速预判虚假促销负面溢出影响提供指导。

7.2 实验设计

本研究采用 2（群发性：高 vs 低）×2（频发性：高 vs 低）的组间设计，研究虚假促销情景对竞争网店溢出效应的差异化影响。根据研究假设，本章节设计了群发性、频发性刺激物。

群发性低刺激物。据网易财经 2016 年 11 月 15 日热点报道：A 羽绒服专营网店在"双十一"进行了"全场 5 折"的促销活动，称一款羽绒服"原价 1 100 元，促销期间只要 550 元，仅为原价的 5 折"。然而，细心的买家发现，该款羽绒服在 11 月之前的价格就是 550 元，"双十一"促销只是把价格提到 1 100 元，是典型的"先提价再打折"。

群发性高刺激物。据网易财经 2016 年 11 月 15 日热点报道：A、B、C、

D、E、F 等 5 家羽绒服专营网店在"双十一"进行了"全场 5 折"的促销活动，称一款羽绒服"原价 1 100 元，促销期间只要 550 元，仅为原价的 5 折"。然而，细心的买家发现，该款羽绒服在 11 月之前的价格就是 550 元，"双十一"促销只是把价格提到 1 100 元，是典型的"先提价再打折"。

频发性低刺激物。据网易财经 2016 年 11 月 15 日热点报道：A 羽绒服专卖店在淘宝网上经营网店已经 3 年了，为答谢顾客的厚爱，在 2016 年"双十一"举办了首届"迎 3 周年店庆、全场 5 折"的促销活动。比如，一款羽绒服"原价 1 100 元，促销期间只要 550 元，仅为原价的 5 折"。然而，细心的买家发现，该款羽绒服在 11 月之前的价格就是 550 元，"双十一"促销只是把价格提到 1 100 元，是典型的"先提价再打折"。

频发性高刺激物。据网易财经 2016 年 11 月 15 日热点报道：A 羽绒服专卖店在淘宝网上经营网店已经 3 年了，为答谢顾客的厚爱，A 羽绒服专营网店每年在"双十一"都会进行"全场 5 折"的促销活动。然而，细心的买家发现，该品牌羽绒服网店每年都被爆出虚假促销行为，比如，一款羽绒服"原价 1 100 元，促销期间只要 550 元，仅为原价的 5 折"，但是该款羽绒服在 11 月之前的价格就是 550 元，"双十一"只是把价格提到 1 100 元，是典型的"先提价再打折"。

7.3　实验程序

问卷均经网络向样本发放，被试的样本来源完全随机，不受到人口统计学因素影响，故可认为样本来源符合选取要求。研究实验程序如下，首先进行前测实验，验证刺激物的有效性；然后进行正式实验，以检验研究假设。正式实验研究包括以下部分。

（1）虚假促销情景刺激物描述；

（2）变量测量；

（3）人口统计特征题项。

7.4　变量测量

本文采用 9 分 Likert 量表（最小分值为 1 分，最大分值为 9 分，分值越高表示越同意）对刺激物进行了变量测量。首先是对虚假促销情景的测量，测量虚假促销群发性的题项是"有多家网店发生了虚假促销"；测量虚假促销频发性的题项是"该网店进行了多次虚假促销"。其次是对溢出效应的测量，测量题项包括"B 网店的促销信息是可信的"，"B 网店的促销信息是真实的"，"B 网店的促销信息是可靠的"、"我现在心情不错"和"我非常开心参加此次调查"。

7.5 前测实验

7.5.1 前测样本

本文邀请了 130 人参与前测实验，其中，高群发·低频发组 31 人，高群发·高频发组 35 人，低群发·低频发组 32 人，低群发·高频发组 32 人。

表 7-1 群发性*频发性描述性统计

		频率	百分比	有效百分比	累积百分比
有效	高群发·低频发	31	23.8	23.8	23.8
	高群发·高频发	35	26.9	26.9	50.8
	低群发·低频发	32	24.6	24.6	75.4
	低群发·高频发	32	24.6	24.6	100.0
	合计	130	100.0	100.0	

其中，男性样本 65 人，女性样本 65 人。单因素方差分析显示，性别对各变量的影响不具备明显差异（$p>0.05$）。

表 7-2 性别描述性统计

		频率	百分比	有效百分比	累积百分比
有效	男	65	50.0	50.0	50.0
	女	65	50.0	50.0	100.0
	合计	130	100.0	100.0	

表 7-3　性别对各变量的单因素方差分析

		平方和	df	均方	F	显著性
信息真实性	组间	3.883	4	0.971	0.258	0.904
	组内	469.550	125	3.756		
	总数	473.432	129			
网购经验	组间	6.313	4	1.578	1.187	0.320
	组内	166.234	125	1.330		
	总数	172.547	129			
网购平台熟悉度	组间	6.091	4	1.523	1.055	0.382
	组内	180.354	125	1.443		
	总数	186.445	129			
促销信息真实性	组间	8.939	4	2.235	1.223	0.305
	组内	228.438	125	1.828		
	总数	237.377	129			
溢出效应	组间	32.420	4	8.105	1.858	0.122
	组内	545.389	125	4.363		
	总数	577.809	129			
网店相似性	组间	27.427	4	6.857	3.177	0.056
	组内	269.806	125	2.158		
	总数	297.233	129			

其中，初中及其以下学历 2 人，高中/中专学历 9 人，大专学历人 40 人，本科学历人 71 人，研究生及其以上学历人 8 人。单因素方差分析显示，学历对各变量影响不具备显著性差异（$p>0.05$）。

表 7-4　学历描述性统计

		频率	百分比	有效百分比	累积百分比
有效	初中及其以下	2	1.5	1.5	1.5
	高中/中专	9	6.9	6.9	8.5
	大专	40	30.8	30.8	39.2
	本科	71	54.6	54.6	93.8
	研究生及其以上	8	6.2	6.2	100.0
	合计	130	100.0	100.0	

网店虚假促销溢出效应研究

表7-5 学历对各变量的单因素方差分析

		平方和	df	均方	F	显著性
信息真实性	组间	5.849	4	1.462	0.391	0.815
	组内	467.583	125	3.741		
	总数	473.432	129			
网购经验	组间	7.796	4	1.949	1.479	0.213
	组内	164.751	125	1.318		
	总数	172.547	129			
网购平台熟悉度	组间	8.919	4	2.230	1.570	0.186
	组内	177.526	125	1.420		
	总数	186.445	129			
促销信息真实性	组间	2.178	4	0.544	0.289	0.884
	组内	235.199	125	1.882		
	总数	237.377	129			
溢出效应	组间	21.924	4	5.481	1.233	0.301
	组内	555.884	125	4.447		
	总数	577.809	129			
网店相似性	组间	20.445	4	5.111	2.308	0.062
	组内	276.787	125	2.214		
	总数	297.233	129			

其中，25岁以下23人，26~30岁69人，31~35岁27人，36~40岁以上9人，41岁以上2人。单因素方差分析显示，年龄对各变量影响不具备显著性差异（$p>0.05$）。

表7-6 年龄描述性统计

		频率	百分比	有效百分比	累积百分比
有效	25岁以下	23	17.7	17.7	17.7
	26-30岁	69	53.1	53.1	70.8
	31-35岁	27	20.8	20.8	91.5
	36-40岁	9	6.9	6.9	98.5
	41岁	2	1.5	1.5	100.0
	合计	130	100.0	100.0	

表 7-7 年龄对各变量的单因素方差分析

		平方和	df	均方	F	显著性
信息真实性	组间	3.883	4	0.971	0.258	0.904
	组内	469.550	125	3.756		
	总数	473.432	129			
网购经验	组间	6.313	4	1.578	1.187	0.320
	组内	166.234	125	1.330		
	总数	172.547	129			
网购平台熟悉度	组间	6.091	4	1.523	1.055	0.382
	组内	180.354	125	1.443		
	总数	186.445	129			
促销信息真实性	组间	8.939	4	2.235	1.223	0.305
	组内	228.438	125	1.828		
	总数	237.377	129			
溢出效应	组间	32.420	4	8.105	1.858	0.122
	组内	545.389	125	4.363		
	总数	577.809	129			
网店相似性	组间	27.427	4	6.857	3.177	0.016
	组内	269.806	125	2.158		
	总数	297.233	129			

7.5.2 变量描述

按照群发与频发的交互，本文对调查各变量均值与标准差进行测量，结果见下表：

表 7-8　调查样本描述性统计

		溢出效应	网店相似性	信息真实性	网购经验	网购平台熟悉度	促销信息真实性
高群发·低频发	均值	−2.333 3	7.241 9	4.462 4	7.591 4	7.376 3	5.629 0
	N	31	31	31	31	31	31
	标准差	1.958 84	1.303 02	1.459 78	1.258 19	1.373 67	0.995 09
低群发·高频发	均值	−2.601 9	7.000 0	4.175 9	7.722 2	7.500 0	5.476 9
	N	36	36	36	36	36	36
	标准差	2.149 67	1.454 06	1.830 06	1.067 56	1.150 57	1.296 61
低群发·低频发	均值	−0.959 6	6.893 9	5.464 6	7.747 5	7.636 4	5.944 4
	N	33	33	33	33	33	33
	标准差	1.973 36	1.735 46	1.727 91	1.296 44	1.225 78	1.228 75
高群发·高频发	均值	−1.166 7	6.816 7	5.900 0	7.811 1	7.677 8	6.483 3
	N	30	30	30	30	30	30
	标准差	1.939 21	1.583 77	2.133 75	1.027 15	1.077 40	1.678 32
总计	均值	−1.789 7	6.988 5	4.969 2	7.717 9	7.546 2	5.864 1
	N	130	130	130	130	130	130
	标准差	2.116 40	1.517 94	1.915 73	1.156 54	1.202 21	1.356 51

7.5.3　测量质量

测项信度分析显示，网购经验信度 0.863，网店熟悉度信度 0.888，网店相似性信度为 0.690，促销信息真实性信度 0.853，情绪信度 0.869，整体量表信度 0.841。因此本研究信度较高。由于本文量表均参考前人的成熟量表，因此，量表信度有保障。

表 7-9　网购经验信度

Cronbach's Alpha	项数
0.863	3

表 7-10　网购熟悉度信度

Cronbach's Alpha	项数
0.888	3

表 7-11　网店相似性信度

Cronbach's Alpha	项数
0.690	2

表 7-12　促销信息真实性信度

Cronbach's Alpha	项数
0.853	6

表 7-13　整体量表信度

Cronbach's Alpha	项数
0.841	14

7.5.4　前测结果

网店相似性操控检验。被试对网店相似性在四种群发与频发的交互情况下不存在显著性差异（$M_{高群发·低频发}$=7.241，$M_{低群发·高频发}$=7.00，$M_{低群发·低频发}$=6.893，$M_{高群发·高频发}$=7.817；$F_{(3, 126)}$=0.454，p=0.715>0.05），因此，可以忽略网店相似性的干扰。

表 7-14　网店相似性分组统计

组	均值	N	标准差
高群发·低频发	7.241 9	31	1.303 02
低群发·高频发	7.000 0	36	1.454 06
低群发·低频发	6.893 9	33	1.735 46
高群发·高频发	6.816 7	30	1.583 77
总计	6.988 5	130	1.517 94

表 7-15 网店相似性单因素方差分析

	平方和	df	均方	F	显著性
组间	3.177	3	1.059	0.454	0.715
组内	294.056	126	2.334		
总数	297.233	129			

网店促销信息真实性操控检验。被试对网店促销信息真实性在四种群发与频发的交互情况下不存在显著性差异($M_{高群发·低频发}=4.462$, $M_{低群发·高频发}=4.176$, $M_{低群发·低频发}=5.465$, $M_{高群发·高频发}=5.900$; $F (3, 126) =6.650$, $p=0.09>0.05$),因此,可以忽略网店促销信息真实性的干扰。

表 7-16 信息真实性分组统计

组	均值	N	标准差
高群发·低频发	4.462 4	31	1.459 78
低群发·高频发	4.175 9	36	1.830 06
低群发·低频发	5.464 6	33	1.727 91
高群发·高频发	5.900 0	30	2.133 75
总计	4.969 2	130	1.915 73

表 7-17 促销信息真实性单因素方差分析

	平方和	df	均方	F	显著性
组间	64.710	3	21.570	6.650	.090
组内	408.723	126	3.244		
总数	473.432	129			

网购经验操控检验。被试对网购经验在四种群发与频发的交互情况下不存在显著性差异($M_{高群发·高频发}=7.591$, $M_{低群发·高频发}=7.222$, $M_{低群发·低频发}=7.748$, $M_{高群发·高频发}=7.811$; $F (3, 126) =6.650$, $p=0.192>0.05$),因此,可以忽略网购经验的干扰。

表 7-18　网购经验分组统计

组	均值	N	标准差
高群发·低频发	7.591 4	31	1.258 19
低群发·高频发	7.722 2	36	1.067 56
低群发·低频发	7.747 5	33	1.296 44
高群发·高频发	7.811 1	30	1.027 15
总计	7.717 9	130	1.156 54

表 7-19　网购经验单因素方差分析

	平方和	df	均方	F	显著性
组间	0.786	3	0.262	0.192	0.902
组内	171.761	126	1.363		
总数	172.547	129			

网络平台熟悉度操控检验。被试对网络平台熟悉度在四种群发与频发的交互情况下不存在显著性差异（$M_{高群发·低频发}=7.376$，$M_{低群发·高频发}=7.500$，$M_{低群发·低频发}=7.636$，$M_{高群发·高频发}=7.678$；$F（3，126）=0.400$，$p=0.753>0.05$），因此，可以忽略网络平台熟悉度的干扰。

表 7-20　网购平台熟悉度分组统计

组	均值	N	标准差
高群发·低频发	7.376 3	31	1.373 67
低群发·高频发	7.500 0	36	1.150 57
低群发·低频发	7.636 4	33	1.225 78
高群发·高频发	7.677 8	30	1.077 40
总计	7.546 2	130	1.202 21

表 7-21　网购平台熟悉度单因素方差分析

	平方和	df	均方	F	显著性
组间	1.759	3	0.586	0.400	0.753
组内	184.686	126	1.466		
总数	186.445	129			

促销信息真实性操控检验。被试对促销信息真实性在四种群发与频发的交互情况下不存在显著性差异（$M_{高群发·低频发}$=5.629，$M_{低群发·高频发}$=5.477，$M_{低群发·低频发}$=5.944，$M_{高群发·高频发}$=6.483；$F_{(3, 126)}$=3.618，p=0.095>0.05），因此，可以忽略促销信息真实性的干扰。

表 7-22　促销信息真实性分组统计

组	均值	N	标准差
高群发·低频发	5.629 0	31	0.995 09
低群发·高频发	5.476 9	36	1.296 61
低群发·低频发	5.944 4	33	1.228 75
高群发·高频发	6.483 3	30	1.678 32
总计	5.864 1	130	1.356 51

表 7-23　促销信息真实性单因素方差分析

	平方和	df	均方	F	显著性
组间	18.828	3	6.276	3.618	0.095
组内	218.549	126	1.735		
总数	237.377	129			

7.6　正式实验

7.6.1　样本描述

本研究通过网络发放问卷的方式收集数据，有效样本总量为 645 个，其中低群发·低频发组 65 人，低群发·高频发组 65 人，高群发·低频发组 66 人，高群发·高频发组 68 人。

表 7-24　样本分组统计

	组	频率	百分比	有效百分比	累积百分比
有效	低群发·低频发	65	24.6	24.6	24.6
	低群发·高频发	65	24.6	24.6	49.2
	高群发·低频发	66	25.0	25.0	74.2
	高群发·高频发	68	25.8	25.8	100.0
	合计	264	100.0	100.0	

其中，男性样本有 136 人，女性样本有 128 人。单因素方差分析显示，性别对各变量无显著影响（$p > 0.05$）。

表 7-25　性别描述性统计

		频率	百分比	有效百分比	累积百分比
有效	男	136	51.5	51.5	51.5
	女	128	48.5	48.5	100.0
	合计	264	100.0	100.0	

表 7-26　性别对各变量的单因素方差分析

		平方和	df	均方	F	显著性
溢出效应	组间	15.276	1	15.276	4.112	0.054
	组内	973.309	262	3.715		
	总数	988.584	263			
网店相似性	组间	12.318	1	12.318	6.232	0.063
	组内	517.901	262	1.977		
	总数	530.219	263			
信息真实性	组间	11.389	1	11.389	3.127	0.078
	组内	954.140	262	3.642		
	总数	965.529	263			
网购经验	组间	2.188	1	2.188	1.581	0.210
	组内	362.477	262	1.384		
	总数	364.665	263			

		平方和	df	均方	F	显著性
网购平台熟悉度	组间	0.183	1	0.183	0.127	0.722
	组内	378.251	262	1.444		
	总数	378.434	263			
促销信息真实性	组间	2.018	1	2.018	1.020	0.314
	组内	518.573	262	1.979		
	总数	520.590	263			

其中，初中及其以下学历 4 人，高中/中专学历 16 人，大专学历 69 人，本科学历 158 人，研究生及其以上学历 17 人。单因素方差分析显示，学历对各变量没有显著影响（$p > 0.05$）。

表 7-27 学历描述性统计

	组	频率	百分比	有效百分比	累积百分比
有效	初中及其以下	4	1.5	1.5	1.5
	高中/中专	16	6.1	6.1	7.6
	大专	69	26.1	26.1	33.7
	本科	158	59.8	59.8	93.6
	研究生及其以上	17	6.4	6.4	100.0
	合计	264	100.0	100.0	

表 7-28 学历对各变量的单因素方差法分析

		平方和	df	均方	F	显著性
溢出效应	组间	10.219	4	2.555	0.676	0.609
	组内	978.365	259	3.777		
	总数	988.584	263			
网店相似性	组间	17.098	4	4.274	2.158	0.074
	组内	513.121	259	1.981		
	总数	530.219	263			

续表

		平方和	df	均方	F	显著性
信息真实性	组间	9.673	4	2.418	0.655	0.624
	组内	955.856	259	3.691		
	总数	965.529	263			
网购经验	组间	16.519	4	4.130	3.072	0.017
	组内	348.146	259	1.344		
	总数	364.665	263			
网购平台熟悉度	组间	18.320	4	4.580	3.294	0.012
	组内	360.114	259	1.390		
	总数	378.434	263			
促销信息真实性	组间	14.704	4	3.676	1.882	0.114
	组内	505.887	259	1.953		
	总数	520.590	263			

其中，25 岁以下 41 人，26～30 岁 146 人，31～35 岁 57 人，36～40 岁 17 人，41 岁 3 人。样本的人口统计分布较为均衡，单因素方差分析显示，年龄对各变量无显著影响（$p>0.05$）。

表 7-29　年龄描述性统计

		频率	百分比	有效百分比	累积百分比
有效	25 岁以下	41	15.5	15.5	15.5
	26～30 岁	146	55.3	55.3	70.8
	31～35 岁	57	21.6	21.6	92.4
	36～40 岁	17	6.4	6.4	98.9
	41 岁	3	1.1	1.1	100.0
	合计	264	100.0	100.0	

网店虚假促销溢出效应研究

表 7-30　年龄对各变量的单因素方差分析

		平方和	df	均方	F	显著性
溢出效应	组间	23.955	4	5.989	1.608	0.173
	组内	964.630	259	3.724		
	总数	988.584	263			
网店相似性	组间	51.657	4	12.914	6.989	0.000
	组内	478.562	259	1.848		
	总数	530.219	263			
信息真实性	组间	12.709	4	3.177	0.864	0.486
	组内	952.820	259	3.679		
	总数	965.529	263			
网购经验	组间	13.780	4	3.445	2.543	0.040
	组内	350.885	259	1.355		
	总数	364.665	263			
网购平台熟悉度	组间	11.864	4	2.966	2.096	0.082
	组内	366.570	259	1.415		
	总数	378.434	263			
促销信息真实性	组间	22.256	4	5.564	2.892	0.023
	组内	498.334	259	1.924		
	总数	520.590	263			

7.6.2　变量描述

按照群发与频发的交互，本文对调查各变量均值与标准差进行测量，结果见下表：

表 7-31　正式调查样本描述性统计

类型		溢出效应	网店相似性	信息真实性	网购经验	网购平台熟悉度	促销信息真实性
低群发·低频发	均值	−0.800 0	6.738 5	5.876 9	7.523 1	7.564 1	6.276 9
	N	65	65	65	65	65	65
	标准差	1.538 62	1.240 93	1.619 72	1.235 99	1.234 52	1.306 13
低群发·高频发	均值	−0.851 3	7.023 1	5.933 3	7.733 3	7.641 0	6.359 0
	N	65	65	65	65	65	65
	标准差	1.634 09	1.418 16	1.973 96	1.189 07	1.196 50	1.567 42
高群发·低频发	均值	−1.035 4	6.856 1	5.697 0	7.742 4	7.651 5	6.214 6
	N	66	66	66	66	66	66
	标准差	1.930 53	1.619 03	1.912 38	1.148 46	1.134 44	1.449 95
高群发·高频发	均值	−2.524 5	7.125 0	4.279 4	7.676 5	7.455 9	5.541 7
	N	68	68	68	68	68	68
	标准差	2.073 54	1.375 08	1.667 77	1.150 34	1.245 76	1.153 04
总计	均值	−1.315 7	6.937 5	5.434 3	7.669 2	7.577 0	6.092 2
	N	264	264	264	264	264	264
	标准差	1.938 78	1.419 87	1.916 04	1.177 52	1.199 55	1.406 92

7.6.3　测量质量

测项信度分析显示,促销信息真实性信度 0.861,网购经验信度 0.872,网店熟悉度信度 0.617,促销信息真实性信度为 0.883,量表整体信度为 0.872。由于本文量表均参考前人的成熟量表,因此,量表信度有保障。

表 7-32　网购经验信度

Cronbach's Alpha	项数
0.861	3

表 7-33　网络平台熟悉度信度

Cronbach's Alpha	项数
0.872	3

表 7-34　网购熟悉度信度

Cronbach's Alpha	项数
0.617	2

表 7-35　促销信息真实性信度

Cronbach's Alpha	项数
0.883	6

表 7-36　整体量表信度

Cronbach's Alpha	项数
0.872	14

7.6.4　操控检验

网店相似性操控检验。被试对网店相似性在四种群发与频发的交互情况下不存在显著性差异（$M_{高群发·低频发}$=6.739，$M_{低群发·高频发}$=7.023，$M_{低群发·低频发}$=6.856，$M_{高群发·高频发}$=7.125；$F（3，260）$=0.972，p=0.407>0.05），因此，可以忽略网店相似性的干扰。

表 7-37　网店相似性分组统计

类型	均值	N	标准差
高群发·低频发	6.738 5	65	1.240 93
低群发·高频发	7.023 1	65	1.418 16
低群发·低频发	6.856 1	66	1.619 03
高群发·高频发	7.125 0	68	1.375 08
总计	6.937 5	264	1.419 87

表 7-38　网店相似性单因素方差分析

	平方和	df	均方	F	显著性
组间	5.879	3	1.960	0.972	0.407
组内	524.339	260	2.017		
总数	530.219	263			

信息真实性操控检验。被试对信息真实性在四种群发与频发的交互情况下不存在显著性差异（$M_{高群发·低频发}$=7.241，$M_{低群发·高频发}$=7.00，$M_{低群发·低频发}$=6.893，$M_{高群发·高频发}$=7.817；$F_{(3, 126)}$=0.454，p=0.715>0.05），因此，可以忽略信息真实性的干扰。

表 7-39　促销信息真实性分组统计

类型	均值	N	标准差
高群发·低频发	5.876 9	65	1.619 72
低群发·高频发	5.933 3	65	1.973 96
低群发·低频发	5.697 0	66	1.912 38
高群发·高频发	4.279 4	68	1.667 77
总计	5.434 3	264	1.916 04

表 7-40　促销信息真实性单因素方差分析

	平方和	df	均方	F	显著性
组间	124.172	3	41.391	12.791	0.070
组内	841.357	260	3.236		
总数	965.529	263			

网购经验操控检验。被试对网购经验在四种群发与频发的交互情况下不存在显著性差异（$M_{高群发·低频发}$=7.523，$M_{低群发·高频发}$=7.733，$M_{低群发·低频发}$=7.742，$M_{高群发·高频发}$=7.677；$F_{(3, 260)}$=0.481，p=0.715>0.05），因此，可以忽略网购经验的干扰。

表 7-41　网购经验分组统计

类型	均值	N	标准差
高群发·低频发	7.523 1	65	1.235 99
低群发·高频发	7.733 3	65	1.189 07
低群发·低频发	7.742 4	66	1.148 46
高群发·高频发	7.676 5	68	1.150 34
总计	7.669 2	264	1.177 52

表 7-42　网购经验单因素方差分析

	平方和	df	均方	F	显著性
组间	2.013	3	0.671	0.481	0.696
组内	362.652	260	1.395		
总数	364.665	263			

网购平台熟悉度操控检验。被试对网购平台熟悉度在四种群发与频发的交互情况下不存在显著性差异（M $_{高群发·低频发}$=7.56，M $_{低群发·高频发}$=7.64，M $_{低群发·低频发}$=7.65，M $_{高群发·高频发}$=7.45；F（3，260）=0.481，p=0.378>0.05），因此，可以忽略网购平台熟悉度的干扰。

表 7-43　网购平台熟悉度分组统计

类型	均值	N	标准差
高群发·低频发	7.564 1	65	1.234 52
低群发·高频发	7.641 0	65	1.196 50
低群发·低频发	7.651 5	66	1.134 44
高群发·高频发	7.455 9	68	1.245 76
总计	7.577 0	264	1.199 55

表 7-44　网购平台熟悉度单因素方差分析

	平方和	df	均方	F	显著性
组间	1.641	3	0.547	0.378	0.769
组内	376.793	260	1.449		
总数	378.434	263			

促销信息真实性操控检验。被试对促销信息真实性在四种群发与频发的交互情况下不存在显著性差异（M $_{高群发·低频发}$=6.28，M $_{低群发·高频发}$=6.36，M $_{低群发·低频发}$=6.21，M $_{高群发·高频发}$=5.54；F（3，260）=5.09，p=0.052>0.05），因此，可以忽略促销信息真实性的干扰。

表 7-45　促销信息真实性分组统计

类型	均值	N	标准差
8.00	6.276 9	65	1.306 13
10.00	6.359 0	65	1.567 42
12.00	6.214 6	66	1.449 95
15.00	5.541 7	68	1.153 04
总计	6.092 2	264	1.406 92

表 7-46　促销信息真实性单因素方差分析

	平方和	df	均方	F	显著性
组间	28.443	3	9.481	5.009	0.052
组内	492.147	260	1.893		
总数	520.590	263			

7.6.5　假设检验

首先检验假设 H3，即虚假促销事件发生后，事件群发性越高，焦点网店的虚假促销对竞争网店的负面溢出效应越强。单因素方差分析结果显示，群发性高、低组对溢出效应的主效应显著（$M_{群发性低组}=-0.83$，$M_{群发性高组}=-1.79$，$F_{(1, 262)}=17.380$，$p<0.001$），即事件群发性越高，焦点网店的虚假促销对竞争网店的负面溢出效应越强。因此，H3 得到支持。

表 7-47　溢出效应描述性统计

群发性	均值	N	标准差
低群发	-0.825 6	130	1.581 12
高群发	-1.791 0	134	2.132 09
总计	-1.315 7	264	1.938 78

表 7-48　溢出效应单因素方差分析

	平方和	df	均方	F	显著性
组间	61.498	1	61.498	17.380	0.000
组内	927.086	262	3.538		
总数	988.584	263			

其次，检验假设 H4，即虚假促销事件发生后，事件频发性越高，焦点网店的虚假促销对竞争网店的负面溢出效应越强。单因素方差分析结果显示，群发性高、低组对溢出效应的主效应显著（$M_{频发性低组}=-0.92$，$M_{频发性高组}=-1.71$，$F_{(1, 262)}=11.336$，$p=0.001<0.05$），即事件频发性越高，焦点网店的虚假促销对竞争网店的负面溢出效应越强。因此，假设 H4 得到支持。

表 7-49　溢出效应描述性统计

频发性	均值	N	标准差
低频发	−0.918 6	131	1.744 39
高频发	−1.706 8	133	2.044 96
总计	−1.315 7	264	1.938 78

表 7-50　溢出效应单因素方差分析

	平方和	df	均方	F	显著性
组间	41.000	1	41.000	11.336	0.001
组内	947.584	262	3.617		
总数	988.584	263			

最后，检验假设 H5，即虚假促销事件中，虚假促销频发性将会调节群发性对竞争网店负面溢出效应的影响。虚假促销群发性高低组对竞争网店的溢出效应的主效应显著（$F_{(1, 262)}=18.320$，$p<0.05$）；虚假促销群发性高低组对竞争网店的溢出效应的主效应显著（$F_{(1, 262)}=11.934$，$p<0.05$）。多元方差的分析结果表明，虚假促销的群发性与频发性对竞争网店的溢出效应的交互效应显著（$F_{(3, 260)}=10.398$，$p=0.001<0.05$）。因此，虚假促销事件的群发性越高，频发性越高，虚假促销对竞争网店的溢出效应越强。因此假设 5 得到验证。

表 7-51　虚假促销事件的群发性、频发性对溢出效应的交互效应检验

源	Ⅲ 型平方和	自由度	均方	F	显著性
校正模型	135.856[a]	3	45.285	13.808	0.000
截距	447.923	1	447.923	136.573	0.000
群发性	60.084	1	60.084	18.320	0.000
频发性	39.140	1	39.140	11.934	0.001
群发性·频发性	34.102	1	34.102	10.398	0.001
误差	852.728	260	3.280		
总计	1 445.556	264			
校正的总计	988.584	263			

a. $R^2=0.137$（调整 $R^2=0.127$）

b. 使用 alpha 的计算结果=0.05

7.7　本章小结

本文通过归纳现有文献对负面事件情景的研究，结合现实案例，发现在虚假促销情境下，由于虚假促销的群发性、频发性特征，焦点网店虚假促销事件可能演变为一场行业危机，这对竞争网店的应对难度及要求进一步增大。因此，本章重点从虚虚假促销群发性、频发性研究虚假促销情景的负面溢出效应，为竞争网店快速预判虚假促销负面溢出影响提供指导。

与单发性虚假促销事件相比，消费者在群发性虚假促销中接触虚假信息的范围更广、角度更多，消费者从记忆中更容易提取虚假信息，可接近性越高；虚假促销负面信息在认知判断中权重更大，比正面信息更具有可诊断性（Roehm and Tybout, 2006）。此外，在线商家群发性虚假促销事件所传递的信息会增加叠加、重复，增加信息之间的关联性，提升虚假信息对消费者的负面影响，引发消费者对商品的挑选、比较，增加网店、产品之间的关联性，消费者越会感知竞争网店也存在相似的假促销问题，虚假促销群发性越高，消费者感知风险越高，虚假促销信息对竞争网店的负面溢出效应越强。频发接触或是反复接触的信息曝光将增加消费者的记忆，以及增加从记忆中提取信息的容易程度，即被曝光的信息越集中，接触的信息越多，信息的可接近

性越高；可诊断性是信息用于认知判断的有效程度，频发性越高，信息越集中，信息用于有效判断的效应越强，可诊断性越高。此外，在线商家虚假促销事件频发度越高，事件所传递的信息会增加叠加、重复，增加消费者的感知风险和转换网店的意愿，引发消费者对网店的挑选、比较，增加虚假促销焦点品牌与其竞争网店之间的关联性，即虚假促销频发性越高，消费者感知风险越高，虚假促销信息对竞争网店的负面溢出效应越强。

　　本章节以羽绒服为网店虚假促销产品为样本，采用实验法验证了假设H3、H4、H5。先进行了前测实验，虚假促销情景刺激物模拟成功，然后进行了正式实验，主要通过方差分析等数理统计方法证实了三个假设：一是关于事件群发性：虚假促销群发性越高，虚假促销对竞争网店的负面溢出就越强；二是关于事件频发性：虚假促销频发性越高，虚假促销对竞争网店的负面溢出就越强；三是频发性会调节虚假促销群发性对竞争网店负面溢出效应的影响。

8　研究4：社交距离的调节作用

8.1　研究背景

　　负面事件溢出效应会受到一系列因素的影响。从可接近性和可诊断性两个角度，现有研究已经发现，危机属性因素、焦点品牌因素、消费者因素、竞争品牌因素、情景因素会影响负面事件溢出。对负面事件的研究证实，社交距离会调节负面事件的溢出效应，但是没有关于社交距离对虚假促销溢出效应影响的研究。黄静，王新刚，童泽林（2011）研究发现社会距离会调节消费者对犯错品牌的评价（黄静与王新刚等，2011）。王财玉（2012）考察了社会距离对口碑信息接受者的影响。通过研究发现，在传播者与接受者社会距离较近的强关系下，提高口碑信息的可得性对口碑说服效果的影响更加显著，而在社会距离较远的弱关系下，提高口碑信息的价值影响效果则更明显（王财玉，2012）。熊艳，李常青，魏志华（2012）证实社会距离导致了溢出效应的异质性，距离最远的对立阵营在危机事件中获利，而中立阵营和联盟阵营则受损（熊艳与李常青等，2012）。因此，本研究推测，社交距离也是影响网店虚假促销溢出效应的重要因素，是重要的调节变量。

8.2　实验设计

　　本研究采用3（虚假促销类型：价格虚假 vs 赠品虚假 vs 时长虚假）×2（虚假促销类型：高 vs 低）×2（社交距离：远 vs 近）的组间实验设计，研究社交距离在焦点网店虚假促销对竞争网店溢出效应中的调节作用。根据研究假设，本章节设计了虚假促销类型刺激物、虚假促销深度刺激物、社交距离刺激物。

（1）价格虚假刺激物。

假如你的一位好朋友和你谈起在淘宝网上网购遭遇虚假促销的经历：看到一家手机网店（简称 A 手机网店，主要销售智能手机）在进行"全场 5 折"的促销活动，购买了一款手机。该款手机标称原价 1 100 元，促销期间只要 550 元，仅为原价的 5 折。而一周之后，该款手机并未恢复到原价，而是 649 元还享受直降 100 元优惠，价格较促销期间还便宜了 1 元。

（2）赠品虚假刺激物。

假如你的一位好朋友和你谈起在淘宝网上网购遭遇虚假促销的经历：看到一家手机网店（简称 A 手机网店，主要销售智能手机）在进行"买一赠一"的促销活动，购买了一款手机。该款手机标价 1 100 元，促销期间购买，赠送价值 1 100 元的智能手环一支。而一周之后，发现该智能手环的价格是 650 元还享受直降 100 元优惠，智能手环价格较促销期间便宜了一半。

（3）时长虚假刺激物。

假如你的一位好朋友和你谈起在淘宝网上网购遭遇虚假促销的经历：看到一家手机网店（简称 A 手机网店，主要销售智能手机）在进行"全场 5 折，限期 1 天"的促销活动，购买了一款手机。该款手机标称原价 1 100 元，促销当天只要 550 元，仅为原价的 5 折。而一周之后，该款手机并未恢复到原价，还是 550 元。

（4）低深度价格虚假促销刺激物。

① 低深度价格虚假刺激物。假如你的一位好朋友和你谈起在淘宝网上网购遭遇虚假促销的经历：看到一家手机网店（简称 A 手机网店，主要销售智能手机）在进行"全场 5 折"的促销活动，购买了一部手机。该款手机标称原价 1 100 元，促销期间只要 550 元，仅为原价的 5 折。而一周之后，该款产品并未恢复到原价，而是 680 元还享受直降 100 元优惠，价格较促销期间上涨了 30 元。

（2）低深度赠品虚假刺激物。假如你的一位好朋友和你谈起在淘宝网上网购遭遇虚假促销的经历：看到一家手机网店（简称 A 手机网店，主要销售智能手机）在进行"买一赠一"的促销活动，购买了一部手机。该款手机标价 1 100 元，促销期间购买，赠送价值 1 100 元的智能手环一个。而一周之后，发现该智能手环的价格是 750 元还享受直降 100 元优惠。

（3）低深度时长虚假刺激物。假如你的一位好朋友和你谈起在淘宝网上网购遭遇虚假促销的经历：看到一家手机网店（简称 A 手机网店，主要销售智能手机）在进行"全场5折，限期1天"的促销活动，购买了一部手机。该款手机标称原价1100元，促销当天只要550元，仅为原价的5折。而一天之后，该款产品并未恢复到原价，还是550元。

（4）高深度虚假促销刺激物。

① 高深度价格虚假刺激物。假如你的一位好朋友和你谈起在淘宝网上网购遭遇虚假促销的经历：看到一家手机网店（简称A手机网店，主要销售智能手机）在进行"全场5折"的促销活动，购买了一部手机。该款手机标称原价1100元，促销期间只要550元，仅为原价的5折。而一周之后，该款产品并未恢复到原价，而是649元还享受直降100元优惠，价格较促销期间还便宜了1元。

② 高深度赠品虚假刺激物。假如你的一位好朋友和你谈起在淘宝网上网购遭遇虚假促销的经历：看到一家手机网店（简称A手机网店，主要销售智能手机）在进行"买一赠一"的促销活动，购买了一部手机。该款手机标价1100元，促销期间购买，赠送价值1100元的智能手环一个。而一周之后，发现该智能手环的价格是650元还享受直降100元优惠，智能手环价格较促销期间便宜了一半。

③ 高深度时长虚假刺激物。假如你的一位好朋友和你谈起在淘宝网上网购遭遇虚假促销的经历：看到一家手机网店（简称A手机网店，主要销售智能手机）在进行"全场5折，限期1天"的促销活动，购买了一部手机。该款手机标称原价1100元，促销当天只要550元，仅为原价的5折。而一周之后，该款产品并未恢复到原价，还是550元。

近社交距离刺激物。假如你的一位好朋友和你谈起在淘宝网上网购遭遇虚假促销的经历。

远社交距离刺激物。假如你听到一个人谈起在淘宝网上网购遭遇虚假促销的经历。

8.3　实验程序

问卷均经网络向样本发放，被试的样本来源完全随机，不受到人口统计学因素影响，故可认为样本来源符合选取要求。研究实验程序如下，首先进行前测实验，验证刺激物的有效性；然后进行正式实验，以检验研究假设。正式实验研究包括以下部分。

（1）虚假促销类型刺激物、虚假促销深度刺激物、社交距离刺激物描述。

（2）变量测量。

（3）人口统计特征题项。

8.4 变量测量

本文采用 9 分 Likert 量表（最小分值为 1 分，最大分值为 9 分，分值越高表示越同意）对刺激物进行了变量测量。首先是对虚假促销类型的测量，使用三个题项：用 3 个题项测量，分别是"A 网店虚构了促销价格优惠""A 网店虚构了赠品价格""A 网店虚构了促销持续期"。其次是对虚假促销深度的测量，使用一个题项："A 网店宣称的促销优惠（或促销持续期）与真实的促销优惠（或促销持续期）差别很大"。再次是对社交距离的测量，采用 2 个题项测量，分别是"被试与网购者的关系是好朋友""被试与网购者是陌生人"。最后是对溢出效应的测量，测量题项包括"B 网店的促销信息是可信的""B 网店的促销信息是真实的""B 网店的促销信息是可靠的"、"我现在心情不错"和"我非常开心参加此次调查"。

8.5 前测实验

8.5.1 前测样本

本文邀请了 96 人参与前测实验，其中，价格虚假·高程度虚假促销·远社交距离 17 人，赠品虚假·高程度虚假促销·远社交距离 13 人，时长虚假·高程度虚假促销·远社交距离 15 人，价格虚假·低程度虚假促销·远社交距离 24 人，价格虚假·高程度虚假促销·近社交距离 16 人，时长虚假·高程度虚假促销·近社交距离 11 人。

表 8-1 样本分组交互统计

		频率	百分比	有效百分比	累积百分比
有效	价格虚假·高程度虚假促销·远社交距离	17	17.7	17.7	17.7
	赠品虚假·高程度虚假促销·远社交距离	13	13.5	13.5	31.3
	时长虚假·高程度虚假促销·远社交距离	15	15.6	15.6	46.9
	价格虚假·低程度虚假促销·远社交距离	24	25.0	25.0	71.9
	价格虚假·高程度虚假促销·近社交距离	16	16.7	16.7	88.5
	时长虚假·高程度虚假促销·近社交距离	11	11.5	11.5	100.0
	合计	96	100.0	100.0	

其中，男性样本 43 人，女性样本 53 人。单因素方差分析显示，性别对各变量无显著影响（$p>0.05$）。

表 8-2 性别描述性统计

		频率	百分比	有效百分比	累积百分比
有效	男	43	44.8	44.8	44.8
	女	53	55.2	55.2	100.0
	合计	96	100.0	100.0	

表 8-3 性别对各变量的描述性统计

		平方和	df	均方	F	显著性
网店经验	组间	0.129	1	0.129	0.227	0.635
	组内	53.371	94	0.568		
	总数	53.500	95			

网店虚假促销溢出效应研究

		平方和	df	均方	F	显著性
网店熟悉度	组间	1.751	1	1.751	2.756	0.100
	组内	59.738	94	0.636		
	总数	61.490	95			
网店评价	组间	0.065	1	0.065	0.103	0.749
	组内	59.175	94	0.630		
	总数	59.240	95			
情绪	组间	1.170	1	1.170	0.619	0.433
	组内	177.788	94	1.891		
	总数	178.958	95			
消费者涉入度	组间	0.804	1	0.804	0.962	0.329
	组内	78.631	94	0.836		
	总数	79.435	95			
溢出效应	组间	.568	1	0.568	0.248	0.620
	组内	215.159	94	2.289		
	总数	215.727	95			

其中，高中学历4人，大专学历19人，本科学历66人，研究生学历7人。单因素方差分析显示，学历对各变量没有显著影响（$p>0.05$）。

表 8-4　学历描述性统计

		频率	百分比	有效百分比	累积百分比
有效	高中	4	4.2	4.2	4.2
	大专	19	19.8	19.8	24.0
	本科	66	68.8	68.8	92.7
	研究生	7	7.3	7.3	100.0
	合计	96	100.0	100.0	

表 8-5　学历对各变量的单因素方差分析

		平方和	df	均方	F	显著性
网店经验	组间	1.527	3	0.509	0.901	0.444
	组内	51.973	92	0.565		
	总数	53.500	95			
网店熟悉度	组间	2.782	3	0.927	1.453	0.233
	组内	58.708	92	0.638		
	总数	61.490	95			
网店评价	组间	5.299	3	1.766	3.013	0.034
	组内	53.941	92	0.586		
	总数	59.240	95			
情绪	组间	19.124	3	6.375	3.669	0.015
	组内	159.835	92	1.737		
	总数	178.958	95			
消费者涉入度	组间	3.762	3	1.254	1.524	0.213
	组内	75.673	92	0.823		
	总数	79.435	95			
溢出效应	组间	14.793	3	4.931	2.258	0.087
	组内	200.934	92	2.184		
	总数	215.727	95			

8.5.2　变量描述

　　按照虚假促销类型、虚假程度和社交距离的交互，本文对调查各变量均值与标准差进行测量，结果见下表：

表 8-6　调查样本描述性统计

		溢出效应	网店经验	网店熟悉度	网店评价	情绪	消费者涉入度
价格虚假·高程度虚假促销·远社交距离	均值	−1.382 4	7.941 2	8.205 9	7.647 1	7.235 3	7.882 4
	N	17	17	17	17	17	17
	标准差	1.244 10	0.634 49	0.730 13	0.492 59	1.359 20	0.760 95
赠品虚假·高程度虚假促销·远社交距离	均值	−1.884 6	7.538 5	7.846 2	7.807 7	7.269 2	7.653 8
	N	13	13	13	13	13	13
	标准差	1.529 62	0.518 87	0.851 09	0.778 31	1.200 96	0.921 61
时长虚假·高程度虚假促销·远社交距离	均值	−0.433 3	7.566 7	7.633 3	7.200 0	6.933 3	7.433 3
	N	15	15	15	15	15	15
	标准差	1.498 41	1.015 36	1.008 30	0.959 91	1.545 35	1.193 23
价格虚假·低程度虚假促销·远社交距离	均值	−1.145 8	7.875 0	7.895 8	7.687 5	7.250 0	7.895 8
	N	24	24	24	24	24	24
	标准差	1.753 75	0.755 42	0.793 71	0.805 05	1.601 63	0.884 40
价格虚假·高程度虚假促销·近社交距离	均值	−0.562 5	7.593 8	8.125 0	7.562 5	7.000 0	7.750 0
	N	16	16	16	16	16	16
	标准差	1.424 49	0.779 29	0.695 22	0.853 91	1.016 53	0.966 09
时长虚假·高程度虚假促销·近社交距离	均值	−0.590 9	7.909 1	8.500 0	7.272 7	7.136 4	8.000 0
	N	11	11	11	11	11	11
	标准差	0.860 76	0.664 01	0.447 21	0.719 85	1.501 51	0.707 11
总计	均值	−1.015 6	7.750 0	8.010 4	7.552 1	7.145 8	7.776 0
	N	96	96	96	96	96	96
	标准差	1.506 92	0.750 44	0.804 52	0.789 67	1.372 51	0.914 42

8.5.3　测量质量

测项信度分析显示，促销信息真实性信度为 0.845，网购经验信度 0.845，网店熟悉度信度 0.741，促销信息评价 0.733，情绪信度为 0.869，产品知识信度为 0.924，消费者涉入度为 0.758。由于本文量表均参考前人的成熟量表，因此量表信度有保障。

表 8-7　促销信息真实性信度

Cronbach's Alpha	项数
0.845	4

表 8-8　网购经验信度

Cronbach's Alpha	项数
0.748	2

表 8-9　网店熟悉度信度

Cronbach's Alpha	项数
0.741	2

表 8-10　促销信息评价信度

Cronbach's Alpha	项数
0.733	2

表 8-11　情绪信度

Cronbach's Alpha	项数
0.869	2

表 8-12　产品知识信度

Cronbach's Alpha	项数
0.924	2

表 8-13　消费者涉入度信度

Cronbach's Alpha	项数
0.758	2

8.5.4　前测结果

网店经验操控检验。被试对网店经验在虚假促销类型、虚假促销深度和社交距离六种交互的情况下不存在显著性差异（$M_{价格虚假·高程度虚假促销·远社交距离}$ =

7.94，$M_{赠品虚假·高程度虚假促销·远社交距离}$=7.53，$M_{时长虚假·高程度虚假促销·远社交距离}$=7.57，$M_{价格虚假·低程度虚假促销·远社交距离}$=7.87，$M_{价格虚假·高程度虚假促销·近社交距离}$=7.59，$M_{时长虚假·高程度虚假促销·近社交距离}$= 7.91；F（5，90）=0.976，p=0.437>0.05），因此，可以忽略网店经验的干扰。

表 8-14　网店经验分组统计

网店经验			
组	均值	N	标准差
价格虚假·高程度虚假促销·远社交距离	7.941 2	17	0.634 49
赠品虚假·高程度虚假促销·远社交距离	7.538 5	13	0.518 87
时长虚假·高程度虚假促销·远社交距离	7.566 7	15	1.015 36
价格虚假·低程度虚假促销·远社交距离	7.875 0	24	0.755 42
价格虚假·高程度虚假促销·近社交距离	7.593 8	16	0.779 29
时长虚假·高程度虚假促销·近社交距离	7.909 1	11	0.664 01
总计	7.750 0	96	0.750 44

表 8-15　网店经验单因素方差分析

	平方和	df	均方	F	显著性
组间	2.751	5	0.550	0.976	0.437
组内	50.749	90	0.564		
总数	53.500	95			

网店熟悉度操控检验。被试对网店熟悉度在虚假促销类型、虚假促销深度和社交距离六种交互的情况下不存在显著性差异（$M_{价格虚假·高程度虚假促销·远社交距离}$=8.21，$M_{赠品虚假·高程度虚假促销·远社交距离}$=7.85，$M_{时长虚假·高程度虚假促销·远社交距离}$=7.63，$M_{价格虚假·低程度虚假促销·远社交距离}$=7.89，$M_{价格虚假·高程度虚假促销·近社交距离}$=8.12，$M_{时长虚假·高程度虚假促销·近社交距离}$=8.50；F（5，90）=2.053，p=0.079>0.05），因此，可以忽略网店熟悉度的干扰。

表 8-16　网店熟悉度分组统计

	均值	N	标准差
价格虚假·高程度虚假促销·远社交距离	8.205 9	17	0.730 13
赠品虚假·高程度虚假促销·远社交距离	7.846 2	13	0.851 09
时长虚假·高程度虚假促销·远社交距离	7.633 3	15	1.008 30
价格虚假·低程度虚假促销·远社交距离	7.895 8	24	0.793 71
价格虚假·高程度虚假促销·近社交距离	8.125 0	16	0.695 22
时长虚假·高程度虚假促销·近社交距离	8.500 0	11	0.447 21
总计	8.010 4	96	0.804 52

表 8-17　网店熟悉度单因素方差分析

	平方和	df	均方	F	显著性
组间	6.295	5	1.259	2.053	0.079
组内	55.195	90	0.613		
总数	61.490	95			

网店评价操控检验。被试对网店评价在虚假促销类型、虚假促销深度和社交距离六种交互的情况下不存在显著性差异（M 价格虚假·高程度虚假促销·远社交距离＝7.65，M 赠品虚假·高程度虚假促销·远社交距离＝7.81，M 时长虚假·高程度虚假促销·远社交距离 ＝7.20，M 价格虚假·低程度虚假促销·远社交距离＝7.69，M 价格虚假·高程度虚假促销·近社交距离＝7.56，M 时长虚假·高程度虚假促销·近社交距离＝7.27；$F_{(5, 90)}$＝1.36，p＝0.247>0.05），因此，可以忽略网店评价的干扰。

表 8-18　网店评价分组统计

	均值	N	标准差
价格虚假·高程度虚假促销·远社交距离	7.647 1	17	0.492 59
赠品虚假·高程度虚假促销·远社交距离	7.807 7	13	0.778 31
时长虚假·高程度虚假促销·远社交距离	7.200 0	15	0.959 91
价格虚假·低程度虚假促销·远社交距离	7.687 5	24	0.805 05
价格虚假·高程度虚假促销·近社交距离	7.562 5	16	0.853 91
时长虚假·高程度虚假促销·近社交距离	7.272 7	11	0.719 85
总计	7.552 1	96	0.789 67

表 8-19　网店评价单因素方差分析

	平方和	df	均方	F	显著性
组间	4.162	5	0.832	1.360	0.247
组内	55.077	90	0.612		
总数	59.240	95			

消费者涉入度操控检验。被试对网店涉入度在虚假促销类型、虚假促销深度和社交距离六种交互的情况下不存在显著性差异（M $_{价格虚假·高程度虚假促销·远社交距离}$=7.88，M $_{赠品虚假·高程度虚假促销·远社交距离}$=7.65，M $_{时长虚假·高程度虚假促销·远社交距离}$=7.43，M $_{价格虚假·低程度虚假促销·远社交距离}$=7.89，M $_{价格虚假·高程度虚假促销·近社交距离}$=7.75，M $_{时长虚假·高程度虚假促销·近社交距离}$=8.00；$F_{(5, 90)}$=0.72，p=0.61>0.05），因此，可以忽略消费者涉入度的干扰。

表 8-20　消费者涉入度分组统计

	均值	N	标准差
价格虚假·高程度虚假促销·远社交距离	7.882 4	17	0.760 95
赠品虚假·高程度虚假促销·远社交距离	7.653 8	13	0.921 61
时长虚假·高程度虚假促销·远社交距离	7.433 3	15	1.193 23
价格虚假·低程度虚假促销·远社交距离	7.895 8	24	0.884 40
价格虚假·高程度虚假促销·近社交距离	7.750 0	16	0.966 09
时长虚假·高程度虚假促销·近社交距离	8.000 0	11	0.707 11
总计	7.776 0	96	0.914 42

表 8-21　消费者涉入度单因素方差分析

	平方和	df	均方	F	显著性
组间	3.055	5	0.611	0.720	0.610
组内	76.380	90	0.849		
总数	79.435	95			

8.6 正式实验

8.6.1 样本描述

共有 356 名大学生参加正式实验。本研究通过网络发放问卷的方式收集数据，有效样本总量为 307 个。

表 8-22 样本分组统计

		频率	百分比	有效百分比	累积百分比
有效	价格虚假·高虚假促销·远社交距离	49	7.6	7.6	7.6
	价格虚假·高虚假促销·近社交距离	50	7.8	7.8	15.3
	价格虚假·低虚假促销·远社交距离	50	7.8	7.8	23.1
	价格虚假·低虚假促销·近社交距离	51	7.9	7.9	31.0
	时长虚假·高虚假促销·远社交距离	49	7.6	7.6	38.6
	时长虚假·低虚假促销·远社交距离	52	8.1	8.1	46.7
	时长虚假·高虚假促销·近社交距离	52	8.1	8.1	54.7
	时长虚假·低虚假促销·低社交距离	52	8.1	8.1	62.8
	赠品虚假·高虚假促销·远社交距离	54	8.4	8.4	71.2
	赠品虚假·低虚假促销·远社交距离	57	8.8	8.8	80.0
	赠品虚假·高虚假促销·近社交距离	53	8.2	8.2	88.2
	赠品虚假·低虚假促销·近社交距离	76	11.8	11.8	100.0
	合计	645	100.0	100.0	

其中，男性样本 145 人，占比 47.2%，女性样本 162 人，占比 52.8%。单因素方差分析，性别对各变量无显著影响（$p>0.05$）。

表 8-23 性别描述性统计

		频率	百分比	有效百分比	累积百分比
有效	1	145	47.2	47.2	47.2
	2	162	52.8	52.8	100.0
	合计	307	100.0	100.0	

网店虚假促销溢出效应研究

表 8-24　性别对各变量的描述性统计

		平方和	df	均方	F	显著性
溢出效应	组间	4.599	3	1.533	0.755	0.520
	组内	615.016	303	2.030		
	总数	619.616	306			
网店经验	组间	9.696	3	3.232	1.645	0.179
	组内	595.444	303	1.965		
	总数	605.140	306			
网店熟悉度	组间	6.481	3	2.160	2.723	0.055
	组内	240.383	303	0.793		
	总数	246.863	306			
情绪	组间	18.734	3	6.245	2.236	0.084
	组内	846.234	303	2.793		
	总数	864.967	306			
网店评价	组间	12.005	3	4.002	1.954	0.121
	组内	620.472	303	2.048		
	总数	632.477	306			
消费者涉入度	组间	16.135	3	5.378	2.469	0.062
	组内	659.934	303	2.178		
	总数	676.068	306			

其中，高中学历 26 人，大专学历 82 人，本科学历人 183，研究生学历人 16 人。单因素方差分析，学历对各变量无显著影响（$p>0.05$）。

表 8-25　学历描述性统计

		频率	百分比	有效百分比	累积百分比
有效	高中	26	8.5	8.5	8.5
	大专	82	26.7	26.7	35.2
	本科	183	59.6	59.6	94.8
	研究生	16	5.2	5.2	100.0
	合计	307	100.0	100.0	

表 8-26　学历对各变量的单因素方差分析

		平方和	df	均方	F	显著性
溢出效应	组间	8.556	3	2.852	1.414	0.239
	组内	611.060	303	2.017		
	总数	619.616	306			
网店经验	组间	28.891	3	9.630	5.064	0.032
	组内	576.249	303	1.902		
	总数	605.140	306			
网店熟悉度	组间	3.381	3	1.127	1.402	0.242
	组内	243.482	303	0.804		
	总数	246.863	306			
情绪	组间	31.216	3	10.405	3.782	0.061
	组内	833.751	303	2.752		
	总数	864.967	306			
网店评价	组间	24.477	3	8.159	4.066	0.067
	组内	608.000	303	2.007		
	总数	632.477	306			
消费者涉入度	组间	4.312	3	1.437	0.648	0.585
	组内	671.757	303	2.217		
	总数	676.068	306			

其中，25 岁以下 45 人，26～30 岁 150 人，31～35 岁 69 岁人，36 岁以上 43 人。样本的人口统计分布较为均衡。单因素方差分析，年龄对各变量无显著影响（$p>0.05$）。

表 8-27　年龄描述性统计

		频率	百分比	有效百分比	累积百分比
有效	25 岁以下	45	14.7	14.7	14.7
	26－30 岁	150	48.9	48.9	63.5
	31－35 岁	69	22.5	22.5	86.0
	36 岁以上	43	14.0	14.0	100.0
	合计	307	100.0	100.0	

表 8-28　年龄对各变量的单因素方差分析

		平方和	df	均方	F	显著性
溢出效应	组间	4.599	3	1.533	0.755	0.520
	组内	615.016	303	2.030		
	总数	619.616	306			
网店经验	组间	9.696	3	3.232	1.645	0.179
	组内	595.444	303	1.965		
	总数	605.140	306			
网店熟悉度	组间	6.481	3	2.160	2.723	0.055
	组内	240.383	303	.793		
	总数	246.863	306			
情绪	组间	18.734	3	6.245	2.236	0.084
	组内	846.234	303	2.793		
	总数	864.967	306			
网店评价	组间	12.005	3	4.002	1.954	0.121
	组内	620.472	303	2.048		
	总数	632.477	306			
消费者涉入度	组间	16.135	3	5.378	2.469	0.062
	组内	659.934	303	2.178		
	总数	676.068	306			

8.6.2　变量描述

按照虚假促销类型、虚假程度和社交距离的交互，本文对调查各变量均值与标准差进行测量，结果见下表。

表 8-29　正式调查样本描述性统计

组		溢出效应	网店经验	网店熟悉度	网店评价	消费者涉入度
价格虚假·高虚假促销·远社交距离	均值	−1.316 3	7.714 3	8.061 2	7.683 7	7.612 2
	N	49	49	49	49	49
	标准差	1.491 97	0.841 63	0.794 73	0.634 87	0.942 43
价格虚假·高虚假促销·近社交距离	均值	−1.410 0	7.710 0	7.940 0	7.590 0	7.440 0
	N	50	50	50	50	50
	标准差	1.420 30	1.040 46	0.786 62	0.812 47	1.023 40
价格虚假·低虚假促销·远社交距离	均值	−0.950 0	7.850 0	7.880 0	7.590 0	7.630 0
	N	50	50	50	50	50
	标准差	1.648 28	0.840 61	0.824 13	0.818 72	0.967 90
价格虚假·低虚假促销·近社交距离	均值	−0.607 8	7.833 3	8.039 2	7.647 1	7.637 3
	N	51	51	51	51	51
	标准差	1.741 59	0.920 14	0.654 55	0.861 94	1.113 90
时长虚假·高虚假促销·远社交距离	均值	−0.785 7	7.775 5	7.918 4	7.428 6	7.724 5
	N	49	49	49	49	49
	标准差	1.698 65	0.884 24	0.818 71	0.872 02	1.065 86
时长虚假·低虚假促销·远社交距离	均值	−0.403 8	7.961 5	7.990 4	7.461 5	7.653 8
	N	52	52	52	52	52
	标准差	1.441 81	0.938 53	0.819 44	0.895 78	0.926 40
时长虚假·高虚假促销·近社交距离	均值	−0.644 2	7.884 6	8.086 5	7.586 5	7.721 2
	N	52	52	52	52	52
	标准差	1.387 40	0.877 92	0.826 77	0.855 90	1.021 41
时长虚假·低虚假促销·低社交距离	均值	−0.663 5	7.826 9	8.048 1	7.548 1	7.673 1
	N	52	52	52	52	52
	标准差	1.342 08	0.772 60	0.829 95	0.853 25	0.922 94
赠品虚假·高虚假促销·远社交距离	均值	−1.000 0	7.740 7	8.138 9	7.611 1	7.703 7
	N	54	54	54	54	54
	标准差	1.648 33	0.805 29	0.785 58	0.781 07	0.913 83

续表

组		溢出效应	网店经验	网店熟悉度	网店评价	消费者涉入度
赠品虚假·低虚假促销·远社交距离	均值	−0.956 1	8.000 0	8.210 5	7.464 9	7.824 6
	N	57	57	57	57	57
	标准差	1.282 72	0.542 81	0.719 30	0.865 30	0.918 52
赠品虚假·高虚假促销·近社交距离	均值	−0.320 8	7.896 2	8.103 8	7.698 1	7.877 4
	N	53	53	53	53	53
	标准差	1.544 51	0.667 65	0.722 96	0.695 73	0.796 06
赠品虚假·低虚假促销·近社交距离	均值	−0.717 1	7.822 4	7.828 9	7.506 6	7.565 8
	N	76	76	76	76	76
	标准差	1.583 95	0.870 65	0.846 77	0.772 41	0.949 88
总计	均值	−0.807 8	7.836 4	8.016 3	7.565 1	7.670 5
	N	645	645	645	645	645
	标准差	1.543 70	0.837 77	0.790 65	0.809 75	0.962 61

8.6.3 测量质量

测项信度分析显示，促销信息真实性信度为 0.841，网购经验信度 0.714，网店熟悉度信度 0.713，促销信息评价 0.702，情绪信度为 0.762，产品知识信度为 0.924，量表整体信度为 0.865。由于本文量表均参考前人的成熟量表，因此量表信度有保障。

表 8-30　促销信息真实性

Cronbach's Alpha	项数
0.841	4

表 8-31　网购经验

Cronbach's Alpha	项数
0.714	2

表 8-32　网店熟悉度

Cronbach's Alpha	项数
0.713	2

表 8-33　促销信息评价

Cronbach's Alpha	项数
0.702	2

表 8-34　情绪

Cronbach's Alpha	项数
0.851	2

表 8-35　消费者涉入度

Cronbach's Alpha	项数
0.762	2

表 8-36　整体量表信度

Cronbach's Alpha	项数
0.865	14

8.6.4　操控检验

网店经验操控检验。被试对网店经验在虚假促销类型、虚假程度和社交距离 12 种交互的交互情况下不存在显著性差异（$F_{(11, 633)}=0.629$，$p=0.805>0.05$），因此，可以忽略网店经验的干扰。

表 8-37　网店经验分组统计

	均值	N	标准差
价格虚假·高虚假促销·远社交距离	7.714 3	49	0.841 63
价格虚假·高虚假促销·近社交距离	7.710 0	50	1.040 46
价格虚假·低虚假促销·远社交距离	7.850 0	50	0.840 61
价格虚假·低虚假促销·近社交距离	7.833 3	51	0.920 14

续表

	均值	N	标准差
时长虚假·高虚假促销·远社交距离	7.775 5	49	0.884 24
时长虚假·低虚假促销·远社交距离	7.961 5	52	0.938 53
时长虚假·高虚假促销·近社交距离	7.884 6	52	0.877 92
时长虚假·低虚假促销·低社交距离	7.826 9	52	0.772 60
赠品虚假·高虚假促销·远社交距离	7.740 7	54	0.805 29
赠品虚假·低虚假促销·远社交距离	8.000 0	57	0.542 81
赠品虚假·高虚假促销·近社交距离	7.896 2	53	0.667 65
赠品虚假·低虚假促销·近社交距离	7.822 4	76	0.870 65
总计	7.836 4	645	0.837 77

表 8-38　网店经验单因素方差分析

	平方和	df	均方	F	显著性
组间	4.885	11	0.444	0.629	0.805
组内	447.109	633	0.706		
总数	451.994	644			

网店熟悉度操控检验。被试对网店熟悉度在虚假促销类型、虚假程度和社交距离 12 种交互的交互情况下不存在显著性差异（$F_{(11, 633)}=1.196$，$p=0.286>0.05$），因此，可以忽略网店熟悉度的干扰。

表 8-39　网店熟悉度分组统计

	均值	N	标准差
价格虚假·高虚假促销·远社交距离	8.061 2	49	0.794 73
价格虚假·高虚假促销·近社交距离	7.940 0	50	0.786 62
价格虚假·低虚假促销·远社交距离	7.880 0	50	0.824 13
价格虚假·低虚假促销·近社交距离	8.039 2	51	0.654 55
时长虚假·高虚假促销·远社交距离	7.918 4	49	0.818 71
时长虚假·低虚假促销·远社交距离	7.990 4	52	0.819 44
时长虚假·高虚假促销·近社交距离	8.086 5	52	0.826 77
时长虚假·低虚假促销·低社交距离	8.048 1	52	0.829 95

	均值	N	标准差
赠品虚假·高虚假促销·远社交距离	8.138 9	54	0.785 58
赠品虚假·低虚假促销·远社交距离	8.210 5	57	0.719 30
赠品虚假·高虚假促销·近社交距离	8.103 8	53	0.722 96
赠品虚假·低虚假促销·近社交距离	7.828 9	76	0.846 77
总计	8.016 3	645	0.790 65

表 8-40　网店熟悉度单因素方差分析

	平方和	df	均方	F	显著性
组间	8.195	11	0.745	1.196	0.286
组内	394.385	633	0.623		
总数	402.579	644			

网店评价操控检验。被试对网店评价在虚假促销类型、虚假程度和社交距离 12 种交互的交互情况下不存在显著性差异（$F_{(11, 633)}=0.618$，$p=0.814>0.05$），因此，可以忽略网店评价的干扰。

表 8-41　网店评价分组统计

	均值	N	标准差
价格虚假·高虚假促销·远社交距离	7.683 7	49	0.634 87
价格虚假·高虚假促销·近社交距离	7.590 0	50	0.812 47
价格虚假·低虚假促销·远社交距离	7.590 0	50	0.818 72
价格虚假·低虚假促销·近社交距离	7.647 1	51	0.861 94
时长虚假·高虚假促销·远社交距离	7.428 6	49	0.872 02
时长虚假·低虚假促销·远社交距离	7.461 5	52	0.895 78
时长虚假·高虚假促销·近社交距离	7.586 5	52	0.855 90
时长虚假·低虚假促销·低社交距离	7.548 1	52	0.853 25
赠品虚假·高虚假促销·远社交距离	7.611 1	54	0.781 07
赠品虚假·低虚假促销·远社交距离	7.464 9	57	0.865 30
赠品虚假·高虚假促销·近社交距离	7.698 1	53	0.695 73
赠品虚假·低虚假促销·近社交距离	7.506 6	76	0.772 41
总计	7.565 1	645	0.809 75

表 8-42　网店评价单因素方差分析

	平方和	df	均方	F	显著性
组间	4.488	11	0.408	0.618	0.814
组内	417.777	633	0.660		
总数	422.265	644			

消费者涉入度操控检验。被试对消费者涉入度在虚假促销类型、虚假程度和社交距离 12 种交互的交互情况下不存在显著性差异($F(11,633)$=0.759, p=0.682>0.05)，因此，可以忽略消费者涉入度的干扰。

表 8-43　消费者涉入度分组统计

	均值	N	标准差
价格虚假·高虚假促销·远社交距离	7.612 2	49	0.942 43
价格虚假·高虚假促销·近社交距离	7.440 0	50	1.023 40
价格虚假·低虚假促销·远社交距离	7.630 0	50	0.967 90
价格虚假·低虚假促销·近社交距离	7.637 3	51	1.113 90
时长虚假·高虚假促销·远社交距离	7.724 5	49	1.065 86
时长虚假·低虚假促销·远社交距离	7.653 8	52	0.926 40
时长虚假·高虚假促销·近社交距离	7.721 2	52	1.021 41
时长虚假·低虚假促销·低社交距离	7.673 1	52	0.922 94
赠品虚假·高虚假促销·远社交距离	7.703 7	54	0.913 83
赠品虚假·低虚假促销·远社交距离	7.824 6	57	0.918 52
赠品虚假·高虚假促销·近社交距离	7.877 4	53	0.796 06
赠品虚假·低虚假促销·近社交距离	7.565 8	76	0.949 88
总计	7.670 5	645	0.962 61

表 8-44　消费者涉入度单因素方差分析

	平方和	df	均方	F	显著性
组间	7.766	11	0.706	0.759	0.682
组内	588.975	633	0.930		
总数	596.740	644			

促销信息评价操控检验。被试对促销信息评价在虚假促销类型、虚假程度和社交距离 12 种交互的交互情况下不存在显著性差异（F（11,633）=0.618，p=0.814>0.05），因此，可以忽略促销信息评价的干扰。

表 8-45　促销信息评价分组统计

	均值	N	标准差
价格虚假·高虚假促销·远社交距离	7.683 7	49	0.634 87
价格虚假·高虚假促销·近社交距离	7.590 0	50	0.812 47
价格虚假·低虚假促销·远社交距离	7.590 0	50	0.818 72
价格虚假·低虚假促销·近社交距离	7.647 1	51	0.861 94
时长虚假·高虚假促销·远社交距离	7.428 6	49	0.872 02
时长虚假·低虚假促销·远社交距离	7.461 5	52	0.895 78
时长虚假·高虚假促销·近社交距离	7.586 5	52	0.855 90
时长虚假·低虚假促销·低社交距离	7.548 1	52	0.853 25
赠品虚假·高虚假促销·远社交距离	7.611 1	54	0.781 07
赠品虚假·低虚假促销·远社交距离	7.464 9	57	0.865 30
赠品虚假·高虚假促销·近社交距离	7.698 1	53	0.695 73
赠品虚假·低虚假促销·近社交距离	7.506 6	76	0.772 41
总计	7.565 1	645	0.809 75

表 8-46　促销信息评价单因素方差分析

	平方和	df	均方	F	显著性
组间	4.488	11	0.408	0.618	0.814
组内	417.777	633	0.660		
总数	422.265	644			

社交距离操控检验。方差分析结果显示，社交距离远近组间存在显著差异（M 社交距离近=7.85，M 社交距离远=2.59；F（1,643）=4 053.01，p<0.001）。因此，社交距离操控成功。

表 8-47　研究 1：前测实验描述性统计

组	样本	均值	标准差	标准误	95%的置信区间	
					下限	上限
近社交距离	18	4.314 8	1.254 91	0.295 79	3.690 8	4.938 9
远社交距离	23	5.231 9	1.236 79	0.257 89	4.697 1	5.766 7
总计	41	4.829 3	1.312 59	0.204 99	4.415 0	5.243 6

表 8-48　研究 1：前测实验方差分析

组	平方和	自由度	均方	F	显著性
组间	8.492	1	8.492	5.481	0.024
组内	60.424	39	1.549		
总计	68.916	40			

8.6.5　假设检验

H1：与赠品虚假相比，价格虚假（H1a）和时长虚假（H1b）对竞争网店的溢出效应更大。首先比较均值，发现价格促销与时长虚假促销对溢出效应的影响大于赠品虚假促销（$M_{价格虚假促销}=-1.00$，$M_{时长虚假促销}=-0.74$，$M_{赠品虚假促销}=-0.66$）。其次单因素方差分析显示三者均值存在显著差异（$F_{(1, 643)}=16.811$，$p=0.000<0.05$），因此假设 H1 第三次成立。

表 8-49　溢出效应描述性统计

虚假促销类型	均值	N	标准差
价格虚假促销	-1.006 8	219	1.615 21
时长虚假促销	-0.747 6	212	1.523 51
赠品虚假促销	-0.663 6	214	1.473 20
总计	-0.807 8	645	1.543 70

表 8-50　溢出效应单因素方差分析

	平方和	df	均方	F	显著性
组间	39.101	1	39.101	16.811	0.000
组内	1 495.561	643	2.326		
总数	1 534.661	644			

检验 H2，即虚假促销深度越高，虚假促销对竞争网店溢出效应的影响越大。分析结果表明，虚假促销深度对竞争网店的溢出效应的主效应显著（$M_{虚假促销深度高}=-1.05$，$M_{虚假促销深度低}=-0.56$，$F（1，643）=16.811$，$p<0.05$）。因此，研究假设 H2 第二次得到支持。

表 8-51 溢出效应描述性统计

虚假促销深度	均值	N	标准差
低	− 0.561 9	323	1.508 01
高	− 1.054 3	322	1.542 04
总计	− 0.807 8	645	1.543 70

表 8-52 溢出效应单因素方差分析

	平方和	df	均方	F	显著性
组间	39.101	1	39.101	16.811	0.000
组内	1 495.561	643	2.326		
总数	1 534.661	644			

检验 H6。分析结果表明，虚假促销类型显著（$F（2,645）=2.95$，$p<0.10$）、社交距离影响显著（$F（1,645）=11.36$，$p<0.05$），交互项显著（$F（2,645）=8.52$，$p<0.05$），因此，社交距离调节虚假促销类型对竞争网店溢出效应的影响。对于 H6a，对社交距离远的样本进行方差分析，结果表明，价格虚假形成的溢出效应与赠品虚假相似（$M_{价格虚假}=-0.54$，$M_{赠品虚假}=-0.40$；$F（1,216）=0.42$，$p=0.55$；选择个案：虚假促销类型=0｜虚假促销类型=1 & 社交距离=1）；时长虚假形成的溢出效应大于赠品虚假（$M_{时长虚假}=-0.87$，$M_{赠品虚假}=-0.40$；$F（1,214）=5.01$，$p<0.05$）；因此，H6a 得到部分支持。对于 H6b，对社交距离近的样本进行方差分析，赠品虚假形成的溢出效应大于价格虚假（$M_{赠品虚假}=-0.93$，$M_{价格虚假}=-1.47$；$F（1,213）=7.39$，$p<0.05$）；赠品虚假形成的溢出效应大于时长虚假（$M_{赠品虚假}=-0.93$，$M_{时长虚假}=-0.62$，$F（1,100）=4.63$，$p<0.05$）；因此，H6b 得到部分支持。综上，H6、H6a、H6b 均得到部分支持。

检验 H7，分析结果表明，虚假促销深度显著（$F（1,645）=17.41$，$p<0.05$）、社交距离影响显著（$F（1,645）=12.23$，$p<0.05$），交互项显著（$F（1,645）=7.68$，$p<0.05$），因此，社交距离显著调节了虚假促销深度对竞争网店溢出效应的影

响。对于 H7a，对社交距离近的样本进行方差分析，结果显示，虚假促销深度高低组对竞争网店的溢出效应的影响不存在显著差异(M $_{虚假促销深度高}$ = - 1.10，M $_{虚假促销深度低}$ = - 0.93，F（1，318）=0.989，p=0.32）。因此，研究假设 H7a 得到支持。对于检验 H7b，对社交距离远的样本进行方差分析，结果显示，虚假促销深度高时形成的竞争网店的溢出效应更大（M $_{虚假促销深度高}$ = - 1.01，M $_{虚假促销深度低}$ = - 0.19，F（1，323）=23.958，p<0.05）。因此，研究假设 H7b 得到支持。

8.7　本章小结

负面事件溢出效应会受到系列因素的影响。从可接近性和可诊断性两个角度，现有研究已经发现，危机属性因素、焦点品牌因素、消费者因素、竞争品牌因素、情景因素会影响负面事件溢出。对负面事件的研究证实，社交距离会调节负面事件的溢出效应，但是没有关于社交距离对虚假促销溢出效应影响的研究。社交距离（social distance）是心理距离的维度之一，会影响解释水平的高低。当社交距离较远时，人们倾向使用抽象的、本质的特征来表征事物，即高水平解释；反之，当社交距离较近时，则使用具体的、外围的特征表征事物，即低水平解释。消费者进而对与之相匹配的信息赋予更高权重。那么，社交距离是否也是影响网店虚假促销溢出效应的重要因素，某中重要的调节变量？

本章以手机为网店虚假促销产品，采用实验法验证了假设 H6 和 H7，即社交距离会调节虚假促销类型对竞争网店溢出效应的影响；社交距离会调节虚假促销深度对竞争网店的影响。先进行了前测实验，虚假促销类型、虚假促销深度、社交距离刺激物模拟成功，然后进行了正式实验，主要通过方差分析等数理统计方法证实了两个假设。但是，假设 H6 得到部分支持，这可能是因为刺激物为手机导致的。由于手机的不确定性高于服装，并且品牌集中度更高、价格更加透明，因此消费者对服装品类的感知不确定性更高，因此，虚假促销类型对溢出效应的影响相对弱化，导致 H6 在手机网店虚假促销情景下仅得到部分支持。

9 研究5：竞争网店对虚假促销溢出效应的应对策略研究

9.1 研究背景

本文的虚假促销的溢出应对策略基于 Roehm 和 Tybout（2006）关于危机溢出效应的否认策略和缄默策略（Roehm and Tybout，2006），以及余伟萍和祖旭等（2015）关于品牌丑闻溢出的改进策略（余伟萍与祖旭等，2015）、王珏和方正等（2014）关于产品危机溢出的区隔策略的研究，结合现实虚假促销案例总结出"区隔策略"，即从促销方式将非涉事竞争网店与虚假促销焦点企业在促销方式的合法合规性上进行隔离。为了探讨竞争网店的应对策略对负面溢出效应的影响（王珏与方正等，2014）。结合缄默（控制组）本文将虚假促销负面溢出效应的应对策略可分为缄默、否认和区隔三类，以及网购平台的澄清策略。这三种策略可能会在不同程度上影响顾客对竞争网店促销信息真实性的信念，进而影响负面溢出效应。

负面事件发生后，企业必须采取补救措施，改变消费者的感知和态度，并设法把这种感知和态度维持在危机前水平（Jolly 和 Mowen，1985）。许多企业由于缺乏专业应对危机的方案而简单采取置之不理的方式，造成了很大程度上的损失（Mitroff 和 Anagnos，2001）。"城门失火，殃及池鱼"，虚假促销的负面溢出效应广泛存在已经成为常态，作为很多无辜的竞争网店，如何能够有效阻止或降低虚假促销焦点网店带来的负面影响，这是众多企业现实中必须面临的问题。

通过归纳、分析现实中虚假促销负面溢出应对的相关案例，以区分非涉事的竞争网店所采取的不同应对策略。对于虚假促销负面溢出效应说服应对策略的理解，现实中各竞争网店还存在较大的分歧，虚假促销事件发生后，有的网店直接矢口否认，有的网店则进行区隔，还有的网店则没有更好的选择方案，只能暂时保持缄默。这也说明"究竟哪种策略最优"这一问题，众多竞争网店尚未达统一的见解。竞争网店如何应对虚假促销溢出效应是网店虚假促销研究的核心问题之一，然而，目前并没有研究竞争网店对虚假促销的应对策略。因此，本研究将竞争网店应对焦点网店虚假促销负面溢出效应的策略分为缄默、否认和区隔三类，探索缓解网店虚假促销负面溢出的竞争网店应对策略。

9.2 实验设计

本章节采用了 3（应对策略：区隔策略 vs 否认策略 vs 缄默策略）的实验设计，主要探讨竞争网店应对虚假促销溢出效应的负面影响。根据研究假设，本章节设计了三种应对策略刺激物。

（1）区隔策略。

据网易财经 2016 年 11 月 15 日热点报道：今年的双十一已经落下帷幕，不少买家也在这场促销盛宴中得到了实惠，但也有不少细心的买家发现，有些网店"先提价再打折"。比如，A 品牌服装网店，主要销售羽绒服，在"双十一"也进行了"全场 5 折"的促销活动，然而，有买家就发现一款服装标称原价 1 100 元，促销期间只要 550 元，仅为原价的 5 折。而 4 天之后，该款产品并未恢复到原价，而是 649 元还享受直降 100 元优惠，价格较促销期间还便宜了 1 元。该新闻报道后引发消费者广泛关注，对 A 网店的评价不一……

作为 A 品牌的主要竞争对手——B 品牌网店，也参与了"双十一"促销活动，对 A 网店的虚假促销事件，B 网店表示其开展的促销活动是赠品促销，不存在虚标价格的情况。

（2）否认策略。

据网易财经 2016 年 11 月 15 日热点报道：今年的双十一已经落下帷幕，不少买家也在这场促销盛宴中得到了实惠，但也有不少细心的买家发现，有些网店"先提价再打折"。比如，A 品牌服装网店，主要销售羽绒服，在"双十一"也进行了"全场 5 折"的促销活动，然而，有买家就发现一款服装标称原价 1 100 元，促销期间只要 550 元，仅为原价的 5 折。而 4 天之后，该款产品并未恢复到原价，而是 649 元还享受直降 100 元优惠，价格较促销期间还便宜了 1 元。该新闻报道后引发消费者广泛关注，对 A 网店的评价不一……

作为 A 品牌的主要竞争对手——B 品牌网店，也参与了"双十一"促销活动，对 A 网店的虚假促销事件，B 网店表示其开展的打折促销活动不存在虚标价格的情况。

（3）缄默策略。

据网易财经 2016 年 11 月 15 日热点报道：今年的双十一已经落下帷幕，不少买家也在这场促销盛宴中得到了实惠，但也有不少细心的买家发现，有些网店"先提价再打折"。比如，A 品牌服装网店，主要销售羽绒服，在"双十一"也进行了"全场 5 折"的促销活动，然而，有买家就发现一款服装标称原价 1 100 元，促销期间只要 550 元，仅为原价的 5 折。而 4 天之后，该款产品并未恢复到原价，而是 649 元还享受直降 100 元优惠，价格较促销期间还便宜了 1 元。该新闻报道后引发消费者广泛关注，对 A 网店的评价不一……

作为 A 品牌的主要竞争对手——B 品牌网店，也参与了"双十一"促销活动，对 A 网店的虚假促销事件，B 网店未向买家未作任何评论及解释。

9.3　实验程序

问卷均经网络向样本发放，被试的样本来源完全随机，不受到人口统计学因素影响，故可认为样本来源符合选取要求。研究实验程序如下，首先进行前测实验，验证刺激物的有效性；然后进行正式实验，以检验研究假设。正式实验研究包括以下部分。

（1）应对策略刺激物描述；

（2）变量测量；

（3）人口统计特征题项。

9.4　变量测量

本文采用 9 分 Likert 量表（最小分值为 1 分，最大分值为 9 分，分值越高表示越同意）对刺激物进行了变量测量。首先是对应对策略的测量，用 3 个题项测量，分别是"B 网店面对 A 网店的虚假促销表现出缄默""B 网店否认自己虚构了促销价格""B 网店声称自己进行的是赠品促销"。其次是对溢出效应的测量，测量题项包括"B网店的促销信息是可信的""B网店的促销信息是真实的""B网店的促销信息是可靠的""我现在心情不错"和"我非常开心参加此次调查"。

9.5 前测实验

9.5.1 样本描述

前测实验共邀请94位同学参加。其中，缄默策略组31人，否认策略组31人，区隔组32人。

表 9-1 应对策略描述性统计

		频率	百分比	有效百分比	累积百分比
有效	缄默	31	33.0	33.0	33.0
	否认	31	33.0	33.0	66.0
	区隔	32	34.0	34.0	100.0
	合计	94	100.0	100.0	

其中，男性样本44人，女性样本50人。单因素方差分析，性别对各变量影响无显著差异（$p>0.05$）。

表 9-2 性别描述性统计

		频率	百分比	有效百分比	累积百分比
有效	男	44	46.8	46.8	46.8
	女	50	53.2	53.2	100.0
	合计	94	100.0	100.0	

表 9-3 性别对各变量单因素方差分析

		平方和	df	均方	F	显著性
溢出效应	组间	0.465	1	0.465	0.191	0.663
	组内	224.584	92	2.441		
	总数	225.050	93			

续表

		平方和	df	均方	F	显著性
网购经验	组间	0.627	1	0.627	0.619	0.434
	组内	93.182	92	1.013		
	总数	93.809	93			
网购熟悉度	组间	0.130	1	0.130	0.121	0.729
	组内	99.064	92	1.077		
	总数	99.194	93			
网购平台熟悉度	组间	6.098	1	6.098	4.592	0.055
	组内	122.192	92	1.328		
	总数	128.290	93			
网购涉入度	组间	0.366	1	0.366	0.360	0.550
	组内	93.562	92	1.017		
	总数	93.928	93			
情绪	组间	2.438	1	2.438	2.129	0.148
	组内	105.352	92	1.145		
	总数	107.790	93			
网店相似性	组间	1.714	1	1.714	1.472	0.228
	组内	107.119	92	1.164		
	总数	108.833	93			

其中，初中及以下 1 人，高中 3 人，大专 16 人，本科 66 人，研究生及以上 8 人。单因素方差分析，学历对各变量影响无显著差异（p>0.05）。

表 9-4　学历描述性统计

		频率	百分比	有效百分比	累积百分比
有效	初中及其以下	1	1.1	1.1	1.1
	高中/中专	3	3.2	3.2	4.3
	大专	16	17.0	17.0	21.3
	本科	66	70.2	70.2	91.5
	研究生及其以上	8	8.5	8.5	100.0
	合计	94	100.0	100.0	

网店虚假促销溢出效应研究

表 9-5　学历对各变量单因素方差分析

		平方和	df	均方	F	显著性
溢出效应	组间	3.137	4	0.784	0.315	0.868
	组内	221.912	89	2.493		
	总数	225.050	93			
网购经验	组间	3.583	4	0.896	0.883	0.477
	组内	90.226	89	1.014		
	总数	93.809	93			
网购熟悉度	组间	1.044	4	0.261	0.237	0.917
	组内	98.150	89	1.103		
	总数	99.194	93			
网购平台熟悉度	组间	2.227	4	0.557	0.393	0.813
	组内	126.063	89	1.416		
	总数	128.290	93			
网购涉入度	组间	3.702	4	0.926	0.913	0.460
	组内	90.226	89	1.014		
	总数	93.928	93			
情绪	组间	7.154	4	1.789	1.582	0.186
	组内	100.635	89	1.131		
	总数	107.790	93			
网店相似性	组间	5.384	4	1.346	1.158	0.335
	组内	103.449	89	1.162		
	总数	108.833	93			

其中，16~25 岁 18 人，26~35 岁 59 人，36~45 岁 10 人，46~55 岁 6 人，56 岁以上 1 人。单因素方差分析，年龄对各变量影响无显著差异（$p>0.05$）。

表 9-6　年龄描述性统计

		频率	百分比	有效百分比	累积百分比
有效	16~25 岁	18	19.1	19.1	19.1
	26~35 岁	59	62.8	62.8	81.9
	36~45 岁	10	10.6	10.6	92.6
	46~55 岁	6	6.4	6.4	98.9
	56 岁以上	1	1.1	1.1	100.0
	合计	94	100.0	100.0	

表 9-7　年龄对各变量单因素方差分析

		平方和	df	均方	F	显著性
溢出效应	组间	2.117	4	0.529	0.211	0.932
	组内	222.933	89	2.505		
	总数	225.050	93			
网购经验	组间	7.380	4	1.845	1.900	0.117
	组内	86.428	89	0.971		
	总数	93.809	93			
网购熟悉度	组间	1.971	4	0.493	0.451	0.771
	组内	97.223	89	1.092		
	总数	99.194	93			
网购平台熟悉度	组间	10.179	4	2.545	1.917	0.114
	组内	118.111	89	1.327		
	总数	128.290	93			
网购涉入度	组间	2.070	4	0.517	0.501	0.735
	组内	91.859	89	1.032		
	总数	93.928	93			
情绪	组间	5.012	4	1.253	1.085	0.369
	组内	102.778	89	1.155		
	总数	107.790	93			
网店相似性	组间	5.340	4	1.335	1.148	0.339
	组内	103.494	89	1.163		
	总数	108.833	93			

9.5.2　变量描述

按照虚假促销类型,对实验各变量均值与标准差进行测量,结果见下表:

表 9-8　调查样本描述性统计

应对策略		网购经验	网购熟悉度	网购平台熟悉度	网购涉入度	情绪	网店相似性
缄默	均值	7.709 7	7.290 3	7.532 3	7.612 9	7.112 9	6.322 6
	N	31	31	31	31	31	31
	标准差	0.955 46	0.863 85	1.257 88	0.910 22	1.030 45	1.052 28
否认	均值	7.919 4	7.290 3	7.645 2	7.306 5	7.419 4	6.666 7
	N	31	31	31	31	31	31
	标准差	0.895 33	1.086 08	1.177 52	0.997 31	1.073 13	1.151 49
区隔	均值	7.546 9	7.421 9	7.625 0	7.406 3	7.656 3	6.510 4
	N	32	32	32	32	32	32
	标准差	1.138 47	1.150 80	1.121 63	1.103 06	1.088 34	1.047 22
总计	均值	7.723 4	7.335 1	7.601 1	7.441 5	7.398 9	6.500 0
	N	94	94	94	94	94	94
	标准差	1.004 34	1.032 77	1.174 50	1.004 98	1.076 58	1.081 78

9.5.3　测量质量

测项信度分析显示，网购经验信度为 0.839，网店熟悉度信度为 0.882，网络涉入度信度为 0.819，情绪信度为 0.893，网店声誉信度为 0.762，网店相似性信度为 0.604，促销信息评价 0.817。由于本文量表均参考前人的成熟量表，因此量表信度有保障。

表 9-9　网购经验

Cronbach's Alpha	项数
0.839	2

表 9-10　网购熟悉度

Cronbach's Alpha	项数
0.882	2

表 9-11　网络涉入度

Cronbach's Alpha	项数
0.819	2

表 9-12　情绪

Cronbach's Alpha	项数
0.893	2

表 9-13　网店声誉

Cronbach's Alpha	项数
0.762	3

表 9-14　网店相似性

Cronbach's Alpha	项数
0.604	3

表 9-15　促销信息评价

Cronbach's Alpha	项数
0.817	6

9.5.4　前测结果

网购经验操控检验。被试对网购经验在 3 个实验组不存在显著差异（$M_{缄默}$=7.71，$M_{否认}$=7.92，$M_{区隔}$=7.55，$F_{(2, 91)}$ =1.089，p=0.341>0.05），因此，可以忽略的网购经验的干扰。

表 9-16　网购经验描述性统计

应对策略	均值	N	标准差
缄默	7.709 7	31	0.955 46
否认	7.919 4	31	0.895 33
区隔	7.546 9	32	1.138 47
总计	7.723 4	94	1.004 34

表 9-17　网购经验单因素方差分析

	平方和	df	均方	F	显著性
组间	2.193	2	1.097	1.089	0.341
组内	91.615	91	1.007		
总数	93.809	93			

网购熟悉度操控检验。被试对网购熟悉度在 3 个实验组不存在显著差异（$M_{缄默}$=7.29，$M_{否认}$=7.29，$M_{区隔}$=7.42，$F_{(2，91)}$=0.168，p=0.845>0.05），因此，可以忽略网购熟悉度的干扰。

表 9-18　网购熟悉度描述性统计

应对策略	均值	N	标准差
缄默	7.290 3	31	0.863 85
否认	7.290 3	31	1.086 08
区隔	7.421 9	32	1.150 80
总计	7.335 1	94	1.032 77

表 9-19　网购熟悉度单因素方差分析

	平方和	df	均方	F	显著性
组间	0.365	2	0.183	0.168	0.845
组内	98.829	91	1.086		
总数	99.194	93			

网购平台熟悉度操控检验。被试对网购平台熟悉度在 3 个实验组不存在显著差异（$M_{缄默}$=7.53，$M_{否认}$=7.64，$M_{区隔}$=7.62，$F_{(2，91)}$=0.08，p=0.923>0.05），因此，可以忽略网购平台熟悉度的干扰。

表 9-20　网购平台熟悉度描述性统计

应对策略	均值	N	标准差
缄默	7.532 3	31	1.257 88
否认	7.645 2	31	1.177 52
区隔	7.625 0	32	1.121 63
总计	7.601 1	94	1.174 50

表 9-21　网购平台熟悉度单因素方差分析

	平方和	df	均方	F	显著性
组间	0.225	2	0.113	0.080	0.923
组内	128.065	91	1.407		
总数	128.290	93			

网购涉入度操控检验。被试对网购涉入度在 3 个实验组不存在显著差异（ M 缄默 =7.61, M 否认 =7.31, M 区隔 =7.41, F（2, 89）=0.746, p=0.477>0.05），因此，可以忽略网购涉入度的干扰。

表 9-22　网购涉入度描述性统计

应对策略	均值	N	标准差
缄默	7.612 9	31	0.910 22
否认	7.306 5	31	0.997 31
区隔	7.406 3	32	1.103 06
总计	7.441 5	94	1.004 98

表 9-23　网购涉入度单因素方差分析

	平方和	df	均方	F	显著性
组间	1.516	2	0.758	0.746	0.477
组内	92.412	91	1.016		
总数	93.928	93			

情绪操控检验。被试对情绪在 3 个实验组不存在显著差异（M 缄默 =7.11, M 否认 =7.41, M 区隔 =7.66, F（2, 91）=2.06, p=0.133>0.05），因此，可以忽略情绪的干扰。

表 9-24　情绪描述性统计

应对策略	均值	N	标准差
缄默	7.112 9	31	1.030 45
否认	7.419 4	31	1.073 13
区隔	7.656 3	32	1.088 34
总计	7.398 9	94	1.076 58

表 9-25   情绪单因素方差分析

	平方和	df	均方	F	显著性
组间	4.668	2	2.334	2.060	0.133
组内	103.122	91	1.133		
总数	107.790	93			

网店相似性操控检验。被试对网店相似性在 3 个实验组不存在显著差异（$M_{缄默}$=6.32，$M_{否认}$=6.67，$M_{区隔}$=6.51，$F_{(2, 91)}$=0.783，p=0.46>0.05），因此，可以忽略网店相似性的干扰。

表 9-26   网店相似性描述性统计

应对策略	均值	N	标准差
缄默	6.322 6	31	1.052 28
否认	6.666 7	31	1.151 49
区隔	6.510 4	32	1.047 22
总计	6.500 0	94	1.081 78

表 9-27   网店相似性单因素方差分析

	平方和	df	均方	F	显著性
组间	1.840	2	0.920	0.783	0.460
组内	106.993	91	1.176		
总数	108.833	93			

9.6   正式实验

9.6.1   样本描述

正式实验邀请 324 人参加，其中，缄默组 104 人，否认组 113 人，区隔组 107 人。

表 9-28 应对策略描述性统计

		频率	百分比	有效百分比	累积百分比
有效	缄默	104	32.1	32.1	32.1
	否认	113	34.9	34.9	67.0
	区隔	107	33.0	33.0	100.0
	合计	324	100.0	100.0	

其中，男性样本 163 个，女性样本 161 个。单因素方差分析，性别对各变量的判断无显著差异（$p>0.05$）。

表 9-29 性别描述性统计

		频率	百分比	有效百分比	累积百分比
有效	男	163	50.3	50.3	50.3
	女	161	49.7	49.7	100.0
	合计	324	100.0	100.0	

表 9-30 性别对各变量单因素方差分析

		平方和	df	均方	F	显著性
网购经验	组间	0.049	1	0.049	0.054	0.816
	组内	290.163	322	0.901		
	总数	290.212	323			
网购熟悉度	组间	0.114	1	0.114	0.100	0.752
	组内	367.942	322	1.143		
	总数	368.056	323			
网购平台熟悉度	组间	1.181	1	1.181	0.922	0.338
	组内	412.728	322	1.282		
	总数	413.910	323			
网购涉入度	组间	0.111	1	0.111	0.099	0.753
	组内	359.877	322	1.118		
	总数	359.988	323			

网店虚假促销溢出效应研究

续表

		平方和	df	均方	F	显著性
情绪	组间	1.974	1	1.974	1.390	0.239
	组内	457.103	322	1.420		
	总数	459.076	323			
网店相似性	组间	2.512	1	2.512	1.534	0.216
	组内	527.393	322	1.638		
	总数	529.905	323			
溢出效应	组间	0.242	1	0.242	0.103	0.749
	组内	756.781	322	2.350		
	总数	757.023	323			

其中，16~25岁的被试，共55人，占17.0%；26~35岁的被试，共196人，占60.5%；36~45岁的被试，共52人，占16.0%；46~55岁的被试，共16人，占4.9%；56岁以上的被试，共5人。单因素方差分析，年龄对各变量的判断无显著差异（$p>0.05$）。

表 9-31　年龄描述性统计

		频率	百分比	有效百分比	累积百分比
有效	16~25岁	55	17.0	17.0	17.0
	26~35岁	196	60.5	60.5	77.5
	36~45岁	52	16.0	16.0	93.5
	46~55岁	16	4.9	4.9	98.5
	56岁以上	5	1.5	1.5	100.0
	合计	324	100.0	100.0	

表 9-32　年龄对各变量的单因素方差分析

		平方和	df	均方	F	显著性
网购经验	组间	6.481	4	1.620	1.822	0.124
	组内	283.732	319	0.889		
	总数	290.212	323			

		平方和	df	均方	F	显著性
网购熟悉度	组间	7.687	4	1.922	1.701	0.149
	组内	360.369	319	1.130		
	总数	368.056	323			
网购平台熟悉度	组间	16.805	4	4.201	3.375	0.010
	组内	397.105	319	1.245		
	总数	413.910	323			
网购涉入度	组间	6.288	4	1.572	1.418	0.228
	组内	353.699	319	1.109		
	总数	359.988	323			
情绪	组间	23.721	4	5.930	4.345	0.002
	组内	435.355	319	1.365		
	总数	459.076	323			
网店相似性	组间	24.596	4	6.149	3.882	0.004
	组内	505.309	319	1.584		
	总数	529.905	323			
溢出效应	组间	4.013	4	1.003	0.425	0.791
	组内	753.010	319	2.361		
	总数	757.023	323			

其中，初中及其以下的被试，共 2 人，占 0.6%；高中/中专的被试，共 16 人，占 4.9%；大专的被试，共 71 人，占 21.9%；本科的被试，共 209 人，占 64.5%；研究生及其以上的被试，共 26 人，占 8.0%。单因素方差分析，学历对各变量无显著影响（$p>0.05$）。

表 9-33　学历描述性统计

		频率	百分比	有效百分比	累积百分比
有效	初中及其以下	2	0.6	0.6	0.6
	高中/中专	16	4.9	4.9	5.6
	大专	71	21.9	21.9	27.5
	本科	209	64.5	64.5	92.0
	研究生及其以上	26	8.0	8.0	100.0
	合计	324	100.0	100.0	

表 9-34 　学历对各变量的单因素方差分析

		平方和	df	均方	F	显著性
网购经验	组间	6.148	4	1.537	1.726	0.144
	组内	284.064	319	0.890		
	总数	290.212	323			
网购熟悉度	组间	2.431	4	0.608	0.530	0.714
	组内	365.624	319	1.146		
	总数	368.056	323			
网购平台熟悉度	组间	2.675	4	0.669	0.519	0.722
	组内	411.234	319	1.289		
	总数	413.910	323			
网购涉入度	组间	4.026	4	1.007	0.902	0.463
	组内	355.961	319	1.116		
	总数	359.988	323			
情绪	组间	16.298	4	4.075	2.935	0.051
	组内	442.778	319	1.388		
	总数	459.076	323			
网店相似性	组间	7.172	4	1.793	1.094	0.359
	组内	522.733	319	1.639		
	总数	529.905	323			
溢出效应	组间	8.696	4	2.174	0.927	0.449
	组内	748.328	319	2.346		
	总数	757.023	323			

9.6.2 　变量描述

按照虚假促销类型，对实验各变量均值与标准差进行测量，结果见下表：

表 9-35 调查样本描述性统计

		平方和	df	均方	F	显著性
网购经验	组间	0.285	2	0.142	0.158	0.854
	组内	289.928	321	0.903		
	总数	290.212	323			
网购熟悉度	组间	0.717	2	0.358	0.313	0.731
	组内	367.339	321	1.144		
	总数	368.056	323			
网购平台熟悉度	组间	0.422	2	0.211	0.164	0.849
	组内	413.488	321	1.288		
	总数	413.910	323			
网购涉入度	组间	0.108	2	0.054	0.048	0.953
	组内	359.880	321	1.121		
	总数	359.988	323			
情绪	组间	1.616	2	0.808	0.567	0.568
	组内	457.460	321	1.425		
	总数	459.076	323			
网店相似性	组间	2.311	2	1.155	0.703	0.496
	组内	527.594	321	1.644		
	总数	529.905	323			
溢出效应	组间	148.351	2	74.176	39.119	0.000
	组内	608.672	321	1.896		
	总数	757.023	323			

9.6.3 测量质量

测项信度分析显示，网购经验信度为 0.829，网店熟悉度信度为 0.801，网络涉入度信度为 0.896，情绪信度为 0.80，网店声誉信度为 0.799，网店相似性信度为 0.604，促销信息评价 0.817。由于本文量表均参考前人的成熟量表，因此，量表信度有保障。

表 9-36　网购经验信度

Cronbach's Alpha	项数
0.829	2

表 9-37　网购熟悉度信度

Cronbach's Alpha	项数
0.801	2

表 9-38　网络涉入度信度

Cronbach's Alpha	项数
0.896	2

表 9-39　情绪信度

Cronbach's Alpha	项数
0.800	2

表 9-40　网店声誉信度

Cronbach's Alpha	项数
0.799	3

表 9-41　网店相似性信度

Cronbach's Alpha	项数
0.604	3

表 9-42　促销信息评价信度

Cronbach's Alpha	项数
0.817	6

9.6.4　操控检验

网购经验操控检验。被试对网购经验在 3 个实验组不存在显著差异（$M_{缄默}$=7.73，$M_{否认}$=7.78，$M_{区隔}$=7.71，$F_{(2, 91)}$=1.158，p=0.854>0.05），因此，可以忽略的网购经验的干扰。

表 9-43　网购经验描述性统计

应对策略	均值	N	标准差
缄默	7.726 0	104	0.858 65
否认	7.778 8	113	0.999 86
区隔	7.710 3	107	0.981 04
总计	7.739 2	324	0.947 89

表 9-44　网购经验单因素方差分析

	平方和	df	均方	F	显著性
组间	0.285	2	0.142	0.158	0.854
组内	289.928	321	0.903		
总数	290.212	323			

网购熟悉度操控检验。被试对网购熟悉度在 3 个实验组不存在显著差异（$M_{缄默}$=7.43，$M_{否认}$=7.53，$M_{区隔}$=7.42，$F_{(2, 321)}$=0.313，p=0.731>0.05），因此，可以忽略网购熟悉度的干扰。

表 9-45　网购熟悉度描述性统计

应对策略	均值	N	标准差
缄默	7.437 5	104	0.994 37
否认	7.526 5	113	1.149 22
区隔	7.420 6	107	1.053 18
总计	7.463 0	324	1.067 47

表 9-46　网购熟悉度单因素方差分析

	平方和	df	均方	F	显著性
组间	0.717	2	0.358	0.313	0.731
组内	367.339	321	1.144		
总数	368.056	323			

网购平台熟悉度操控检验。被试对网购平台熟悉度在 3 个实验组不存在显著差异（$M_{缄默}$=7.56，$M_{否认}$=7.55，$M_{区隔}$=7.48，$F_{(2, 321)}$=0.164，p=0.849>0.05），因此，可以忽略网购平台熟悉度的干扰。

表 9-47　网购平台熟悉度描述性统计

应对策略	均值	N	标准差
缄默	7.562 5	104	0.974 65
否认	7.553 1	113	1.285 85
区隔	7.481 3	107	1.109 40
总计	7.532 4	324	1.132 01

表 9-48　网购熟悉度单因素方差分析

	平方和	df	均方	F	显著性
组间	0.717	2	0.358	0.313	0.731
组内	367.339	321	1.144		
总数	368.056	323			

网购涉入度操控检验。被试对网购涉入度在 3 个实验组不存在显著差异（$M_{缄默}$=7.49，$M_{否认}$=7.53，$M_{区隔}$=7.49，$F_{(2, 321)}$=0.048，p=0.953>0.05），因此，可以忽略网购涉入度的干扰。

表 9-49　网购涉入度描述性统计

应对策略	均值	N	标准差
缄默	7.490 4	104	1.061 19
否认	7.531 0	113	1.082 08
区隔	7.495 3	107	1.031 34
总计	7.506 2	324	1.055 70

表 9-50　网购涉入度单因素方差分析

	平方和	df	均方	F	显著性
组间	0.108	2	0.054	0.048	0.953
组内	359.880	321	1.121		
总数	359.988	323			

网店相似性操控检验。被试对网店相似性在 3 个实验组不存在显著差异（$M_{缄默}$=6.47，$M_{否认}$=6.68，$M_{区隔}$=6.55，$F_{(2, 321)}$=0.703，p=0.49>0.05），因此，可以忽略网店相似性的干扰。

表 9-51　网店相似性描述性统计

应对策略	均值	N	标准差
缄默	6.471 2	104	1.211 78
否认	6.675 5	113	1.331 44
区隔	6.551 4	107	1.295 13
总计	6.568 9	324	1.280 85

表 9-52　网店相似性单因素方差分析

	平方和	df	均方	F	显著性
组间	2.311	2	1.155	0.703	0.496
组内	527.594	321	1.644		
总数	529.905	323			

9.6.5　假设检验

检验假设 H8，在虚假促销事件发生后，就降低虚假促销焦点网店对竞争网店的负面溢出效应而言，最优的是区隔策略，其次是否认策略，最差的是缄默策略。方差分析显示（见表 1-19、1－20），竞争网店不同应对策略的使用引起负面溢出效应的变化，$F_{(2, 321)}=39.119$，$p < 0.001$。Tamhane's T2 检验结果表明，竞争网店使用区隔策略（$M_{区隔策略}=2.19$，SD=1.42）能显著比否认策略（$M_{否认策略}=1.49$，SD=1.09，$p < 0.01$）和缄默策略（$M_{缄默策略}=0.52$，SD=1.60，$p < 0.001$），降低更多的负面溢出，而否认策略和缄默策略之间在降低负面溢出效应上存在显著差异（$p<0.01$）。因此，H8a 得到验证，H8b 得到验证，H8 得到支持。

表 9-53　竞争网店应对策略对溢出效应影响的描述统计

应对策略	样本量	均值	标准差	均值的95%置信区间		极小值	极大值
				下限	上限		
缄默	104	0.52	1.60	0.21	0.83	−4.00	3.00
否认	113	1.49	1.09	1.28	1.69	−1.00	4.00
区隔	107	2.19	1.42	1.91	2.46	−2.00	7.00

表 9-54　应对策略对溢出效应影响的多重比较

因变量：溢出效应

Tamhane

（I）应对策略		均值差（I-J）	标准误	显著性	95%置信区间	
					下限	上限
缄默	否认	− 0.97*	0.19	0.00	− 1.42	− 0.52
	区隔	− 1.67*	0.21	0.00	− 2.17	− 1.17
否认	缄默	0.97*	0.19	0.00	0.52	1.42
	区隔	− 0.70*	0.17	0.00	− 1.11	− 0.29
区隔	缄默	1.67*	0.21	0.00	1.17	2.17
	否认	0.70*	0.17	0.00	0.29	1.11

*.均值差的显著性水平为 0.05

9.7　本章小结

　　虚假促销会对竞争网店产生负面溢出效应。作为很多无辜的竞争网店，如何能够有效阻止或降低虚假促销焦点网店带来的负面影响，这是众多企业现实中必须面临的问题。通过归纳、分析现实中虚假促销负面溢出应对的相关案例，以区分非涉事的竞争网店所采取的不同应对策略。对于虚假促销负面溢出效应说服应对策略的理解，现实中各竞争网店还存在较大的分歧，虚假促销事件发生后，有的网店直接矢口否认，有的网店则进行区隔，还有的网店则没有更好的选择方案，只能暂时保持缄默。这也说明"究竟哪种策略最优"这一问题，众多竞争网店尚未达统一的见解。竞争网店如何应对虚假促销溢出效应是网店虚假促销研究的核心问题之一，然而，目前并没有研究竞争网店对虚假促销的应对策略。

　　首先，分析对比缄默、否认两种策略。虚假促销事件发生后，同一平台的竞争网店为了免受事件负面溢出的影响，可能会通过声明"不存在虚假促销焦点网店的相关假促销方式"或"不存在虚假促销焦点网店的相关假促销行为"予以否认。依据信息性原则，沟通时要向信息接受者传达其不知道的信息。因此，危机发生后，相对于缄默策略，否认策略在内容上更具信息性和更容易被接受。由于新颖和意外的信息比预期的信息具有更高的可诊断性。因此，与否认策略的信息相比，区隔信息的显著性会吸引更多的注意力，并使它在促销信息真实性的信念评价上具有更多的影响力。

本章节以羽绒服为网店虚假促销产品，采用实验法验证了假设 H8。先进行了前测实验，三种应对策略刺激物模拟成功，然后进行了正式实验，主要通过方差分析等数理统计方法证实了在虚假促销事件发生后，就降低虚假促销焦点网店对竞争网店的负面溢出效应而言，最优的是区隔策略，其次是否认策略，最差的是缄默策略。

10 研究总结

10.1 研究结论

本书阐释了三个方面的问题。

（1）网店虚假促销特征对竞争网店溢出效应的影响差异。

本研究将从虚假促销类型、虚假促销深度以及虚假促销情景三大虚假促销特征出发，来比较网店虚假促销溢出效应的影响差异。就虚假促销类型而言，基于"物质激励"和"时间限制"的设计原理，虚假促销类型包括价格虚假、赠品虚假和时长虚假；就虚假促销深度而言，促销深度是影响促销效果的物质激励因素（卢长宝，2004），虚假促销深度可以作为其严重性衡量方式；虚假促销情景包括群发性和频发性。群发性，即虚假促销涉及网店数量的多少；频发性，即当事网店虚假促销次数的多少。

（2）识别出虚假促销溢出效应的发生条件。

现实中，网店虚假促销通常发生于消费者身边，也有可能伤害到陌生人。由于网店虚假促销并非发生于真空，所以消费者对虚假促销焦点网店的评价，受其对虚假促销事件心理距离维度感知的影响。本文将验证社交距离在虚假促销对竞争网店溢出效应中的调节作用，社交距离可能调节虚假促销类型和虚假促销深度对溢出效应的影响，是重要的调节变量。

（3）提出竞争网店缓解焦点网店虚假促销溢出效应的应对策略。

本文的虚假促销溢出效应应对策略基于 Roehm 和 Tybout（2006）关于危机溢出效应的"否认策略"和"缄默策略"（Roehm and Tybout，2006），余伟萍等（2015）关于品牌丑闻溢出的"改进策略"（余伟萍与祖旭等，2015）以及王珏等（2014）关于产品危机溢出的区隔策略的研究（王珏与方正等，2014），结合现实虚假促销案例总结出"区隔策略"，即从促销方式将非涉事竞争网店与虚假促销焦点企业在促销方式的合法合规性上进行隔离。为了探讨竞争网店的应对策略对负面溢出效应的影响。结合缄默策略（控制组），本文将虚假促销负面溢出效应的应对策略分为缄默、否认和区隔三类。这三种策略可能会在不同程度上影响顾客对竞争网店促销信息真实性的信念,进而影响负面溢出效应,探索竞争网店对虚假促销负面溢出的应对策略。

本书就网店虚假促销溢出效应的影响做了 5 个方面的研究。

(1)虚假促销类型对竞争网店溢出效应的影响。

正常促销的设计原理包含"时间限制"和"物质激励"两大特征,是促销策略设计的核心,其目的就是通过短期物质激励来诱发即刻购买(卢长宝,2004)。与之相应,网店虚假促销主要通过价格虚假、赠品虚假和时长虚假来实现,达到提升销量的目的。价格虚假即虚构或夸大促销价格上的优惠,赠品虚假即虚构或夸大促销赠品上的价值,时长虚假即虚构或夸大促销时间上的压力。现有研究发现,抽象性信息会促发较强地倾向性推断,更容易泛化(Wigboldus and Semin et al.,2006);具体性信息容易启发特殊化思考,被认为只在特定情境下发生(Assilam é hou and Lepastourel et al.,2013)。也就是说,抽象信息可诊断性更强,也更易导致溢出效应。一般而言,促销价格和促销时长比赠品的抽象程度更高,同理,价格虚假和时长虚假的抽象程度高于赠品虚假。也就是说,价格虚假和时长虚假比赠品虚假的可诊断性更高,更容易导致溢出效应。基于此,本文研究 1 以羽绒服为虚假促销网店产品,采用情景实验法,研究了虚假促销类型对竞争网店溢出效应的影响。本文实证研究的具体结果为:与赠品虚假相比,价格虚假(H1a)和时长虚假(H1b)对竞争网店的溢出效应更大。

(2)虚假促销深度对竞争网店溢出效应的影响。

促销深度是衡量促销对消费者的价值(Xie and Keh,2016),三种虚假促销类型的严重程度,可由虚假促销深度衡量,用于评价虚假促销欺骗性严重程度。负面事件的严重性越高,越易产生溢出效应。虚假促销深度越高,网店对价格优惠、时间限制和赠品价值的夸大或虚构程度越大,导致消费者对虚假促销形成更为严重的感知,进而触发更强的溢出效应。本文研究 2 以羽绒服为虚假促销网店产品,通过理论回顾和情景实验,发现虚假促销深度越高,虚假促销对竞争网店溢出效应的影响越大。

(3)虚假促销事件特征对竞争网店溢出效应的影响。

虚假促销情景是消费者认为网店虚假促销的发生频率。虚假促销情景主要来自两个方面。一是是群发性,即虚假促销涉及网店数量的多少,即佘秋玲(2010)指出的群发性(佘秋玲,2010)。二是频发性,即当事网店虚假促销的次数的多少，即 Coombs 和 Holladay（2002）指出的绩效历史（包括危机历史和关系历史）（Coombs and Holladay，2002）。依据可接近 – 可诊断理论（Feldman 和 Lynch，1988），信息的可接近性是消费者从记忆中提取信息的难易程度（汪兴东，景奉杰和涂铭，2012），大范围或是反复接触的信息曝光将增加消费者的记忆，以及增加从记忆中提取信息的容易程度，即被曝光的信息范围越广，接触的信息越多，信息的可接近性越高；虚假促销负面信息在认知判断中权重更大，比正面信息更具有可诊断性（Roehm and Tybout，2006）。本文研究 3 以羽绒服为虚假促销网店产品刺激物，通过实验法收集研究数据，验证相关假设。研究结果发现，虚假促销事件发生后，事件群发性越高，焦点网店的虚假促销对竞争网店的负面溢出效应越强；虚假促销事件发生后，事件频发性越高，焦点网店的虚假促销对竞争网店的负面溢出效应越强。

（4）社交距离的调节作用。

社交距离（social distance）是心理距离的维度之一（Liviatan and Trope et al.，2008），会影响解释水平的高低（Liberman and Förster，2009）。当社交距离较远时，人们倾向使用抽象的、本质的特征来表征事物，即高水平解释；反之，当社交距离较近时，则使用具体的、外围的特征表征事物，即低水平解释（黄俊与李晔等，2015）。消费者进而对与之相匹配的信息赋予更高权重（李雁晨与周庭锐等，2009）。对于虚假促销类型而言，社交距离可以调节虚假促销类型对溢出效应的影响。价格虚假和时长虚假更加抽象，赠品虚假则更加具体（刘红艳与李爱梅等，2012）。此外，社交距离会调节负面事件中的感知风险，进而影响虚假促销溢出效应。基于此，本文研究 4 以手机为虚假促销网店产品刺激物，通过实验法收集研究数据，验证相关假设。研究结果发现，社交距离部分调节虚假促销类型对竞争网店溢出效应的影响；社交距离会调节虚假促销深度对竞争网店的影响。

（5）竞争网店对虚假促销溢出效应的应对策略。

本文根据企业的应对主体、负面事件类型、应对策略本身特点对负面事件应对策略作了归纳，为制定竞争网店应对焦点网店虚假促销溢出效应奠定了理论基础，将虚假促销负面溢出效应的应对策略分为缄默、否认和区隔三类。本文研究 5 以手机为虚假促销网店产品刺激物，通过实验法收集研究数据，验证相关假设。研究结果发现，在虚假促销事件发生后，就降低虚假促销焦点网店对竞争网店的负面溢出效应而言，最优的是区隔策略，其次是否认策略，最差的是缄默策略。

本文提出的研究假设的验证情况见下表：

表 10-1　本文研究假设验证情况

研究假设	验证情况
H1：与赠品虚假相比，价格虚假（H1a）和时长虚假（H1b）对竞争网店的溢出效应更大。	验证
H2：虚假促销深度越高，虚假促销对竞争网店溢出效应的影响越大。	验证
H3：虚假促销事件发生后，事件群发性越高，焦点网店的虚假促销对竞争网店的负面溢出效应越强。	验证
H4：虚假促销事件发生后，事件频发性越高，焦点网店的虚假促销对竞争网店的负面溢出效应越强。	验证
H5：虚假促销事件中，虚假促销频发性将会调节群发性对竞争网店负面溢出效应的影响。	验证
H6：社交距离会调节虚假促销类型对竞争网店溢出效应的影响。	部分验证
H7：社交距离会调节虚假促销深度对竞争网店的影响。	验证
H8：在虚假促销事件发生后，就降低虚假促销焦点网店对竞争网店的负面溢出效应而言，最优的是区隔策略，其次是否认策略，最差的是缄默策略。	验证

10.2　管理启示

促销成为网店应对竞争压力的主要手段，"不促不销"已是普遍现象，而其中充斥着大量虚假促销问题。虚假促销不仅降低焦点网店销售，还可能产生溢出效应，降低竞争网店的促销效果。网店虚假促销是指网店有意操作促销利益幅度、促销产品质量、促销期限等信息以误导消费者，从而诱导、刺激消费者产生即刻购买的营销手段。溢出效应是网上购物研究的热点问题。然而，网店虚假促销溢出效应并未得到深入研究。本文基于促销原理，研究了虚假促销类型、虚假促销深度、虚假促销情景对溢出效应的影响，并探索了社交距离的调节作用及缓解虚假促销对竞争网店溢出效应的应对策略，主要的管理启示如下。

① 焦点网店应强化营销伦理道德意识，避免采用虚假促销这种损人不利己，甚至会损害网店平台整体促销效率的营销手段。网店须在合法合规的基础上，合情合理地使用各种促销方式。当采用虚假促销一方面会对自身的网店产生负面影响，降低消费者态度、购买意愿，另一方面还会发生溢出效应，影响竞争网店的销售，甚至对整个电商平台产生负面影响。因此，作为网店自身应该加强自律，自觉遵守法律法规的同时，树立正确的营销伦理理念。营销伦理是营销主体在从事营销活动中所应具有的基本的道德准则，即判断企业营销活动是否符合消费者及社会的利益，能否给广大消费者及社会带来最大幸福的一种价值判断标准。企业与消费者和社会的关系，最主要的是经济关系，直接表现为某种利益关系，这种关系的正确处理，除依靠法律外，还需要正确的伦理观念指导。

② 网商平台及其管理需建立促销甄别机制，及时发现并制止网店虚假促销行为，甚至建立促销活动认证制度，有效降低虚假促销对同类网店的溢出效应，维护好网商环境。由于信息不对称，仅仅依靠网店自律，法律制约不足以规范网店的促销行为，必须采取相应的手段完善促销信息真伪的鉴别。通过建立促销活动认证制度，减弱非对称信息对消费者的不利影响，通过提高消费者信任、感知价值，快速促成消费者购买，从而提高整个电商平台的交易效率。

③ 竞争网店不仅要关注自身的促销策略，还应重视、预防其他网店虚假促销对自身网店的负面影响。与赠品虚假相比，价格虚假、时长虚假对竞争网店溢出效应的影响更显著。虚假促销深度越高，虚假促销对竞争网店溢出效应的影响越大。虚假促销群发性、频发性越高，虚假促销对竞争网店的负面溢出就越强。社交距离会调节虚假促销类型对竞争网店溢出效应的影响。当社交距离较远时（如陌生人遇到虚假促销的信息），与赠品虚假相比，价格虚假和时长虚假对竞争网店的溢出效应更大。当社交距离较近时（如好朋友遇到虚假促销的信息），与价格虚假和时长虚假相比，赠品虚假对竞争网店导的溢出效应更大。社交距离会调节虚假促销深度对竞争网店的影响。当虚假促销欺骗的是好朋友时，无论虚假促销深度高低，消费者认为虚假促销对竞争网店的影响无显著差异。当虚假促销欺骗的是陌生人时，与虚假促销深度低的网店相比，消费者认为虚假促销深度高的网店对竞争网店溢出效应的影响更大。通过虚假促销类型、虚假促销深度、虚假促销情景和社交距离等因素综合判断溢出可能性，及时识别和防范，避免负面溢出效应的影响。

④ 竞争网店可采取相应的应对策略弱化虚假促销溢出效应的负面影响。本研究发现，虚假促销发生后，就降低虚假促销焦点网店对竞争网店的负面溢出效应而言，应对策略中最优策略是区隔策略，其次是否认策略，缄默策略最差。因此，面对虚假促销，竞争网店应该尽量结合网店实际情况采取模仿者难以效仿的方式，如进行产品促销方式和产品种类的区隔、强调自身网店的差异性等，才能对消费者发出更为积极可信的信号，抵御虚假促销焦点网店负面溢出的侵扰，而不是简单地予以否认或者在缄默中等待虚假促销事件的平息。

10.3 研究局限

本书以网店虚假促销事件为背景，通过观察现实背景，提出研究问题，进行理论综述，提出研究模型和研究假设，通过情景实验法进行实证研究，检验研究假设。本书研究了虚假促销类型和虚假促销深度对溢出效应的影响，构建了竞争网店预测虚假促销溢出效应的理论模型，研究结论丰富了溢出效应研究，同时拓展了社交距离研究，对竞争网店成功预判、应对网店虚假促销对竞争网店的溢出效应提供了一定的理论指导，但由于研究精力和问题复杂性所限，本文的局限性与未来的研究方向主要表现为以下 4 个方面。

① 没有考察时间、空间及结果不确定性维度的影响。处理社交距离外，时间、空间和结果不确定性等心理距离维度也会影响消费者对品牌的评价。因此，在以后的研究中，可进一步分析虚假促销发生后，时间、空间及结果不确定性等对消费者购买决策的影响及其交互效应。

② 未研究网店熟悉度。网店刺激物采用的是虚拟网店，以后的研究可以考虑不同网店熟悉度的情况下，再次检验社交距离对虚假促销溢出强度的影响。

③ 未研究品类间不确定性差异的影响。网上购物环境下，手机的感知不确定性低于服装，这可能导致了在手机品类下 H6 仅得到部分验证，以后研究可增进考虑品类间感知不确定性对溢出效应的影响。

④ 研究样本选择。为提高样本的同质性、降低其他干扰变量的影响，尽量选择学生样本。尽管学生样本在消费者行为研究领域非常普遍，仍然存在代表性不足的问题，后续研究可以通过采用非学生样本来验证研究模型和提升外部效度。

参考文献

[1] Aditya, R. N. (2001). "The psychology of deception in marketing: A conceptual framework for research and practice." Psychology & Marketing 18 (7): 735-761.

[2] Ahluwalia, R. and H. R. Unnava, et al. (2001). "The Moderating Role of Commitment on the Spillover Effect of Marketing Communications." Journal of Marketing Research 38 (4): 458-470.

[3] Ahluwalia, R. and H. R. Unnava, et al. (2001). "The Moderating Role of Commitment on the Spillover Effect of Marketing Communications." Journal of Marketing Research 38 (4): 458-470.

[4] Ahluwalia, R. and H. R. Unnava, et al. (2001). "The moderating role of commitment on the spillover effect of marketing communications." Journal of Marketing Research 38 (4): 458-470.

[5] Ailawadi, K. L. and D. R. Lehmann, et al. (2013). "Market Response to a Major Policy Change in the Marketing Mix: Learning from Procter & Gamble's Value Pricing Strategy." Journal of Marketing 65 (1): 44-61.

[6] Ailawadi, K. L. and S. A. Neslin (1998). "The Effect of Promotion on Consumption: Buying More and Consuming It Faster." Journal of Marketing Research 35 (3): págs. 390-398.

[7] Ailawadi, K. L. and S. A. Neslin, et al. (2001). "Pursuing the Value-Conscious Consumer : Store Brands Versus National Brand Promotions." Journal of Marketing 65 (1): 71-89.

[8] Ailawadi, K. L. and S. A. Neslin, et al. (2001). "Pursuing the Value-Conscious Consumer : Store Brands Versus National Brand Promotions." Journal of Marketing 65 (1): 71-89.

[9] Alba, J. W. and S. M. Broniarczyk, et al. (1994). "The Influence of Prior Beliefs, Frequency Cues, and Magnitude Cues on Consumers' Perceptions of Comparative Price Data." Journal of Consumer Research 21 (2): 219-35.

[10] Alford, B. L. and B. T. Engelland(2000). "Advertised Reference Price Effects on Consumer Price Estimates, Value Perception, and Search Intention." Journal of Business Research 48 (2): 93-100.

[11] Alter, A. L. and D. M. Oppenheimer (2008). "Effects of Fluency on Psychological Distance and Mental Construal (Or Why New York Is a Large City, but "New York" Is a Civilized Jungle)." Psychological Science 19 (2): 161.

[12] Aminilari, M. and R. Pakath (2005). "Searching for information in a time-pressured setting: Experiences with a Text-based and an Image-based decision support system." Decision Support Systems 41 (1): 37-68.

[13] Anderson, J. R. (1983). "A spreading activation theory of memory." Journal of Verbal Learning & Verbal Behavior 22 (3): 261-295.

[14] Arnold, M. B. (1960). Emotion and personality. Vol. I. Psychological aspects. New York, Columbia University Press.

[15] Arnold, M. B. (1961). Emotion and personality., Cassell and Co. Ltd.

[16] Assilam é hou, Y. and N. Lepastourel, et al.(2012). "How the Linguistic Intergroup Bias Affects Group Perception: Effects of Language Abstraction on Generalization to the Group." Journal of Social Psychology 153 (1): 98-108.

[17] Assilam é hou, Y. and N. Lepastourel, et al.(2013). "How the Linguistic Intergroup Bias Affects Group Perception: Effects of Language Abstraction on Generalization to the Group." The Journal of Social Psychology 153 (1): 98-108.

[18] Assilam é hou, Y. and N. Lepastourel, et al.(2013). "How the Linguistic Intergroup Bias Affects Group Perception: Effects of Language Abstraction on Generalization to the Group." The Journal of Social

Psychology 153（1）：98-108.

[19]　Bagozzi, R. P. and M. Gopinath, et al.（1999）. "The role of emotions in marketing." Journal of the Academy of Marketing Science 27（2）：184.

[20]　Bagozzi, R. P. and M. Gopinath, et al.（1999）. "The role of emotions in marketing." Journal of the Academy of Marketing Science 27（2）：184.

[21]　Baker, M. J.（2010）. "Marketing theory：a student Text.".

[22]　Barsalou, L. W. and D. R. Sewell（1985）. "Contrasting the representation of scripts and categories ☆." Journal of Memory & Language 24（6）：646-665.

[23]　Bawa, K. and R. W. Shoemaker（1987）. "The Coupon-Prone Consumer：Some Findings Based on Purchase Behavior across Product Classes." Journal of Marketing 51（4）：99.

[24]　Becerra, E. P. and P. K. Korgaonkar（2011）. "Effects of trust beliefs on consumers' online intentions." European Journal of Marketing 45（6）：936-962.

[25]　Berry, L. L. and R. N. Bolton, et al.（2010）. "Opportunities for Innovation in the Delivery of Interactive Retail Services ☆." Journal of Interactive Marketing 24（2）：155-167.

[26]　Blattberg, R. C. and K. J. Wisniewski（1989）. "Price-Induced Patterns of Competition." Marketing Science 8（4）：291-309.

[27]　Blattberg, R. C. and R. Briesch, et al.（2015）. "How Promotions Work." Marketing Science 14（3_supplement）：122-122.

[28]　Bradford, J. L. and D. E. Garrett（1995）. "The effectiveness of corporate communicative responses to accusations of unethical behavior." Journal of Business Ethics 14（11）：875-892.

[29]　Braun, K. A. and G. J. Gacth, et al.（1997）. "Framing effects with differential impact：The role of attribute salience." Advances in Consumer Research 24：405-411.

[30]　Byun, K. A. and M. Dass（2015）. "Investigating Post Product Recall Sales Dynamics Using Functional Data Analysis." Developments in Marketing Science Proceedings of the Academy of Marketing Science：328-328.

[31]   Carmi, E. and G. Oestreicher-Singer, et al.(2010). "Is Oprah Contagious? Identifying Demand Spillovers in Online Networks." Working Papers.

[32]   Carmi, E. and G. Oestreicher-Singer, et al.(2010). "Is Oprah Contagious? Identifying Demand Spillovers in Online Networks." Working Papers.

[33]   Chaiken, S.(1980). "Heuristic versus systematic information processing and the use of source versus message cues in persuasion." Journal of Personality & Social Psychology 39 (5): 752-766.

[34]   Chaiken, S. and R. Ginersorolla, et al. (1996). "Beyond accuracy: Defense and impression motives in heuristic and systematic information processing.".

[35]   Chapman, K. J. and A. Aylesworth (1999). "Riding the coat - tails of a positive review: rave reviews and attitude transfer." Journal of Consumer Marketing 16 (5): 418-440.

[36]   Chen, S. F. S. and K. B. Monroe, et al.(1998). "The effects of framing price promotion messages on consumers' perceptions and purchase intentions." Journal of Retailing 74 (3): 353-372.

[37]   Chen, S. and S. Chaiken (1999). "The heuristic-systematic model in its broader context.": 73-96.

[38]   Choi, Y. and Y. H. Lin(2009). "Consumer responses to Mattel product recalls posted on online bulletin boards: Exploring two types of emotion." Journal of Public Relations Research 21 (2): 198-207.

[39]   Clark, D. M. and J. D. Teasdale(1982). "Diurnal variation in clinical depression and accessibility of memories of positive and negative experiences." J Abnorm Psychol 91 (2): 87-95.

[40]   Clee, M. A. and R. A. Wicklund (1980). "Consumer behavior and psychological reactance." Journal of Consumer Research 6 (4): 389-405.

[41]   Collins, A. M. and E. F. Loftus(1988). "A Spreading-Activation Theory of Semantic Processing." Psychological Review 82 (6): 126-136.

[42]   Collins, A. M. and E. F. Loftus(1988). "A Spreading-Activation Theory of Semantic Processing." Psychological Review 82 (6): 126-136.

[43]   Collins, A. M. and E. F. Loftus(1988). "A Spreading-Activation Theory

of Semantic Processing." Psychological Review 82（6）: 126-136.

[44]   Collins, A. M. and E. F. Loftus（1988）. "A Spreading-Activation Theory of Semantic Processing." Psychological Review 82（6）: 126-136.

[45]   Collins-Dodd, C. and T. Lindley（2003）. "Store brands and retail differentiation: the influence of store image and store brand attitude on store own brand perceptions." Journal of Retailing & Consumer Services 10（6）: 345-352.

[46]   Coombs, W. T.（1999）. Ongoing Crisis Communication: Planning, Managing and Responding.

[47]   Coombs, W. T.（2007）. "Protecting Organization Reputations During a Crisis: The Development and Application of Situational Crisis Communication Theory." Corporate Reputation Review 10（3）: 163-176.

[48]   Coombs, W. T. and S. J. Holladay（2002）. "Helping Crisis Managers Protect Reputational Assets: Initial Tests of the Situational Crisis Communication Theory." Management Communication Quarterly: An International Journal 16（2）: 165-186.

[49]   Coombs, W. T. and S. J. Holladay（2005）. "An exploratory study of stakeholder emotions: Affect and crises." Research on emotion in organizations 1: 263-280.

[50]   Coombs, W. T. and S. J. Holladay（2005）. "An Exploratory Study of Stakeholder Emotions: Affect and Crises." Research on Emotion in Organizations 1（1）: 263-280.

[51]   Cronin, J. J. and S. A. Taylor（1992）. "Measuring Service Quality: A Reexamination and Extension." Journal of Marketing 56（3）: 55-68.

[52]   D, S. P. P. and K. R. L. P. D（2003）. "Processing Internet Communications: A Motivation, Opportunity and Ability Framework." Journal of Current Issues & Research in Advertising 25（1）: 45-59.

[53]   Dahlen, M. and F. Lange（2006）. "A Disaster Is Contagious: How a Brand in Crisis Affects Other Brands." Journal of Advertising Research 46（4）: 388-397.

[54]   Danziger, S. and R. Montal, et al.（2012）. "Idealistic advice and

pragmatic choice : A psychological distance account." Journal of Personality & Social Psychology 102（6）: 1 105.

[55] Darke, P. R. and D. W. Dahl（2003）. "Fairness and Discounts: The Subjective Value of a Bargain." Journal of Consumer Psychology 13（3）: 328-338.

[56] Darke, P. R. and L. Ashworth, et al.（2010）. "Great expectations and broken promises : misleading claims , product failure , expectancy disconfirmation and consumer distrust." Journal of the Academy of Marketing Science 38（3）: 347-362.

[57] Darke, P. R. and R. J. B. Ritchie（2007）. "The Defensive Consumer: Advertising Deception, Defensive Processing, and Distrust." Journal of Marketing Research 44（1）: 114-127.

[58] Darke, P. R. and S. Chaiken（2005）. "The pursuit of self-interest: self-interest bias in attitude judgment and persuasion." Journal of Personality & Social Psychology 89（6）: 864-83.

[59] Davidow , M.（2003）. "Organizational Responses to Customer Complaints : What Works and What Doesn't." Journal of Service Research 5（3）: 225-250.

[60] Dawar, N. and M. M. Pillutla（2013）. "Impact of Product-Harm Crises on Brand Equity: The Moderating Role of Consumer Expectations." Journal of Marketing Research 37（2）: 215-226.

[61] Depaulo, P. J. and B. M. Depaulo（1989）. "Can Deception by Salespersons and Customers Be Detected Through Nonverbal Behavioral Cues? 1." Journal of Applied Social Psychology 19（18）: 1 552 - 1 577.

[62] Diamond, W. D. and L. Campbell（1989）. "The Framing of Sales Promotions: Effects on Reference Price Change." Advances in Consumer Research 16（1）: 241-247.

[63] Eagly, A. H. and S. Chaiken（2009）. "Attitude strength, attitude structure, and resistance to change.".

[64] Ellsworth, P. C. and C. A. Smith（1988）. "Shades of Joy: Patterns of Appraisal Differentiating Pleasant Emotions." Cognition and Emotion 2（4）: 301-331.

[65]   Estelami, H. (1998). "The Price Is Right...or is it? Demographic and category effects on consumer price knowledge." Journal of Product & Brand Management 7 (3): 254-266.

[66]   Fedorikhin, A. and C. A. Cole (2004). "Mood Effects on Attitudes, Perceived Risk and Choice: Moderators and Mediators." Journal of Consumer Psychology 14 (1 - 2): 2-12.

[67]   Feldman, J. M. and J. G. Lynch (1988). "Self-Generated Validity and Other Effects of Measurement on Belief, Attitude, Intention and Behavior." Journal of Applied Psychology 73 (3): 421-435.

[68]   Ferrin, D. L. and P. H. Kim, et al. (2007). "Silence speaks volumes: The effectiveness of reticence in comparison to apology and denial for responding to integrity- and competence-based trust violations." Journal of Applied Psychology 92 (4): 893-908.

[69]   Fishbein, M. and I. Ajzen (1975). "Belief, Attitude, Intention and Behaviour: an introduction to theory and research." Philosophy & Rhetoric 41 (4): 842-844.

[70]   Fiske, S. T. (1980). "Attention and weight in person perception: The impact of negative and extreme behavior." Journal of Personality & Social Psychology 38 (6): 889-906.

[71]   Fiske, S. T. and A. J. C. Cuddy, et al. (2007). "Universal dimensions of social cognition: warmth and competence." Trends in Cognitive Sciences 11 (2): 77-83.

[72]   Folkes, V. S. and S. Koletsky, et al. (1987). "A field study of causal inferences and consumer reaction: the view from the airport." Journal of Consumer Research (13): 534-539.

[73]   Folkes, V. S. and S. Koletsky, et al. (1987). "A field study of causal inferences and consumer reaction: The view from the airport." Journal of Consumer Research 13 (4): 534-539.

[74]   Folkes, V. and R. D. Wheat (1995). "Consumers' price perceptions of promoted products." Journal of Retailing 71 (3): 317-328.

[75]   Folkes, V. and R. D. Wheat (1995). "Consumers' price perceptions

of promoted products." Journal of Retailing 71（3）: 317-328.

[76] Fong, C. P. S. and R. S. W. Jr（2012）. "Consumers' Reactions to a Celebrity Endorser Scandal." Psychology & Marketing 29（11）: 885－896.

[77] Forgas, J. P.（1992）. "Affect in social judgments and decisions: A multiprocess model." Advances in Experimental Social Psychology 25（2）: 227-275.

[78] Friestad, M.（2009）. "Deception in the Marketplace.".

[79] Frijda, N. II.（1993）. "Moods, emotion episodes, and emotions." Handbook of Emotions: 381-403.

[80] Frijda, N. H. and P. Kuipers, et al.（1989）. "Relations among emotion, appraisal, and emotional action readiness." Journal of Personality & Social Psychology 57（2）: 212-228.

[81] Gabor, A. and C. W. J. Granger（1979）. "Price as an Indicator of Quality: Report on an Enquiry." Management Decision 17（8）: 590-618.

[82] Gao, H. and H. Zhang, et al.（2014）. "Spillover of distrust from domestic to imported brands in a crisis-sensitized market." Journal of International Marketing 23（1）: 1 5020 6130 141007.

[83] Gao, H. and H. Zhang, et al.（2014）. "Spillover of distrust from domestic to imported brands in a crisis-sensitized market." Journal of International Marketing 23（1）: 1 5020 6130 141007.

[84] Gao, Z.（2008）. "Controlling Deceptive Advertising in China: An Overview." Journal of Public Policy & Marketing 27（2）: 165-177.

[85] Gardner, D. M.（1975）. "Deception in Advertising: A Conceptual Approach." Journal of Marketing 39（1）: 40-46.

[86] Gensler, S. and P. C. Verhoef, et al.（2012）. "Understanding consumers' multichannel choices across the different stages of the buying process." Marketing Letters 23（4）: 987-1 003.

[87] Gensler, S. and P. C. Verhoef, et al.（2012）. "Understanding consumers' multichannel choices across the different stages of the buying process." Marketing Letters 23（4）: 987-1 003.

[88] Grazioli, S.（2004）. "Where Did They Go Wrong? An Analysis of the

Failure of Knowledgeable Internet Consumers to Detect Deception Over the Internet." Group Decision and Negotiation 13（2）: 149-172.

[89] Grazioli, S. and S. L. Jarvenpaa（2000）. "Perils of Internet fraud: an empirical investigation of deception and trust with experienced Internet consumers." Systems, Man and Cybernetics, Part A: Systems and Humans, IEEE Transactions on 30（4）: 395-410.

[90] Grazioli, S. and S. L. Jarvenpaa（2003）. "Consumer and Business Deception on the Internet: Content Analysis of Documentary Evidence." International Journal of Electronic Commerce 7（4）: 93-118.

[91] Grewal, D. and J. L. Munger（2001）. "The effects of alternative price promotional methods on consumers' product evaluations and purchase intentions." Journal of Product & Brand Management 10（3）: 185-197.

[92] Grewal, D. and J. L. Munger, et al.（2003）. "The influence of internet-retailing factors on price expectations." Psychology & Marketing 20（6）: 477-493.

[93] Grewal, D. and K. B. Monroe（1995）. "Price As a Signal of Quality.".

[94] Grewal, D. and L. D. Compeau（1992）. "Comparative Price Advertising: Informative or Deceptive?" Journal of Public Policy & Marketing 11（1）: 52-62.

[95] Griffin, M. and B. J. Babin, et al.（1991）. "An empirical investigation of the impact of negative public publicity on consumer attitudes and intentions." Advances in Consumer Research 18（1）: 334-341.

[96] Guo, W. and K. J. Main（2012）. "The vulnerability of defensiveness: The impact of persuasion attempts and processing motivations on trust." Marketing Letters 23（4）: 959-971.

[97] Guo, W. and K. J. Main（2012）. "The vulnerability of defensiveness: The impact of persuasion attempts and processing motivations on trust." Marketing Letters 23（4）: 959-971.

[98] Gupta, S. and H. J. Van Heerde, et al.（2003）. "Is 3/4 of the Sales Promotion Bump Due to Brand Switching? No, it is 1/3." Discussion Paper 2 003-5（4）: págs. 481-491.

[99] Hardesty, D. M. and W. O. Bearden, et al. (2007). "Persuasion knowledge and consumer reactions to pricing tactics." Journal of Retailing 83 (2): 199‐210.

[100] Heerde, H. V. and K. Helsen, et al. (2007). "The Impact of a Product-Harm Crisis on Marketing Effectiveness." Marketing Science 26 (2): 230-245.

[101] Herr, P. M. (1989). "Priming Price: Prior Knowledge and Context Effects." Journal of Consumer Research 16 (1): 67-75.

[102] Herr, P. M. and P. H. Farquhar, et al. (1996). "Impact of Dominance and Relatedness on Brand Extensions." Journal of Consumer Psychology 5 (2): 135-159.

[103] Holladay, S. J. (2004). "Reasoned action in crisis communication: Anattribution theory-based approach to crisis management.".

[104] Honea, H. and D. W. Dahl (2005). "The Promotion Affect Scale: Defining the Affective Dimensions of Promotion." Journal of Business Research 58 (4): 543-551.

[105] Hupfer, M. E. and A. Grey (2005). "Getting Something for Nothing: The Impact of a Sample Offer and User Mode on Banner Ad Response." Journal of Interactive Advertising (1) .

[106] Hyman, M. R. and R. Tansey, et al. (1994). "Research on Advertising Ethics: Past, Present, and Future." Journal of Advertising 23 (3): 5-15.

[107] Ingram, R. and S. J. Skinner, et al. (2005). "Consumers' Evaluation of Unethical Marketing Behaviors: The Role of Customer Commitment." Journal of Business Ethics 62 (3): 237-252.

[108] Inman, J. J. and L. Mcalister (1994). "Do Coupon Expiration Dates Affect Consumer Behavior?" Journal of Marketing Research 31 (3): 423.

[109] Izard, C. E. (1993). "Four systems for emotion activation: cognitive and noncognitive processes." Psychological Review 100 (1): 68-90.

[110] Izard, C. E. (1993). "Four systems for emotion activation: cognitive and noncognitive processes." Psychological Review ; Psychological Review 100 (1): 68-90.

[111] Janakiraman, R. and C. Sismeiro, et al. (2009). "Perception Spillovers across Competing Brands: A Disaggregate Model of How and When." Journal of Marketing Research 46 (4): 467-481.

[112] Jedidi, K. and C. F. Mela, et al. (1999). "Managing Advertising and Promotion for Long-Run Profitability." Marketing Science 18 (1): 1-22.

[113] Jin, Y. (2009). "The effects of public's cognitive appraisal of emotions in crises on crisis coping and strategy assessment." Public Relations Review 35 (3): 310-313.

[114] Jin, Y. (2009). "The effects of public's cognitive appraisal of emotions in crises on crisis coping and strategy assessment." Public Relations Review 35 (3): 310-313.

[115] Jin, Y. (2010). "Making Sense Sensibly in Crisis Communication: How Publics?? Crisis Appraisals Influence Their Negative Emotions, Coping Strategy Preferences, and Crisis Response Acceptance." Communication Research 37 (4): 522-552.

[116] Jin, Y. and G. T. Cameron (2007). "The Effects of Threat Type and Duration on Public Relations Practitioner's Cognitive, Affective, and Conative Responses in Crisis Situations." Journal of Public Relations Research 19 (3): 255-281.

[117] Jin, Y. and S. Y. Hong (2010). "Explicating crisis coping in crisis communication." Public Relations Review 36 (4): 352-360.

[118] Johnson, A. R. and D. W. Stewart (2005). A Reappraisal of the Role of Emotion in Consumer Behavior, Emerald Group Publishing Limited.

[119] Jolly, D. W. and J. C. Mowen (1985). "Product recall communications: The effects of source, media, and social responsibility information." Advances in Consumer Research 12 (3): 471-475.

[120] Jonas, E. and S. Schulzhardt, et al. (2005). "Giving advice or making decisions in someone else's place: the influence of impression, defense, and accuracy motivation on the search for new information." Personality and Social Psychology Bulletin 31 (7): 977-990.

[121] Jorgensen, B. K. (1996). "COMPONENTS OF CONSUMER

REACTION TO COMPANY-RELATED MISHAPS: A STRUCTURAL EQUATION MODEL APPROACH." Advances in Consumer Research.

[122] Kim, J. Y. and K. Kaufmann, et al. (2014). "The impact of buyer - seller relationships and reference prices on the effectiveness of the pay what you want pricing mechanism." Marketing Letters 25 (4): 409-423.

[123] Kim, K. and M. Zhang, et al. (2008). "Effects of Temporal and Social Distance on Consumer Evaluations." Journal of Consumer Research 35 (4): 706-713.

[124] Kim, K. and M. Zhang, et al. (2008). "Effects of Temporal and Social Distance on Consumer Evaluations." Journal of Consumer Research 35 (4): 706-713.

[125] Kim, P. H. and K. T. Dirks, et al. (2006). "When more blame is better than less: The implications of internal vs. external attributions for the repair of trust after a competence-vs. integrity-based trust violation ☆." Organizational Behavior & Human Decision Processes 99 (1): 49 - 65.

[126] Kirmani, A. (1997). "Advertising Repetition as a Signal of Quality: If It's Advertised so Much, Something Must Be Wrong." Journal of Advertising 26 (3): 77-86.

[127] Korkofingas, C. and L. Ang (2011). "Product recall, brand equity, and future choice." Journal of Marketing Management 27 (9): 959-975.

[128] Koslow, S. (2000). "Can the Truth Hurt? How Honest and Persuasive Advertising Can Unintentionally Lead to Increased Consumer Skepticism." Journal of Consumer Affairs 34 (2): 245 - 267.

[129] Kotler and Philip (2007). Marketing management, Prentice Hall.

[130] Kotler, P. (2003). "Marketing insights from A to Z." Marketing Insights from A to Z - Business Book Summaries (December).

[131] Krishna, A. (1994). "The Impact of Dealing Patterns on Purchase Behavior." Marketing Science 13 (4): 351-373.

[132] Krishnamurthi, L. (1992). "Asymmetric Response to Price in Consumer Brand Choice and Purchase Quantity Decisions." Journal of Consumer Research 19 (3): 387-400.

[133] Lammers and Galinsky, et al.(2012). "Power Increases Social Distance." Social Psychological & Personality Science 3 (3): 282-290.

[134] Langenderfer, J. and T. A. Shimp (2001). "Consumer vulnerability to scams, swindles, and fraud: A new theory of visceral influences on persuasion." Psychology & Marketing 18 (7): 763 – 783.

[135] Laroche, M. and F. Pons, et al. (2001). "Consumers use of price promotions: a model and its potential moderators." Journal of Retailing & Consumer Services 8 (5): 251-260.

[136] Laroche, M. and F. Pons, et al.(2003). "A model of consumer response to two retail sales promotion techniques." Journal of Business Research 56 (7): 513-522.

[137] Larose, R. (2001). "On the Negative Effects of E - Commerce: A Sociocognitive Exploration of Unregulated On - line Buying." Journal of Computer-Mediated Communication 6 (3): 0-0.

[138] Laufer, D. and D. H. Silvera, et al. (2005). "Exploring differences between older and younger consumers in attributions of blame for product harm crises." Academy of Marketing Science Review.

[139] Lazarus, R. S. (1991). Emotion and adaptation. New York, Oxford University Press, USA.

[140] Lazarus, R. S. (1991). "Emotion and adaptation." Journal of Nervous & Mental Disease 181 (3): 17 – 23.

[141] Lee, B. K. (2005). "Hong Kong Consumers' Evaluation in an Airline Crash: A Path Model Analysis." Journal of Public Relations Research 17 (4): 363-391.

[142] Lei, J. and N. Dawar, et al. (2008). "Negative Spillover in Brand Portfolios: Exploring the Antecedents of Asymmetric Effects." Journal of Marketing 72 (3): 111-123.

[143] Lei, J. and N. Dawar, et al. (2008). "Negative Spillover in Brand Portfolios: Exploring the Antecedents of Asymmetric Effects." Journal of Marketing 72 (3): 111-123.

[144] Lei, J. and N. Dawar, et al. (2008). "Negative spillover in brand

portfolios: exploring the antecedents of asymmetric effects." Journal of marketing 72 (3): 111-123.

[145] Lerner, J. S. and D. Keltner(2000). "Beyond valence: Toward a model of emotion-specific influences on judgement and choice." Cognition and Emotion 14 (4): 473-493.

[146] Lewis, R. and N. Dan (2015). "Display advertising's competitive spillovers to consumer search." Quantitative Marketing and Economics 13 (2): 93-115.

[147] Lewis, R. and N. Dan (2015). "Display advertising's competitive spillovers to consumer search." Quantitative Marketing and Economics 13 (2): 93-115.

[148] Liberman, N. and J. Förster(2009). "Distancing from experienced self: How global-versus-local perception affects estimation of psychological distance." Journal of Personality & Social Psychology 97 (2): 203.

[149] Liberman, N. and M. D. Sagristano, et al.(2002). "The effect of temporal distance on level of mental construal." Journal of Experimental Social Psychology 38 (6): 523-534.

[150] Lichtenstein, D. R. and N. M. Ridgway, et al.(1993). "Price Perceptions and Consumer Shopping Behavior: A Field Study." Journal of Marketing Research 30 (2): 234-245.

[151] Lin, Y. H. (2008). "Consumer Responses to Mattel Product Recalls Posted on Online Bulletin Boards: Exploring Two Types of Emotion." Journal of Public Relations Research 21 (2): 198-207.

[152] Lin, Y. H. (2008). "Consumer Responses to Mattel Product Recalls Posted on Online Bulletin Boards: Exploring Two Types of Emotion." Journal of Public Relations Research 21 (2): 198-207.

[153] Liviatan, I. and Y. Trope, et al. (2008). "Interpersonal similarity as a social distance dimension: Implications for perception of others' actions." Journal of Experimental Social Psychology 44 (5): 1 256.

[154] Lord, K. R. and C. K. Kim (1995). "Inoculating consumers against deception: The influence of framing and executional style." Journal of

Consumer Policy 18（1）: 1-23.

[155]　Lundgren, S. R. and R. Prislin(1998). "Motivated Cognitive Processing and Attitude Change." Personality and Social Psychology Bulletin 24 （7）: 715-726.

[156]　Magee, J. C. and F. J. Milliken, et al.（2010）. "Power differences in the construal of a crisis: the immediate aftermath of September 11, 2001." Personality and Social Psychology Bulletin 36（3）: 354.

[157]　Maheswaran and Durairaj, et al.（1992）. "Brand Name as a Heuristic Cue: The Effects of Task Importance and Expectancy Confirmation on Consumer Judgments." Journal of Consumer Psychology 1（4）: 317-336.

[158]　Maheswaran, D. and J. Meyers-Levy(1990). "The Influence of Message Framing and Issue Involvement." Journal of Marketing Research XXVII （3）: 361-367.

[159]　Marcus, A. A. and R. S. Goodman(1991). "Victims and Shareholders: The Dilemmas of Presenting Corporate Policy during a Crisis." Academy of Management Journal 34（2）: 281-305.

[160]　Martin, B. A. S. and J. Gnoth, et al.（2009）. "Temporal Construal in Advertising." Journal of Advertising 38（3）: 5-20.

[161]　Masip, J. and E. Garrido, et al.（2004）. "Defining deception." Anales De Psicolog í a 20（20）: 147-171.

[162]　McDonald, L. M. and B. Sparks, et al.（2010）. "Stakeholder reactions to company crisis communication and causes." Public Relations Review 36（3）: 263-271.

[163]　Mcdonald, L. and C. E. Hartel（2000）. "Applying the involvement construct to organisational crises.".

[164]　Mela, C. F. and S. Gupta, et al.（1998）. "Assessing long-term promotional influences on market structure." International Journal of Research in Marketing 15（2）: 89-107.

[165]　Mellers, B. and A. Schwartz, et al.（1999）. "Emotion-based choice." Journal of Experimental Psychology General 128（3）: 332-345.

[166]　Menon, G. and P. Raghubir, et al.（1995）. "Behavioral Frequency

Judgments: An Accessibility-Diagnosticity Framework." Journal of Consumer Research 22（2）: 212-228.

[167] Menon, G. and R. D. Jewell, et al.（1999）. "When a company does not respond to negative publicity: Cognitive elaboration vs negative affect perspective." Advances in Consumer Research 298（5593）: p á gs. 572-576.

[168] Meyers-Levy, J. and B. Sternthal（1993）. "A Two-Factor Explanation of Assimilation and Contrast Effects." Journal of Marketing Research 30（3）: 359-368.

[169] Mitra, A. and M. A. Raymond, et al.（2008）. "Can consumers recognize misleading advertising content in a media rich online environment?" Psychology & Marketing 25（7）: 655‐674.

[170] Mitroff, I. and G. Anagnos（2001）. "Managing Crises before They Happen.".

[171] Moriarty, M. M.（1985）. "Retail promotional effects on intra- and interbrand sales performance." Journal of Retailing.

[172] Morrin, M.（1999）. "The Impact of Brand Extensions on Parent Brand Memory Structures and Retrieval Processes." Journal of Marketing Research 36（4）: 517.

[173] Morschett, D.（2007）. The Influence of Self-Congruity, Brand Personality and Brand Performance on Store Loyalty.

[174] Mowen, J. C.（1980）. "Further information on consumer perceptions of product recalls." Physiological Zoology 66（4）: 619-627.

[175] Mussweiler, T.（2003）. "Comparison processes in social judgment: mechanisms and consequences." Psychological Review 110（3）: 472-89.

[176] Mussweiler, T.（2003）. "Comparison processes in social judgment: mechanisms and consequences." Psychological Review 110（3）: 472-89.

[177] Mussweiler, T. and F. Strack（1999）. "Hypothesis-Consistent Testing and Semantic Priming in the Anchoring Paradigm: A Selective Accessibility Model ☆ ☆☆ ★." Journal of Experimental Social Psychology 35（2）: 136-164.

[178] Nedungadi, P. (1990). "Recall and Consumer Consideration Sets: Influencing Choice without Altering Brand Evaluations." Journal of Consumer Research 17 (3): 263-276.

[179] Newell, S. J. and R. E. Goldsmith, et al. (1998). "The Effect of Misleading Environmental Claims on Consumer Perceptions of Advertisements." Journal of Marketing Theory & Practice 6 (2): 48-60.

[180] Niedrich, R. W. and S. Sharma, et al. (2001). "Reference Price and Price Perceptions: A Comparison of Alternative Models." Journal of Consumer Research 28 (3): 339-354.

[181] Nimako, S. G. and A. F. Mensah(2013). "Examining the Relationships among Antecedents of Guests' Behavioural Intentions in Ghana's Hospitality Industry: A Structural Equation Modelling Approach." Asian Journal of Business Management 5 (2): 252-266.

[182] Nunes, J. C. and C. W. Park (2013). "Incommensurate Resources: Not Just More of the Same." Journal of Marketing Research 40 (1): 26-38.

[183] Nyer, P. U. (1997). "A study of the relationships between cognitive appraisals and consumption emotions." Journal of the Academy of Marketing Science 25 (4): 296-304.

[184] Nyer, P. U. (1997). "A study of the relationships between cognitive appraisals and consumption emotions." Journal of the Academy of Marketing Science 25 (4): 296-304.

[185] Donohoe, S. and G. Jack (2010). "Deception in the Marketplace: The Psychology of Deceptive Persuasion and Consumer Self-Protection." International Journal of Advertising 29 (1): 1 424-1 425.

[186] Oliver, R. L. (1993). "Cognitive, Affective, and Attribute Bases of the Satisfaction Response." Journal of Consumer Research 20 (3): 418-430.

[187] Oliver, R. L. and M. Shor (2003). "Digital redemption of coupons: satisfying and dissatisfying effects of promotion codes." Journal of Product & Brand Management 12 (2): 121-134.

[188] Olson, J. C. and P. A. Dover（1978）. "Cognitive Effects of Deceptive Advertising." Journal of Marketing Research 15（1）: 29.

[189] Ordóñez, L. and L. B. Iii（1997）. "Decisions under Time Pressure: How Time Constraint Affects Risky Decision Making ☆　☆☆." Organizational Behavior & Human Decision Processes 71（2）: 121-140.

[190] Pahlke, J. and M. G. Kocher, et al.（2013）. "Tempus Fugit: Time Pressure in Risky Decisions." Management Science 59（10）: 2 380-2 391.

[191] Park, M. and S. J. Lennon（2009）. "Brand name and promotion in online shopping contexts." Journal of Fashion Marketing and Management 13（2）: 149-160.

[192] Park, M. and S. J. Lennon（2009）. "Brand name and promotion in online shopping contexts." Journal of Fashion Marketing and Management 13（2）: 149-160.

[193] Paulagardner, M.（1985）. "Mood States and Consumer Behavior: A Critical Review." Journal of Consumer Research 12（3）: 281-300.

[194] Pavlou, P. A. and D. Gefen（2005）. "Psychological contract violation in online marketplaces: Antecedents, consequences, and moderating role." Information Systems Research 16（4）: 372-399.

[195] Pavlou, P. A. and D. Gefen（2005）. "Psychological contract violation in online marketplaces: Antecedents, consequences, and moderating role." Information Systems Research 16（4）: 372-399.

[196] Payne, J. W. and J. R. Bettman, et al.（1996）. "When Time Is Money: Decision Behavior under Opportunity-Cost Time Pressure." Organizational Behavior & Human Decision Processes 66（2）: 131-152.

[197] Peck, J. and T. L. Childers（2013）. "To Have and to Hold: The Influence of Haptic Information on Product Judgments." Journal of Marketing 67（2）: 35-48.

[198] Petty, R. E. and J. T. Cacioppo（1986）. "The Elaboration Likelihood Model of Persuasion." Advances in Experimental Social Psychology 19（4）: 123-205.

[199] Petty, R. E. and J. T. Cacioppo（1986）. "The Elaboration Likelihood

Model of Persuasion." Advances in Experimental Social Psychology 19
（4）: 123-205.

[200] Pomering, A. and L. W. Johnson（2009）. "Advertising corporate social
responsibility initiatives to communicate corporate image." Corporate
Communications 14（4）: 420-439.

[201] Pons, F. and N. Souiden（2009）. "Product recall crisis management:
the impact on manufacturer's image, consumer loyalty and purchase
intention." Journal of Product & Brand Management 18（2）: 106-114.

[202] Quester, P. and L. L. Ai（2003）. "Product involvement/brand loyalty:
is there a link?" Journal of Product & Brand Management 12（1）: 22-38.

[203] Quick, B. L. and M. T. Stephenson（2007）. "The Reactance Restoration
Scale（RRS）: A Measure of Direct and Indirect Restoration."
Communication Research Reports 24（2）: 131-138.

[204] Raghubir, P.（2004）. "Free Gift with Purchase: Promoting or Discounting
the Brand?" Journal of Consumer Psychology 14（1）: 181-186.

[205] Ramsey, R. P. and G. W. Marshall, et al.（2007）. "Ethical Ideologies
and Older Consumer Perceptions of Unethical Sales Tactics." Journal of
Business Ethics 70（2）: 191-207.

[206] Ramsey, R. P. and G. W. Marshall, et al.（2007）. "Ethical Ideologies
and Older Consumer Perceptions of Unethical Sales Tactics." Journal of
Business Ethics 70（2）: 191-207.

[207] Rao, A. R. and L. Qu, et al.（1999）. "Signaling Unobservable Product
Quality through a Brand Ally." Journal of Marketing Research 36（2）:
258.

[208] Rao, R. C.（1991）. "Pricing and Promotions in Asymmetric Duopolies."
Marketing Science 10（2）: 131-144.

[209] Ratneshwar, S. and S. Chaiken（1991）. "Comprehension's Role in
Persuasion: The Case of Its Moderating Effect on the Persuasive Impact
of Source Cues." Journal of Consumer Research 18（1）: 52-62.

[210] Reeder, G. D. and M. Hesson-Mcinnis, et al.（2001）. "Inferences about
Effort and Ability." Personality and Social Psychology Bulletin 27（9）:

1 225-1 235.

[211] Reeder, G. D. and M. Hesson-Mcinnis, et al.（2001）. "Inferences about Effort and Ability." Personality and Social Psychology Bulletin 27（9）: 1 225-1 235.

[212] Reilly, R. J. and G. E. Hoffer（1983）. "WILL RETARDING THE INFORMATION FLOW ON AUTOMOBILE RECALLS AFFECT CONSUMER DEMAND?" 21（3）: 444-447.

[213] Rieskamp, J. and U. Hoffrage（2008）. "Inferences under time pressure: How opportunity costs affect strategy selection." Acta Psychologica 127（2）: 258-276.

[214] Riquelme, I. P. and S. Rom á n（2014）. "The Influence of Consumers' Cognitive and Psychographic Traits on Perceived Deception : A Comparison Between Online and Offline Retailing Contexts." Journal of Business Ethics 119（3）: 405-422.

[215] Riquelme, I. P. and S. Rom á n（2014）. "The Influence of Consumers' Cognitive and Psychographic Traits on Perceived Deception : A Comparison Between Online and Offline Retailing Contexts." Journal of Business Ethics 119（3）: 405-422.

[216] Riquelme, I. P. and S. Rom á n, et al.（2016）. "Consumers' Perceptions of Online and Offline Retailer Deception: A Moderated Mediation Analysis." Journal of Interactive Marketing 35: 16-26.

[217] Robbennolt, J. K.（2000）. "Outcome Severity and Judgments of “ Responsibility”: A Meta‐Analytic Review1." Journal of Applied Social Psychology 30（12）: 2 575-2 609.

[218] Roehm, M. L. and A. M. Tybout（2006）. "When Will a Brand Scandal Spill Over , and How Should Competitors Respond?" Journal of Marketing Research 43（3）: 366-373.

[219] Roehm, M. L. and A. M. Tybout（2006）. "When Will a Brand Scandal Spill Over , and How Should Competitors Respond?" Journal of Marketing Research 43（3）: 366-373.

[220] Roehm, M. L. and A. M. Tybout（2006）. "When Will a Brand Scandal

Spill Over, and How Should Competitors Respond?" Journal of Marketing Research 43（3）: 366-373.

[221] Rom á n, S.（2010）. "Relational Consequences of Perceived Deception in Online Shopping: The Moderating Roles of Type of Product, Consumer's Attitude Toward the Internet and Consumer's Demographics." Journal of Business Ethics 95（3）: 373-391.

[222] Rom á n, S.（2010）. "Relational Consequences of Perceived Deception in Online Shopping: The Moderating Roles of Type of Product, Consumer's Attitude Toward the Internet and Consumer's Demographics." Journal of Business Ethics 95（3）: 373-391.

[223] Rom á n, S. and P. J. Cuestas（2008）. "The Perceptions of Consumers regarding Online Retailers' Ethics and Their Relationship with Consumers' General Internet Expertise and Word of Mouth: A Preliminary Analysis." Journal of Business Ethics 83（4）: 641-656.

[224] Rom á n, S. and S. Ruiz（2005）. "Relationship outcomes of perceived ethical sales behavior: the customer's perspective ☆." Journal of Business Research 58（4）: 439-445.

[225] Roos, I. and M. Friman, et al.（2009）. "Emotions and stability in telecom-customer relationships." Journal of Service Management 20（2）: 192-208.

[226] Roseman, I. J.（1984）. "Cognitive determinants of emotion: A structural theory." Personality & Social Psychology Review 5.

[227] Rutz, O. J. and R. E. Bucklin（2013）. "From Generic to Branded: A Model of Spillover in Paid Search Advertising." Journal of Marketing Research 48（1）: 87-102.

[228] Rutz, O. J. and R. E. Bucklin（2013）. "From Generic to Branded: A Model of Spillover in Paid Search Advertising." Journal of Marketing Research 48（1）: 87-102.

[229] Schwarz, N. and G. L. Clore（1983）. Mood, misattribution, and judgments of well-being: Informative and directive functions of affective states.

[230] Scitovszky, T. (1944). "Some Consequences of the Habit of Judging Quality by Price." Review of Economic Studies 12 (2): 100-105.

[231] Shabbir, H. and D. Thwaites (2007). "The Use of Humor to Mask Deceptive Advertising: It's No Laughing Matter." Journal of Advertising 36 (2): 75-85.

[232] Shankar, V. and Y. Liu(2015). "The Dynamic Impact of Product-Harm Crises on Brand Equity and Advertising Effectiveness: An Empirical Analysis of the Automobile Industry." Ssrn Electronic Journal 61 (10): págs. 2 514-2 535.

[233] Shu, S. B. and K. A. Carlson(2014). "When Three Charms but Four Alarms: Identifying the Optimal Number of Claims in Persuasion Settings." Journal of Marketing 78 (1): 127-139.

[234] Siomkos, G. J. and G. Kurzbard (1994). "The Hidden Crisis in Product-harm Crisis Management." European Journal of Marketing 28 (2): 30-41.

[235] Siomkos, G. J. and G. Kurzbard (1994). "The Hidden Crisis in Product-harm Crisis Management." European Journal of Marketing 28 (2): 30-41.

[236] Siomkos, G. J. and G. Kurzbard (1994). "The Hidden Crisis in Product-harm Crisis Management." European Journal of Marketing 28 (2): 30-41.

[237] Siomkos, G. and A. Triantafillidou, et al. (2010). "Opportunities and threats for competitors in product-harm crises." Marketing Intelligence & Planning 28 (28): 770-791.

[238] Siomkos, G. and A. Triantafillidou, et al. (2010). "Opportunities and threats for competitors in product-harm crises." Marketing Intelligence & Planning 28 (6): 770-791.

[239] Siomkos, G. and A. Triantafillidou, et al. (2010). "Opportunities and threats for competitors in product-harm crises." Marketing Intelligence & Planning 28 (6): 770-791.

[240] Sivakumar, K. and S. P. Raj（1997）. "Quality Tier Competition：How Price Change Influences Brand Choice and Category Choice." Journal of Marketing 61（3）：71-84.

[241] Slonim, R. and E. Garbarino（1999）. "The effect of price history on demand as mediated by perceived price expensiveness." Journal of Business Research 45（1）：1-14.

[242] Slovic, P.（1987）. "Perception of risk." Science 236（4799）：280-285.

[243] Smith, C. A. and P. C. Ellsworth（1985）. "Patterns of cognitive appraisal in emotion." Journal of Personality & Social Psychology 48（4）：813.

[244] Smith, C. A. and P. C. Ellsworth（1985）. "Patterns of cognitive appraisal in emotion." Journal of personality and social psychology 48（4）：813.

[245] Smith, N. C. and E. Cooper-Martin（1997）. "Ethics and Target Marketing：The Role of Product Harm and Consumer Vulnerability." Journal of Marketing 61（3）：1-20.

[246] Smith, N. C. and E. Cooper-Martin（1997）. "Ethics and Target Marketing：The Role of Product Harm and Consumer Vulnerability." Journal of Marketing 61（3）：1-20.

[247] Smith, P. K. and D. H. J. Wigboldus, et al.（2008）. "Abstract thinking increases one's sense of power." Journal of Experimental Social Psychology 44（2）：378-385.

[248] Solomon, R. C. and L. D. Stone（2002）. "On "Positive" and "Negative" Emotions." Journal for the Theory of Social Behaviour 32（4）：417 - 435.

[249] Spears, N.（2001）. "Time Pressure and Information in Sales Promotion Strategy：Conceptual Framework and Content Analysis." Journal of Advertising 30（1）：67-76.

[250] Srinivasan, V.（1982）. "Comments on the role of price in individual utility judgments."：81-90.

[251] Srull, T. K.（1983）. "Affect and memory：The impact of affective reactions in advertising on the representation of product information in memory." Advances in Consumer Research 10（4）：520-525.

[252] Steenkamp, J. B. E. M. and M. G. Dekimpe (1997). "The increasing power of store brands: Building loyalty and market share." Long Range Planning 30 (6): 917-930.

[253] Steinhart, Y. and D. Mazursky, et al. (2013). "The process by which product availability triggers purchase." Marketing Letters 24 (3): 217-228.

[254] Stockmyer, J. (1996). "Brands in Crisis: Consumer Help for Deserving Victims." Advances in Consumer Research.

[255] Strandvik, T. and V. Liljander (1997). "Emotions in service satisfaction." International Journal of Service Industry Management volume 8 (8): 148-169.

[256] Svenson, O. and A. J. Maule (1993). Time Pressure and Stress in Human Judgment and Decision Making.

[257] Swain, S. D. and R. Hanna, et al. (2006). "How Time Restrictions Work: The Roles of Urgency, Anticipated Regret, and Deal Evaluations." Advances in Consumer Research 33.

[258] Swaminathan, V. and R. J. Fox, et al. (2013). "The Impact of Brand Extension Introduction on Choice." Journal of Marketing 65 (4): 1-15.

[259] Thang, D. C. L. and B. L. B. Tan (2003). "Linking consumer perception to preference of retail stores : an empirical assessment of the multi-attributes of store image." Journal of Retailing & Consumer Services 10 (4): 193-200.

[260] Thompson, D. V. and R. W. Hamilton (2006). "The Effects of Information Processing Mode on Consumers' Responses to Comparative Advertising." Journal of Consumer Research 32 (4): 530-540.

[261] Tian, K. T. and W. O. Bearden, et al. (2001). "Consumers' Need for Uniqueness : Scale Development and Validation." Journal of Consumer Research 28 (1): 50-66.

[262] Tiedens, L. Z. and S. Linton (2001). "Judgment under emotional certainty and uncertainty : The effects of specific emotions on information

processing." J Pers Soc Psychol 81（6）：973-88.

[263] Tiedens，L. Z. and S. Linton（2001）. "Judgment under emotional certainty and uncertainty：The effects of specific emotions on information processing." J Pers Soc Psychol 81（6）：973-88.

[264] Till，B. D. and T. A. Shimp（1998）. "Endorsers in Advertising：The Case of Negative Celebrity Information." Journal of Advertising 27（1）：67-82.

[265] Tipton，M. M. and D. C. Robertson（2009）. "Regulatory Exposure of Deceptive Marketing and its Impact on Firm Value." Social Science Electronic Publishing 73（6）：227-243.

[266] Turner，M. M.（2007）. "Using emotion in risk communication：The Anger Activism Model." Public Relations Review 33（2）：114-119.

[267] Um，N. H.（2013）. "Celebrity Scandal Fallout：How Attribution Style Can Protect the Sponsor." Psychology & Marketing 30（6）：529－541.

[268] Van Heerde，H. J.（2005）. "Rejoinder for the proper interpretation of sales promotion effects：supplement elasticities with absolute sales effects：Rejoinders." Applied Stochastic Models in Business & Industry 21（4-5）：407-408.

[269] Votola，N. L. and H. R. Unnava（2006）. "Spillover of Negative Information on Brand Alliances." Journal of Consumer Psychology 16（2）：196-202.

[270] Walters，R. G. and H. J. Rinne（1986）. "An Empirical-Investigation into the Impact of Price Promotions on Retail Store Performance." Journal of Retailing 62（3）：237-266.

[271] Walters，R. G. and H. J. Rinne（1986）. "An Empirical-Investigation into the Impact of Price Promotions on Retail Store Performance." Journal of Retailing 62（3）：237-266.

[272] Watson，L. and M. T. Spence（2007）. "Causes and consequences of emotions on consumer behaviour：A review and integrative cognitive appraisal theory." European Journal of Marketing 41（5/6）：487-511.

[273] Watson, L. and M. T. Spence（2007）. "Causes and consequences of emotions on consumer behaviour: A review and integrative cognitive appraisal theory." European Journal of Marketing 41（5/6）: 487-511.

[274] Watson, L. and M. T. Spence（2007）. "Causes and consequences of emotions on consumer behaviour: A review and integrative cognitive appraisal theory." European Journal of Marketing 41（5/6）: 487-511.

[275] Weiner, B.（1995）. Judgments of responsibility: A foundation for a theory of social conduct. New York, Guilford Publication.

[276] Weiner, B.（2000）. "Attributional thoughts about consumer behavior." Journal of Consumer Research 27（3）: 382-387.

[277] Weiner, B.（2000）. "Attributional Thoughts aboutConsumer Behavior." Journal of Consumer Research 27（3）: 382-387.

[278] Weiner, B.（2005）. Social motivation, justice, and the moral emotions: An attributional approach. Mahwah, NJ, Lawrence Erlbaum.

[279] Wendlandt, M. and U. Schrader（2007）. "Consumer reactance against loyalty programs." Journal of Consumer Marketing 24（5）: 293-304.

[280] Westbrook, R. A. and R. L. Oliver（1991）. "The Dimensionality of Consumption Emotion Patterns and Consumer Satisfaction." Journal of Consumer Research 18（1）: 84-91.

[281] Wigboldus, D. H. J. and G. R. Semin, et al.（2006）. "Communicating expectancies about others." European Journal of Social Psychology 36（6）: 815– 824.

[282] Wigboldus, D. H. J. and G. R. Semin, et al.（2006）. "Communicating expectancies about others." European Journal of Social Psychology 36（6）: 815-824.

[283] Wu, W. C. and T. C. Huan, et al.（2010）. "The effect of purchasing situation and conformity behavior on young students' impulse buying." African Journal of Business Management（16）: 3 530-3 540.

[284] Xiao, B. and I. Benbasat（2011）. "Product-Related Deception in E-Commerce: A Theoretical Perspective." Mis Quarterly 35（1）: 169-195.

[285] Xiao, B. and I. Benbasat (2011). "Product-Related Deception in E-Commerce: A Theoretical Perspective." Mis Quarterly 35(1): 169-195.

[286] Xie, G. X. and D. M. Boush (2011). "How susceptible are consumers to deceptive advertising claims? A retrospective look at the experimental research literature." Marketing Review 11 (3): 293-314 (22).

[287] Xie, Y. and H. T. Keh (2016). "Taming the Blame Game: Using Promotion Programs to Counter Product-Harm Crises." Journal of Advertising 45 (2): 1-16.

[288] Xie, Y. and H. T. Keh (2016). "Taming the Blame Game: Using Promotion Programs to Counter Product-Harm Crises." Journal of Advertising 45 (2): 211-226.

[289] Xie, Y. and S. Peng (2009). "How to repair customer trust after negative publicity: The roles of competence, integrity, benevolence, and forgiveness." Psychology & Marketing 26 (7): 572 - 589.

[290] Yang, X. and T. Ringberg, et al.(2011). "The Construal(In)compatibility Effect: The Moderating Role of a Creative Mind-Set." Journal of Consumer Research 38 (4): 681-696.

[291] Yzerbyt, V. and M. Dumont, et al. (2003). "I feel for us: The impact of categorization and identification on emotions and action tendencies." British Journal of Social Psychology 42 (4): 533-549.

[292] Zajonc, R. B. (1980). "Feeling and thinking: Preferences need no inferences." American psychologist 35 (2): 151-151.

[293] Zajonc, R. B.(1984). "On the primacy of affect." American Psychologist 39 (2): 117-123.

[294] Zeithaml, V. A. (1988). "Consumer Perceptions of Price, Quality, and Value: A Means-End Model and Synthesis of Evidence." Journal of Marketing 52 (3): 2-22.

[295] Zhao, M. and J. Xie (2013). "Effects of Social and Temporal Distance on Consumers' Responses to Peer Recommendations." Journal of Marketing Research 48 (3): 486-496.

[296] Zhao，Y. and Y. Zhao，et al.（2011）. "Consumer Learning in a Turbulent Market Environment：Modeling Consumer Choice Dynamics After a Product-Harm Crisis." Journal of Marketing Research 48（2）：255-267.

[297] Zhao，Y. and Y. Zhao，et al.（2011）. "Consumer Learning in a Turbulent Market Environment：Modeling Consumer Choice Dynamics After a Product-Harm Crisis." Journal of Marketing Research 48（2）：255-267.

[298] 贝尔齐，乔. E.与麦. A. 贝（2000）. 广告与促销：整合营销传播展望.下册，东北财经大学出版社.

[299] 柴俊武与赵广志等（2011）. 解释水平对品牌联想和品牌延伸评估的影响. 心理学报 43（2）：175-187.

[300] 程娉婷（2011）. 产品伤害危机对竞争品牌溢出效应研究，华中农业大学.

[301] 崔洋为与杨洋等（2015）. CSR 策略修复产品伤害危机后品牌信任的效果研究——调节变量和中介变量的作用. 中央财经大学学报（2）：69-74.

[302] 范宝财与杨洋等（2014）. 产品伤害危机属性对横向溢出效应的影响研究——产品相似性和企业声誉的调节作用. 商业经济与管理（11）：21-30.

[303] 方正（2007）. 产品伤害危机应对方式对顾客感知危险的影响——基于中国消费者的实证研究. 经济体制改革（3）：173-176.

[304] 方正与江明华等（2010）. 产品伤害危机应对策略对品牌资产的影响研究——企业声誉与危机类型的调节作用. 管理世界（12）：105-118.

[305] 方正与杨洋等（2011）. 可辩解型产品伤害危机应对策略对品牌资产的影响研究：调节变量和中介变量的作用. 南开管理评论 14（4）：69-79.

[306] 方正与杨洋等（2013）. 产品伤害危机溢出效应的发生条件和应对策略研究——预判和应对其他品牌引发的产品伤害危机. 南开管理评论 16（6）：19-27.

[307] 费显政与李陈微等（2010）. 一损俱损还是因祸得福?——企业社会责任声誉溢出效应研究. 管理世界（4）：74-82.

[308] 高鸿业（1996）.《西方经济学》教学大纲，中国经济出版社.

[309] 郝辽钢（2008）. 企业促销活动如何影响消费者行为：理论综述. 华东经济管理 22（4）：132-136.

[310] 贺远琼与唐漾一等（2016）. 消费者心理逆反研究现状与展望. 外国经济与管理 38（2）：49-61.

[311] 亨利·阿塞尔与 HenryAssael 等（2000）. 消费者行为和营销策略..

[312] 黄静与王新刚等（2011）. 空间和社交距离对犯错品牌评价的影响. 中国软科学（7）：123-130.

[313] 黄静与王新刚等（2011）. 空间和社交距离对犯错品牌评价的影响. 中国软科学（7）：123-130.

[314] 黄俊与李晔等（2015）. 解释水平理论的应用及发展. 心理科学进展 23（1）：110-119.

[315] 井淼与周颖（2013）. 产品伤害危机中危机反应策略对品牌资产的影响——基于企业社会责任的视角. 工业工程与管理 18（2）：122-130.

[316] 李先国（2002）. 促销管理，中国人民大学出版社.

[317] 李雁晨与周庭锐等（2009）. 解释水平理论：从时间距离到心理距离. 心理科学进展 17（4）：667-677.

[318] 林建煌（2005）. 消费者行为中冲动性购买的前因与后果之模型探讨.

[319] 林剑萍（2012）. 网络购物势不可挡. 中国对外贸易（12）：43-45.

[320] 刘红艳与李爱梅等（2012）. 不同促销方式对产品购买决策的影响——基于解释水平理论视角的研究. 心理学报 44（8）：1 100-1 113.

[321] 刘金平与周广亚等（2008）. 情境启动和认知需要对决策中信息加工的影响. 心理科学 31（2）：315-318.

[322] 卢长宝（2004）. 销售促进强度与效用研究，复旦大学.

[323] 卢长宝（2005）. 虚假促销对消费者认知及行为的影响. 当代教育理论与实践 27（4）：56-58.

[324] 卢长宝（2006）. 消费者学习对销售促进使用行为影响的实证研究. 管理评论 18（5）：37-44.

[325] 卢长宝与秦琪霞等（2013）. 虚假促销中消费者购买决策的认知机制：基于时间压力和过度自信的实证研究. 南开管理评论 16（2）：92-103.

[326] 陆卫平（2012）. 忠诚顾客对竞争性营销说服的抵制——信息涉入度和产品知识的调节作用. 经济经纬（1）：93-97.

[327] 孟昭兰（1985）. 当代情绪理论的发展. 心理学报 17（2）：209-215.

[328] 潘黎与吕巍（2014）. 负面拥有效应对产品伤害危机溢出的影响. 现代管理科学（3）：24-26.

[329] 乔建中（2008）. 当今情绪研究视角中的阿诺德情绪理论. 心理科学进展 16（2）：302-305.

[330] 佘秋玲（2010）. 消费者品牌抵制的心理机制研究, 华中科技大学.

[331] 田玲（2007）. 大型超市虚假促销对消费情感与购买意愿的影响研究, 四川大学.

[332] 田阳与黄韫慧等（2013）. 品牌丑闻负面溢出效应的跨文化差异研究——基于自我建构视角. 营销科学学报 9（2）.

[333] 涂铭与景奉杰等（2014）. 危机产品的购买行为研究：威胁评估和不确定规避的作用. 商业经济与管理（11）：31-40.

[334] 涂铭与景奉杰等（2014）. 危机产品的购买行为研究：威胁评估和不确定规避的作用. 商业经济与管理（11）：31-40.

[335] 汪兴东与景奉杰等（2012）. 单（群）发性产品伤害危机的行业溢出效应研究. 中国科技论坛（11）：58-64.

[336] 王财玉（2012）. 社会距离与口碑传播效力研究：解释水平的视角. 财经论丛（浙江财经大学学报）V166（4）：102-107.

[337] 王海忠与田阳等（2009）. 品牌联合中的负面溢出效应——基于选择通达机制视角. 2 009JMS 中国营销科学学术年会暨博士生论坛.

[338] 王海忠与田阳等（2009）. 品牌联合中的负面溢出效应——基于选择通达机制视角. 2 009JMS 中国营销科学学术年会暨博士生论坛.

[339] 王珏与方正等（2014）. 竞争品牌应对策略对产品伤害危机负面溢出效应的影响. 当代财经（7）：64-74.

[340] 王骏旸与王海忠等（2011）. 品牌原产地联结的时空维度对负面信息的抑制作用. 中大管理研究（3）：1-14.

[341] 王伶俐与闫强等（2015）. 大型网络促销活动中非计划性消费影响因素分析——以淘宝双 11 促销活动为研究情境. 北京邮电大学学报（社

会科学版）（6）：19-25.

[342] 王思敏与朱玉杰（2010）．公司危机的传染效应与竞争效应——以国美事件为例的小样本实证研究．中国软科学（7）：134-141.

[343] 王晓玉与晁钢令等（2006）．产品伤害危机及其处理过程对消费者考虑集的影响．管理世界（5）：86-95.

[344] 王秀芝与吴清津等（2008）．消费者网店感知对信任感和忠诚度影响的实证研究．消费经济（5）：42-46.

[345] 卫海英与张蕾等（2011）．多维互动对服务品牌资产的影响——基于灰关联分析的研究．管理科学学报 14（10）：43-53.

[346] 吴锦峰与常亚平等（2012）．网络商店形象对情感反应和在线冲动性购买意愿的影响．商业经济与管理 1（8）：35-44.

[347] 吴思与廖俊云（2013）．产品伤害信息来源可信度对感知风险的影响．商业研究 55（12）：90-96.

[348] 武瑞娟与王承璐（2014）．网店专业性对消费者情感和行为影响效应研究———一项基于大学生群体的实证研究．管理评论 26（1）：109-119.

[349] 熊艳与李常青等（2012）．危机事件的溢出效应：同质混合还是异质共存?——来自3Q大战的实证研究．财经研究（6）：38-47.

[350] 熊艳与李常青等（2012）．危机事件的溢出效应：同质混合还是异质共存?——来自3Q大战的实证研究．财经研究（6）：38-47.

[351] 熊艳与李常青等（2012）．危机事件的溢出效应：同质混合还是异质共存?——来自3Q大战的实证研究．财经研究（6）：38-47.

[352] 徐惊蛰与谢晓非（2011）．解释水平视角下的自己-他人决策差异．心理学报 43（1）：11-20.

[353] 杨德锋与王新新（2008）．价格促销对品牌资产的影响：竞争反应的调节作用．南开管理评论 11（3）：20-30.

[354] 杨晶与刘春林等（2012）．池鱼之殃还是渔翁得利?——组织危机溢出效应的实证分析．科学学与科学技术管理 33（12）：167-173.

[355] 余伟萍与张琦等（2012）．产品伤害危机程度对消费者负面情感及抵制意愿的影响研究．中大管理研究（3）：52-67.

[356] 余伟萍与祖旭等（2015）. 产品类别视角企业微博互动内容策略的差异性研究. 财经论丛（浙江财经大学学报）V191（2）：76-83.

[357] 章璇与景奉杰（2012）. 网购商品的类型对在线冲动性购买行为的影响. 管理科学 25（3）：69-77.

[358] 赵丽与罗亚（2008）. 网络促销活动对消费者购物意愿影响的实证研究. 商业经济研究（28）：31-32.

[359] 周星与雷俊杰等（2011）. 网络环境下促销及口碑对冲动购买的影响—— 基丁情景模拟法的因子探析. 经济管理（3）：150-158.

[360] 庄爱玲与余伟萍（2011）. 道德关联品牌负面曝光事件溢出效应实证研究——事件类型与认知需求的交互作用. 商业经济与管理 2 011（10）：60-67.